快速看盘

突破量价的**108**种图谱

杨小丽——编著

图解版

中国铁道出版社有限公司
CHINA RAILWAY PUBLISHING HOUSE CO., LTD.

内 容 简 介

本书以图解为主，文字描述为辅，通过大量真实的股价走势案例，为读者介绍了108种量价相关知识和对应的实战操作策略。全书共8章，主要内容包括突破天量、地量，突破常见成交量运行状态，突破成交量形态，突破日线图量价关系，突破分时图量价关系，突破分时图均价线，突破涨停量价关系以及突破跌停量价关系。每个知识点大都包括一图展示、要点剖析、操盘精髓和分析实例，通过深入讲解其用法，让读者能够快速理解知识点的含义并应用到实战中。

本书适用于初入股市的新股民和希望通过投资股票实现理财的读者，既可作为量价看盘的入门参考书，也适用于有一定炒股经验但对于量价关系把握较弱的老股民，用于完善自己的量价看盘知识和操盘技术的辅导用书。

图书在版编目（CIP）数据

快速看盘．突破量价的108种图谱：图解版 / 杨小丽编著 . —北京：中国铁道出版社有限公司，2020.6

ISBN 978-7-113-26847-3

Ⅰ . ①快… Ⅱ . ①杨… Ⅲ . ①股票投资 - 图解 Ⅳ . ① F830.91-64

中国版本图书馆 CIP 数据核字（2020）第 072319 号

书　　名：**快速看盘：突破量价的 108 种图谱**（图解版）
作　　者：杨小丽

责任编辑：张亚慧　　　　　　　读者热线：(010) 63560056
责任印制：赵星辰　　　　　　　封面设计：宿　萌

出版发行：中国铁道出版社有限公司（100054，北京市西城区右安门西街 8 号）
印　　刷：三河市宏盛印务有限公司
版　　次：2020 年 6 月第 1 版　2020 年 6 月第 1 次印刷
开　　本：700 mm×1 000 mm　1/16　印张：18　字数：257 千
书　　号：ISBN 978-7-113-26847-3
定　　价：59.00 元

成交量和股价是市场的核心要点，股市变化莫测，投资者想要完全掌握市场的运行规律是很困难的，但专注于量价分析可以带给投资者市场上最实际、最显著的信息，从而更好地掌握市场。

许多投资者希望能在股价快速拉升时买入股票，在股价见顶之时卖出股票，以此获得最大的投资收益。但要完全做到这点是很困难的，尤其是对于市场中的普通投资者而言。

为了让更多的投资者能够做精准的量价分析，特精心编制了本书，以帮助投资者通过量价分析研判市场的变化规律，从而制定有效的买卖操作策略，并最终实现稳定盈利的目的。

精彩内容

本书共分8个章节，包含了108项技术，通过图解方式向读者展示了各种量价分析的技术，并讲解了具体的实战应用。

第1章 突破天量、地量 NO.001 - NO.014
主要抓住成交量中两个最显著的表现形式，即成交量天量和成交量地量，借助它们所独有的特点进行市场分析和判断。

第2章 突破常见成交量运行状态 NO.015 - NO.029
对成交量的运行状态进行了完整展示，借助成交量的放大、缩小、恒量的各种运行状态去研判市场的运行方向。

第3章 突破成交量形态 NO.030 - NO.039
用图谱展示的方式，向投资者全方位展示了成交量的常见形态，这些形态和股价的运行有着密切的关系，借助这些关系可以有效掌握市场的变化。

第4章 突破日线图量价关系 NO.040 - NO.057
用图谱的形式展示在日线图中成交量和股价运行的各种关系，并从这些关系之中找出市场中的重要信息，根据这些信息指导操作。

第5章 突破分时图量价关系 NO.058 - NO.075
用图谱展示的方式，详细展示了在分时图中成交量和股价的运行关系，从这些关系出发，进一步分析股价在分时图中的运行走势。

第6章 突破分时图均价线 NO.076 - NO.085
集中展示分时图均价线的相关信息，在均价线的基础上研判成交量和股价的变化关系，利用这些关系更好地理解均价线。

第7章 突破涨停量价关系 NO.086 - NO.100
集中展示出了涨停走势中的各种量价关系，利用这些量价关系，投资者可以更好地理解涨停板的特征，从而指导实战操作。

第8章 突破跌停量价关系 NO.101 - NO.108
集中展示出了跌停走势中的各种量价关系和表现形式，利用这些关系，投资者可以更好地理解跌停板的特征。

内容特点

本书的主要特点是突破了传统股票类书籍以文字叙述为主的讲解方式，通过具体案例，讲解了实盘中成交量的变化与股价走势的关系，并指导投资者如何进行实战操作。本书包含108个知识点，各知识点大都包含"一图展示""要点剖析""操盘精髓"和"分析实例"4个部分，以对各量价的知识进行深入分析。

一图展示
一张截图，充分展示了在当前知识点下成交量和股价运行的关系。

一图展示

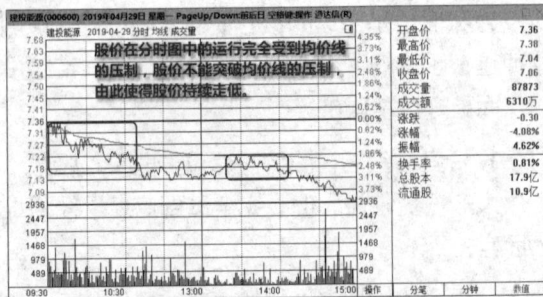

股价在分时图中的运行完全受到均价线的压制，股价不能突破均价线的压制，由此使得股价持续走低。

开盘价	7.36
最高价	7.38
最低价	7.04
收盘价	7.06
成交量	87873
成交额	6310万
涨跌	-0.30
涨幅	-4.08%
振幅	4.62%
换手率	0.01%
总股本	17.9亿
流通股	10.9亿

要点剖析
简洁明了，摒弃模糊概念，直指当前知识点关键所在。

要点剖析

分时图均价线压制的具体内容有以下两点。
◆ 股价受制于分时图均价线，不能有效突破分时图均价线，由此展现出均价线的压制作用。
◆ 成交量在每一次压制向下的时候会有所放大，可见无法突破之后的杀跌状态。

操盘精髓

股价在分时图中的每一次上涨都会受到均价线的向下压力，且每一次股价无法有效突破均价线的压制，由此可见股价全天运行于均价线之下，处于弱势走势，所以投资者应该在均价线附近卖出股票。

操盘精髓
点睛之笔，用浅显易懂的语言明确指出如何操作方可获利。

分析实例 中油资本（000617）均价线压制卖出操作分析

中油资本2019年3月22日的分时走势如下图所示。

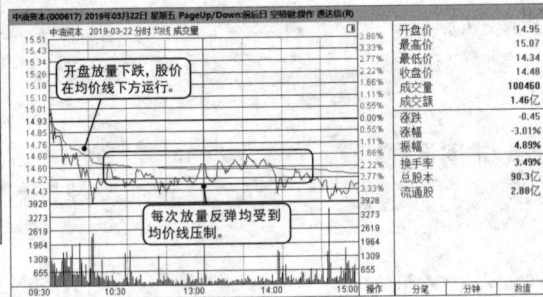

开盘放量下跌，股价在均价线下方运行。

每次放量反弹均受到均价线压制。

开盘价	14.95
最高价	15.07
最低价	14.34
收盘价	14.48
成交量	100460
成交额	1.46亿
涨跌	-0.45
涨幅	-3.01%
振幅	4.89%
换手率	3.49%
总股本	90.3亿
流通股	2.80亿

图 中油资本2019年3月22日的分时走势

分析实例
实战例证，用量价关系进行实盘分析，杜绝纸上谈兵。

读者对象

本书适用于初入股市的新股民和希望通过投资股票实现理财的读者，既可作为量价炒股的入门参考书，也可作为有一定炒股经验但对于量价分析把握较弱的老股民完善自己的炒股知识和操盘技术的辅导用书。

股市有风险，上市需谨慎。

编 者
2020年3月

目录
CONTENTS

第3章　突破成交量形态 71

第7章　突破涨停量价关系.................................215

第8章 突破跌停量价关系 255

第 1 章
突破天量、地量

　　天量和地量是股市中成交量涉及的两个概念，天量指的是在一定时间周期内成交量达到一个非常大的数值；地量指的是在一定时间周期内成交量达到一个非常小的数值。本章将从天量的直观图开始，利用图谱展示和知识讲解相结合的方法，逐步给投资者讲解天量、地量的市场意义，进而指导投资者进行有效的实战操作。

NO.001

天量直观图图谱

天量指在股价运行过程中成交量急剧放大，远远超过前期的量能，并且至少是前一天成交量的两倍以上，多的甚至是几十倍、几百倍。当股价运行中出现了天量成交时，可根据其所处的不同位置，判断不同的市场信息。

一图展示

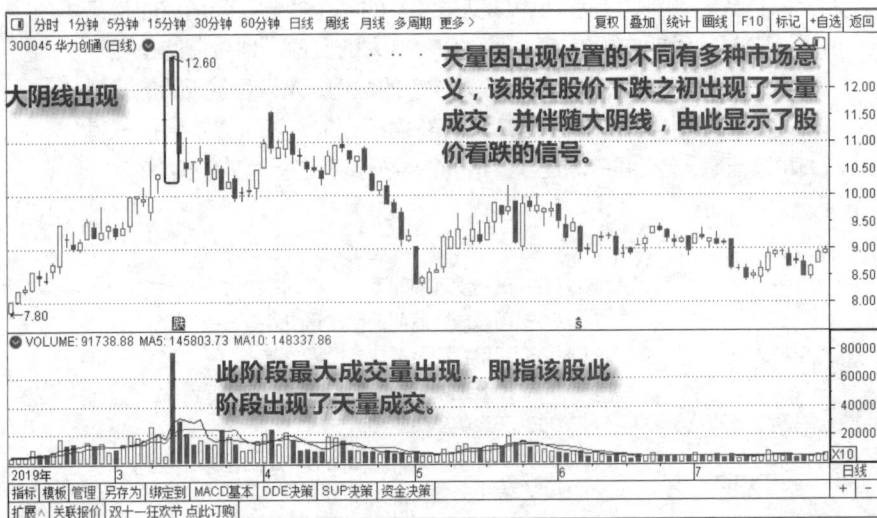

要点剖析

从上图可以看出，该股在 2019 年 2 月到 7 月的时间周期内，出现了明显的天量。

该股出现了天量成交后伴随着股价的大跌，由此显示了明显的看跌信号，由此之后股价出现了一轮下跌走势。掌握天量需要抓住以下几个要点。

◆ 天量是在一定时间周期内形成的最大成交量，它并不代表着历史上的最大成交量，因此抓住一定时间周期是理解天量的前提。

◆ 天量是一段时间内的最大成交量，其最大的性质也表明成交量的放大，甚至是突然的异常放大。

◆ 成交量出现天量，根据其出现的位置不同，天量所显示的信息也不尽相同。

◆ 在道氏长期上升趋势的作用下，股价确定的是长期上升趋势，这是大牛市行情的走势。

◆ 道氏长期上升趋势一旦形成，就不会轻易改变趋势，由此股价开始长期上涨，且上涨幅度巨大。

NO.002
下跌走势后期天量建仓图谱

顾名思义，这里天量出现的信号是主力资金的建仓动作，且发生在股价下跌的后期，这样的天量建仓可以很好地收集市场中的筹码。

一图展示

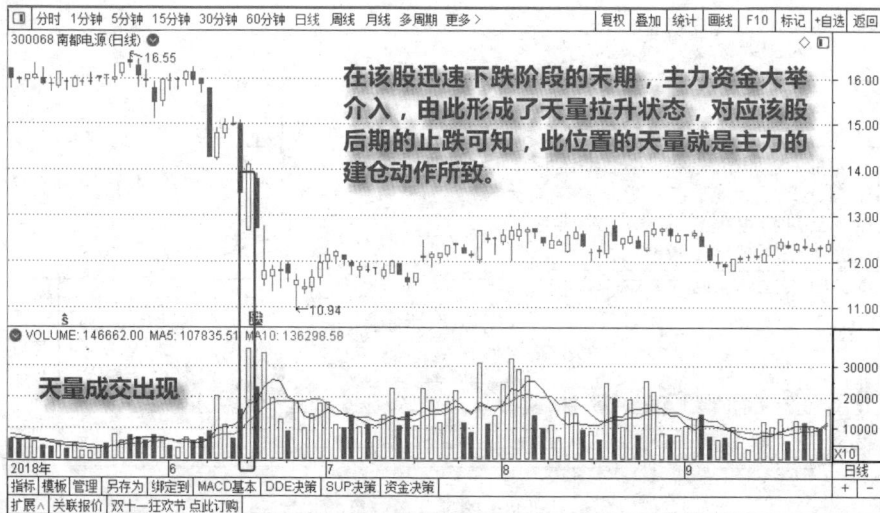

在该股迅速下跌阶段的末期，主力资金大举介入，由此形成了天量拉升状态，对应该股后期的止跌可知，此位置的天量就是主力的建仓动作所致。

天量成交出现

要点剖析

在股价的下跌走势中，随着股价的不断下跌，股价风险逐步释放，并逐步体现出其价值所在，因此会逐渐得到主力资金的关注，甚至吸引主力大举吸筹买入。

掌握下跌走势后期天量建仓需要注意以下两个方面的内容。

◆ 股价下跌幅度较大，这是保证股票有主力大举买入的前提条件。

◆ 一般而言，下跌走势后期天量建仓伴随着阳线收盘。

操盘精髓

下跌走势后期天量拉升建仓是一个很明显的看涨信号，当股价走势中出现这样的天量拉升时，投资者要果断地跟进，大胆持有股票待涨。

分析实例　华仁药业（300110）下跌末期天量建仓分析

华仁药业在2018年6月至12月的走势如下图所示。

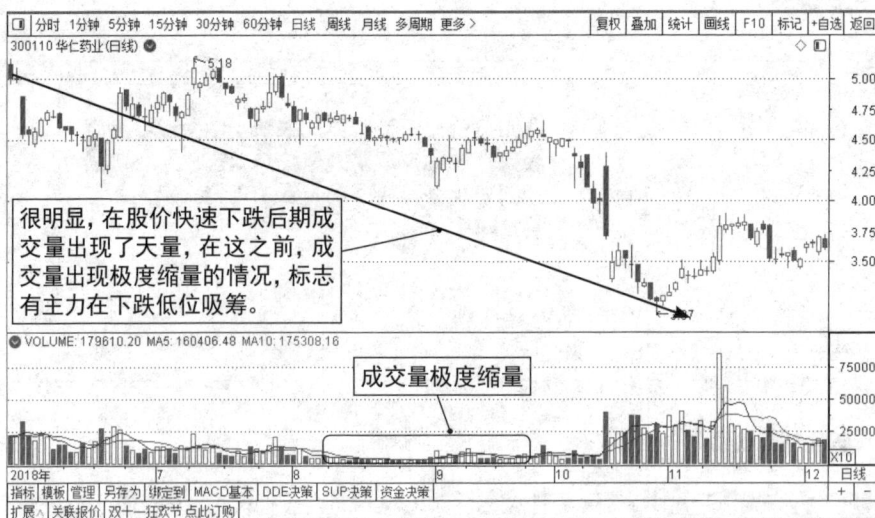

华仁药业2018年6月至12月的走势

从图中可以看出，该股在此阶段中始终处于下跌状态中，当后期出现一波快速下跌行情后，该股成交量出现天量。

根据天量出现时所处的位置，可以判断出主力在股价超跌位置大举吸筹。于是该股后市出现了强势上涨的走势，如下图所示。

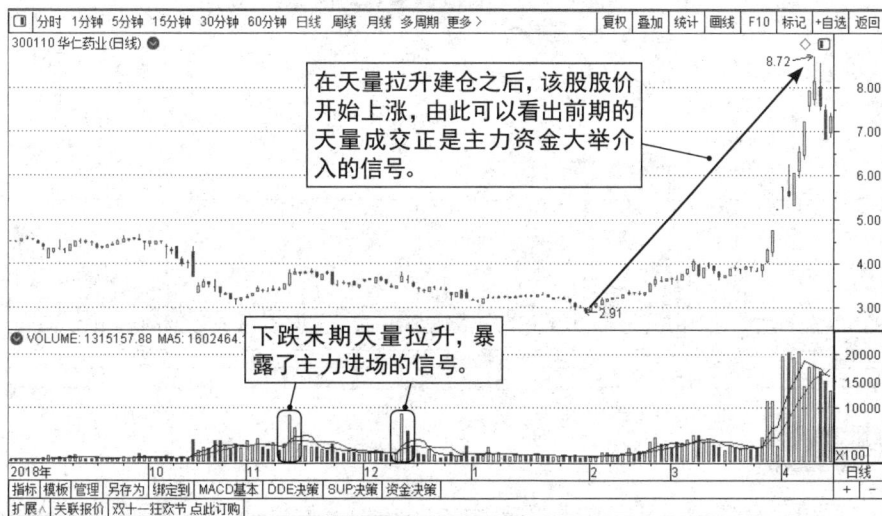

华仁药业2018年9月至2019年4月的走势

从图中可以看出，主力在大举建仓之后又经历了一波回调，但是调整幅度不大，最终在2019年2月创出2.91元的最低价后止跌，随后不断推升该股向上运行，从2.91元左右拉升到了8.72元，涨幅超过199%。

NO.003
股价企稳巨量拉高抢筹图谱

一般而言，在没有明确市场企稳的前提下，主力很少会大举建仓。当股价走势明显出现企稳走势，加之整个市场环境逐步被看好时，主力常常会快速拉高建仓，由此造成市场成交量急速放大的状况。

一图展示

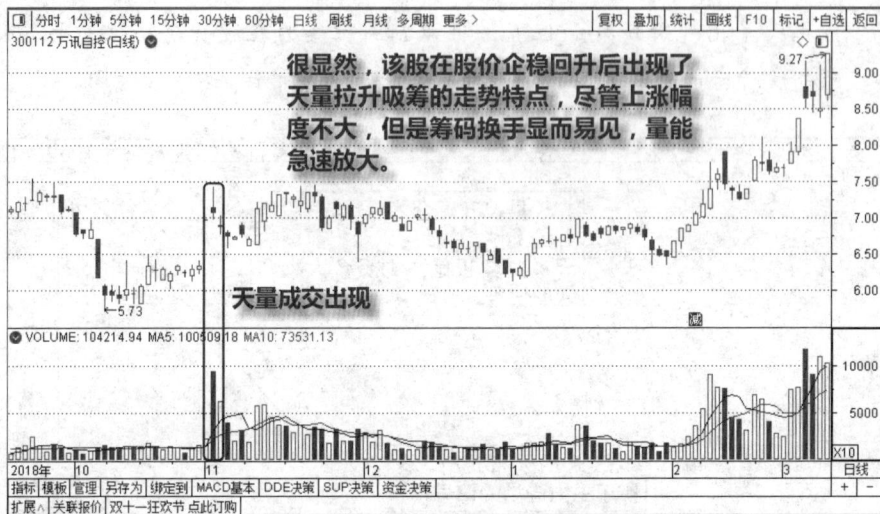

> 很显然，该股在股价企稳回升后出现了天量拉升吸筹的走势特点，尽管上涨幅度不大，但是筹码换手显而易见，量能急速放大。

天量成交出现

要点剖析

股价企稳巨量拉高抢筹现象是主力的一种大举建仓动作所致，它出现在股价企稳之后，这样的走势出现也更加使人明确股价已经摆脱下跌。股价企稳巨量拉高吸筹具有下面两个特点。

◆ 不是出现在股价下跌的底部位置，而是出现在股价逐步企稳的上涨初期。

◆ 这样的巨量拉高一般会造成成交量的天量成交，它充分显示了主力对于股价后市上涨的信心，由此可看作是发出了看涨买入信号。

操盘精髓

一般而言，当出现了股价企稳巨量拉高抢筹走势后，股价会以两种不同的走势发展，这也就是投资者需要抓住的两种不同操作方法。

一是建仓后直线拉升，这是上涨动力十足的表现，因此投资者要及时买

入；二是建仓后会回调洗盘，之后再快速拉升，因此投资者最好在回调位买
入股票。

分析实例 瑞普生物（300119）巨量拉高抢筹分析

瑞普生物在2018年10月至2019年3月的走势如下图所示。

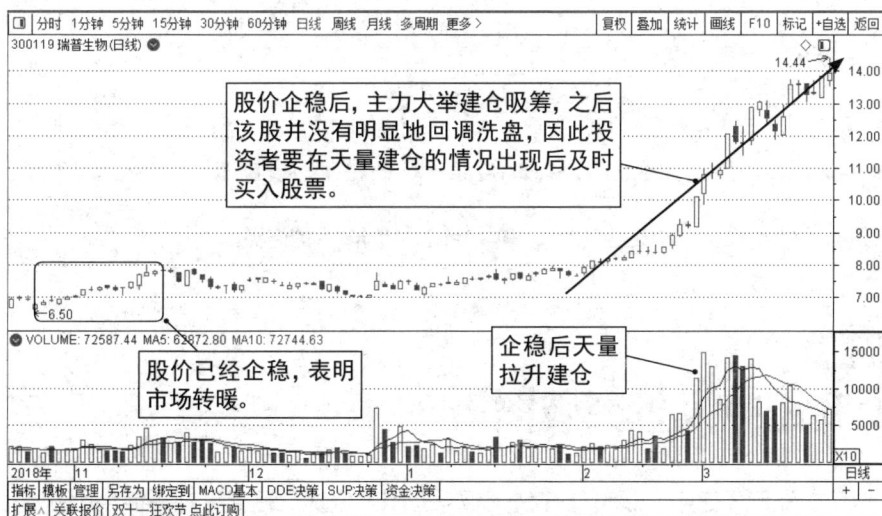

瑞普生物2018年10月至2019年3月的走势

从图中可以看出，该股天量拉升建仓后没有洗盘，因此投资者要及时跟
进买入，与主力进行抢筹。

分析实例 秦胜风能（300129）巨量拉高后洗盘低位买入分析

秦胜风能在2018年10月至2019年3月的走势如下图所示。

从图中可以看出，该股前期逐步脱离了下跌走势，之后主力缓慢拉升股
价后经过了一波小幅调整，最终在2019年1月连续以涨停板拉高股价，拉升强
劲，随后在1月11日成交量放出天量，由此显示了主力大举进场。

之后该股主力选择了继续打压洗盘，这时就形成了绝佳的买入时机，由
此投资者要在洗盘的低位买入股票待涨。

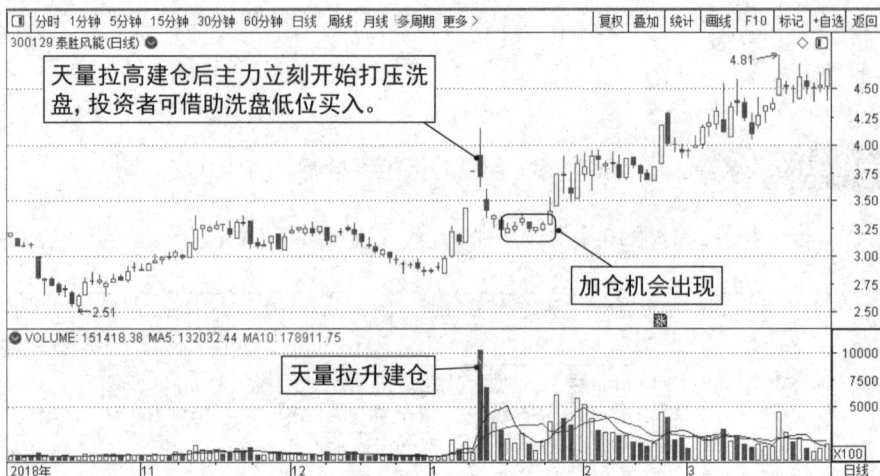

秦胜风能2018年10月至2019年3月的走势

NO.004

上升途中天量突破图谱

在整个上涨走势之中，股价往往会突破一些阻力位置，这样才能不断创出新高，同时需要注意的是突破阻力位必须要出现有效放量，这样的放量往往会形成天量。

一图展示

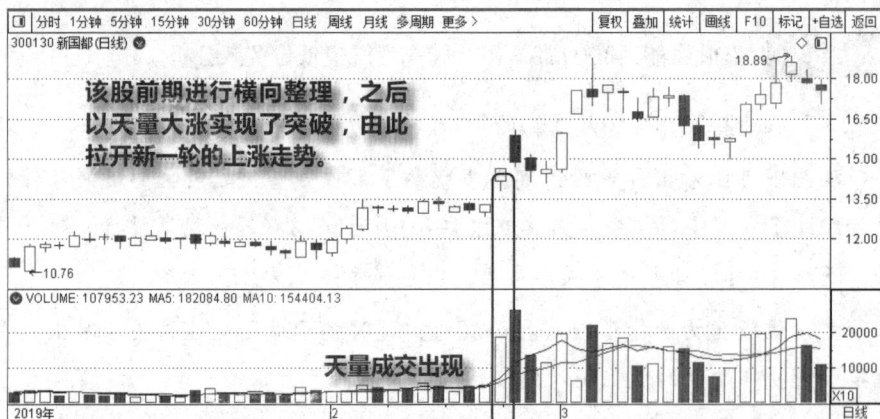

要点剖析

上升途中天量突破具有下面三点特征。

◆ 在股价走势处于上涨状态时发生，一般出现在上涨的初期和中期。

◆ 突破以放量大阳线实现，且成交量出现天量成交。

◆ 与天量突破相关的阻力位有前期的高点压力位、前期的成交密集区域、重要的下跌缺口、重要的黄金分割位、重要的均线位置等。

操盘精髓

以股价上涨走势为分析依据，当天量突破重要压力位时，显示股价上涨的动力较强，后市依旧看涨，但不宜追高，投资者可以在突破之后的回调位置从容买入。

分析实例 和顺电气（300141）上升途中天量突破分析

和顺电气在2018年9月至12月的走势如下图所示。

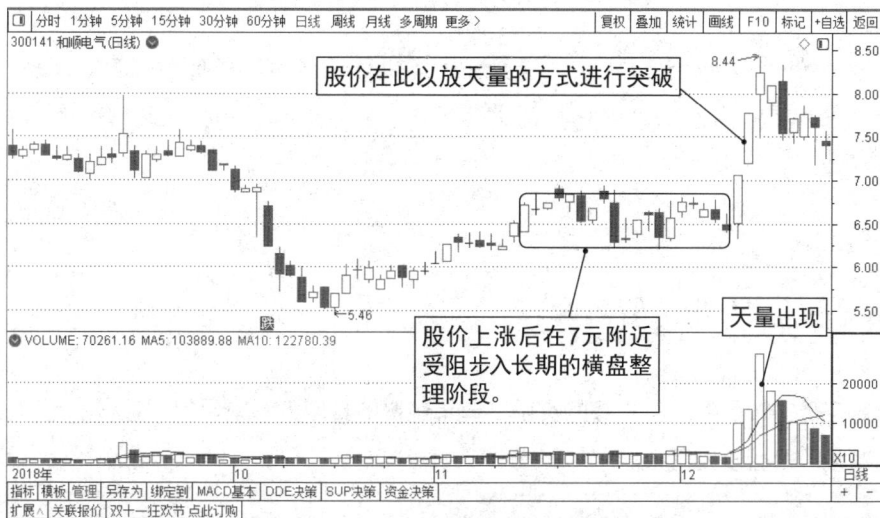

和顺电气2018年9月至12月的走势

从图中可以看出，股价在2018年11月上旬在7元价位线附近上涨受阻，随后股价始终在6.25~7元的价位区间长时间横盘整理，波动变化。最终在2018年12月中旬放量突破，显示了主力介入的决心。

在突破之后股价往往会回调整理，这时就是买入的良机，如下图所示。

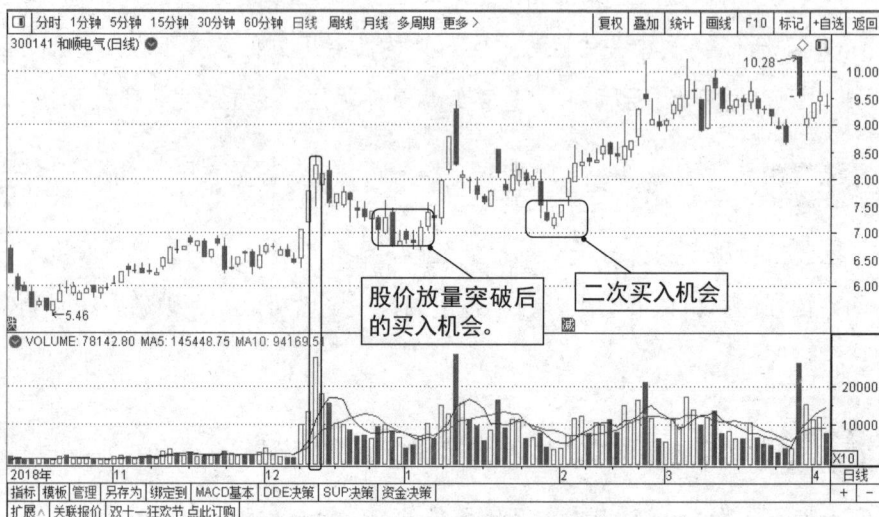

和顺电气2018年10月至2019年4月的走势

从图中可以看出，在该股强势突破压力位置之后，股价小幅度的下跌回调，最终在前期盘整上方企稳，由此显示突破是有效的，投资者可以展开买入操作。

NO.005
天量突破失效图谱

天量突破失效是指一种失败的突破，但是也伴随着巨大量能释放，这样的走势显示了股价上行压力巨大。

一图展示

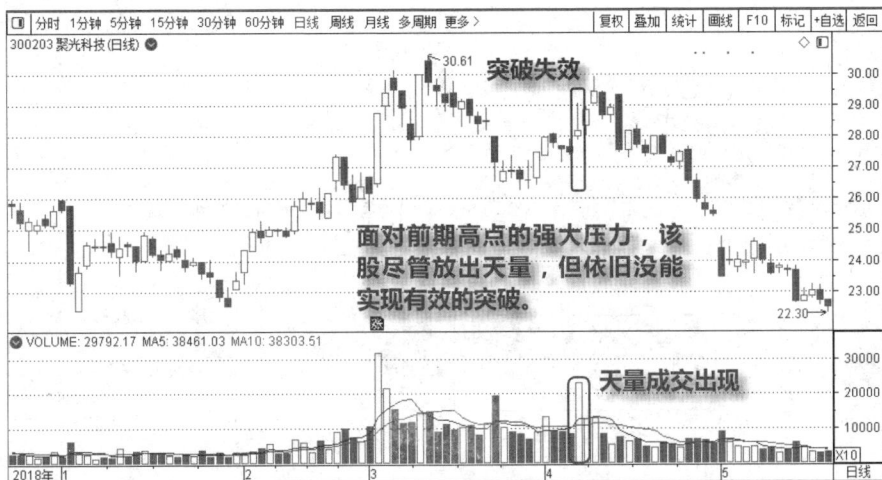

要点剖析

对天量突破失效走势的理解，要把握以下两点。

◆ 天量显示了这一走势形成了巨大的量能释放，但是对比失效突破的本质可知，这里的天量更多的是主力拉高出货所造成的。

◆ 当面对前期高点，股价不能有效突破时，K线走势形态上会出现一个明显的M顶，这也是股价看跌的重要形态。

操盘精髓

当股价在出现天量的情况下不能有效突破前期的高点时，可断定股价上方压力巨大，预示着股价上涨受阻即将下跌回调。因此，投资者在发现这一失效的天量突破现象时，不能盲目进场买入，要持币观望；持有股票的投资者更是要在收盘前快速卖出。

分析实例 中威电子（300270）天量突破失效分析

中威电子在2018年12月至2019年5月的走势如下图所示。

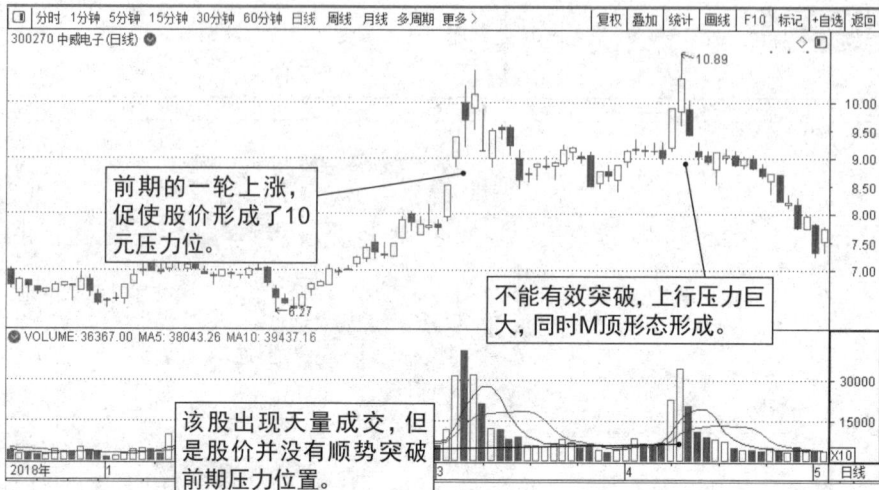

中威电子2018年12月至2019年5月的走势

从图中可以看出，该股经过前期的上涨，形成10元的高位压力位置，随后股价回调后在8.5元附近止跌回升，并在4月上旬连续出现天量。

面对前期的重要压力位置，该股虽然出现天量成交，但是股价没有有效突破阻力位置。由此显示上行压力巨大，股价将面临下跌风险。其后市走势如下图所示。

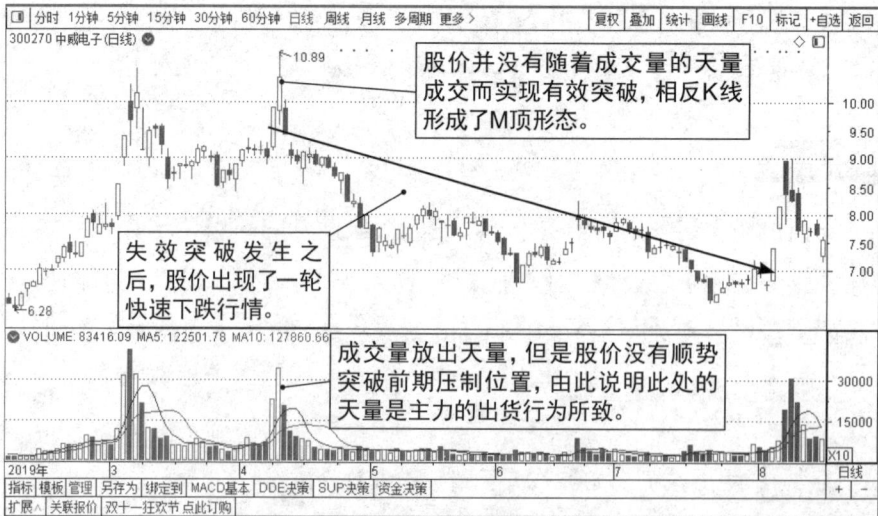

中威电子2019年2月至8月的走势

从图中可以看出，该股在右侧高位区域形成一个天量无效突破走势，即股价没有有效突破前期压制区域，但是成交量却出现了天量，这里的天量显示了主力资金大量流出的信息，同时也预示着股价后市的下跌走势，因此投资者要及时卖出股票。

要点提示 *如何把握卖出时机*

通过上述案例分析，我们可以知道，当天量无效突破状况出现后，股价就会出现下跌走势，因此要及时卖出股票。那么什么时候是较好的卖出时机呢？其实在当天高位都是较好的卖出机会，但在收盘前一定要择机卖出，原因在于收盘时分，已经表明股价突破无望，同时K线形成M顶形态，由此必须在当天出手，否则就很容易被套。

NO.006
上升途中天量震仓图谱

在股价的上涨过程中，主力往往会采取很凶悍的洗盘方式，其中放天量震仓就是其常用手法。

一图展示

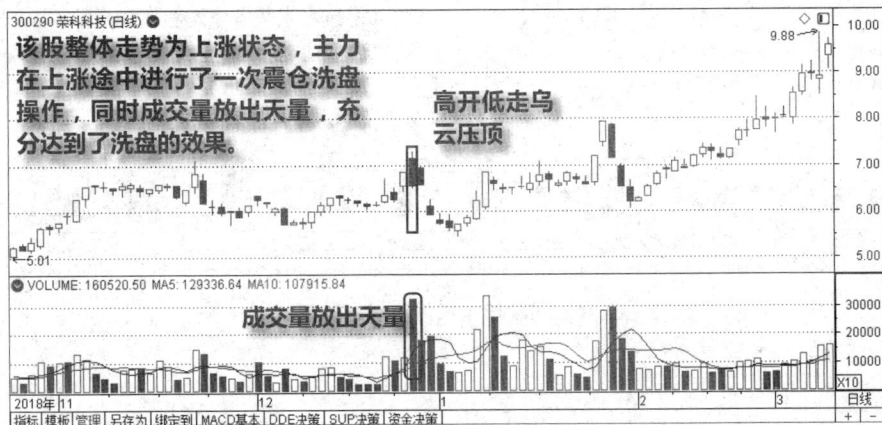

300290 荣科科技(日线)

该股整体走势为上涨状态，主力在上涨途中进行了一次震仓洗盘操作，同时成交量放出天量，充分达到了洗盘的效果。

高开低走乌云压顶

VOLUME: 160520.50 MA5: 129336.64 MA10: 107915.84

成交量放出天量

要点剖析

抓住上升途中天量震仓需要注意下面两点。

◆ 成交量异常放大，显示筹码换手积极。

◆ K线技术走势虽然多种多样，但共同点就是技术走势异常难看。

操盘精髓

在股价的上涨过程中，洗盘是主力必不可少的步骤，而震仓洗盘效果尤为突出。上升途中天量震仓的主要特点是成交量的异常放大，这显示市场筹码换手积极的信息。一般而言，天量震仓出现之后股价会继续下跌，由此为投资者带来了良好的进场买入机会。

分析实例 三六五网（300295）上升途中天量震仓分析

三六五网在2018年10月至12月的走势如下图所示。

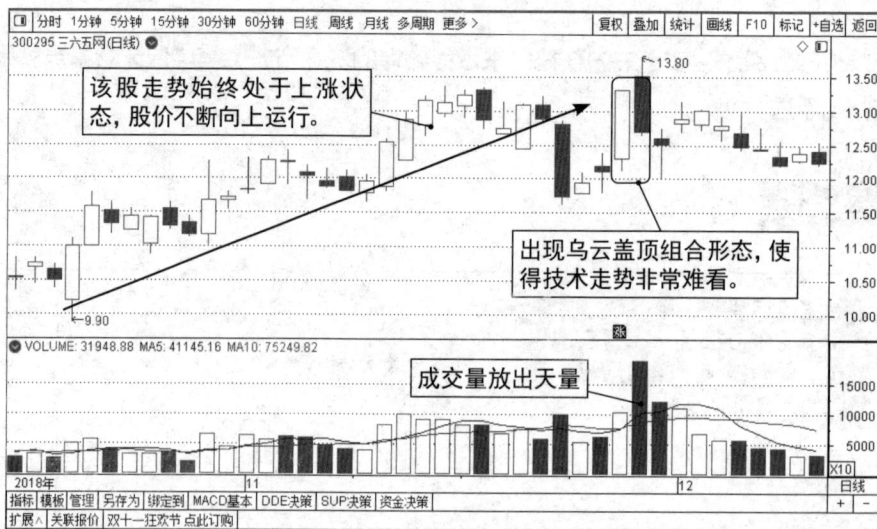

三六五网2018年10月至12月的走势

从图中可以看出，该股大幅上涨后在11月底运行到阶段性的高位，11月29日，股价冲高回落，伴随天量成交，是否预示着股价见顶呢？请看下图。

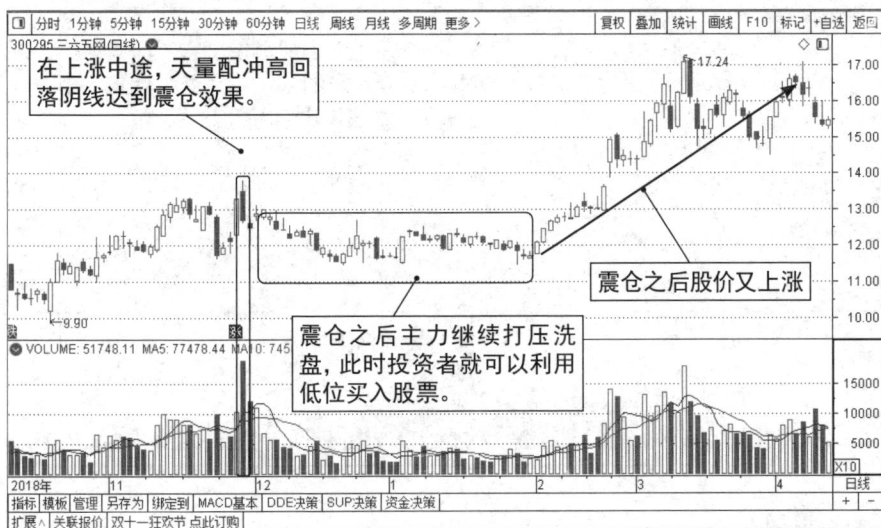

三六五网2018年10月至2019年4月的走势

从图中可以看出，该股上涨途中的天量为主力的一次震仓操作所致。在成交量放出天量的情况下，K线收出冲高回落的乌云压顶阴线，有效地配合了这次震仓。

之后主力继续打压股价进行彻底洗盘，而在洗盘的横盘阶段，投资者就可以进场买入股票，进而获得后市上涨的收益。

NO.007
高位天量天价见顶图谱

在股价上涨的高位区域，成交量放出天量且股价见顶出现最高价，呈现出冲高回落之势，此时明确地反映出了股价见顶的信号。

一图展示

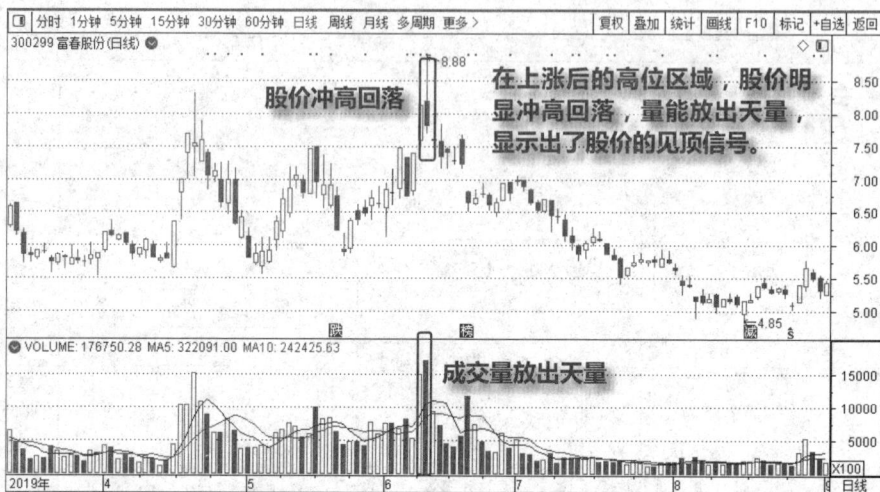

要点框内文字：

股价冲高回落

在上涨后的高位区域，股价明显冲高回落，量能放出天量，显示出了股价的见顶信号。

成交量放出天量

要点剖析

高位天量天价是很准确的见顶信号，使用时需要抓住以下三点。

- ◆ 出现在股价上涨之后的高位区域。

- ◆ 股价呈现出冲高回落之势，由于股价的大幅度冲高，使股价创出了上涨以来的最高价。

- ◆ 在股价大幅度冲高回落时，成交量也创出天量，由此可知在股价冲高阶段，筹码换手积极。

操盘精髓

股价高位出现天量带天价的冲高回落走势，充分显示了股价的见顶信号，由此明确了投资者的卖出操作。在冲高当天，借助高位卖出，在冲高之后的高位择机卖出即可。

分析实例 长方集团（300301）天量天价当天卖出分析

长方集团在2019年5月至8月的走势如下图所示。

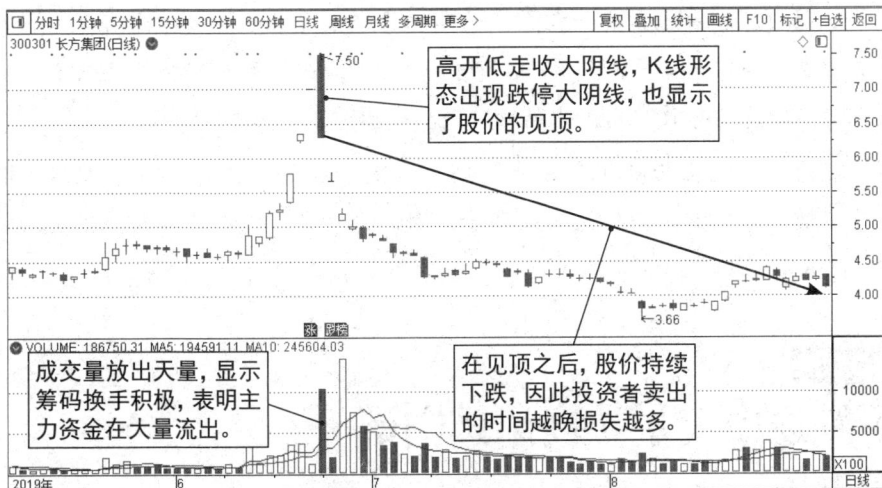

长方集团2019年5月至8月的走势

从图中可以看出，该股量能放天量且K线出现跌停的大阴线，充分显示股价见顶的信号，投资者最好在当天卖出股票。

分析实例 珈伟新能（300317）天量天价后高位出场分析

珈伟新能在2019年4月至7月的走势如下图所示。

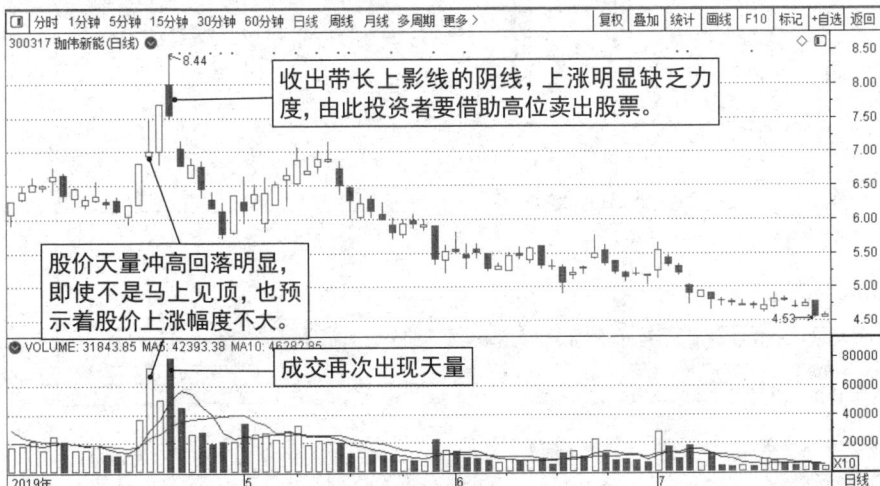

珈伟新能在2019年4月至7月的走势

　　从图中可以看出，股价在上涨的高位已经出现了明显的冲高回落，同时
成交量在冲高回落的走势中出现了明显的天量，这样的走势特征反映出股价
上涨动能的急速释放，而主力借助冲高机会出逃了。

　　之后股价收出带长上影线的阴线，成交量也再次出现天量，表明上涨
力度不够，更确定了股价见顶的信号，因此投资者可以在此借助高位卖出股
票，避开之后的下跌走势。

NO.008
下跌途中天量拉高出逃图谱

在走势为下跌状态时，主力往往会借助利好消息拉高股价出逃，由此也会造成天
量成交。

一图展示

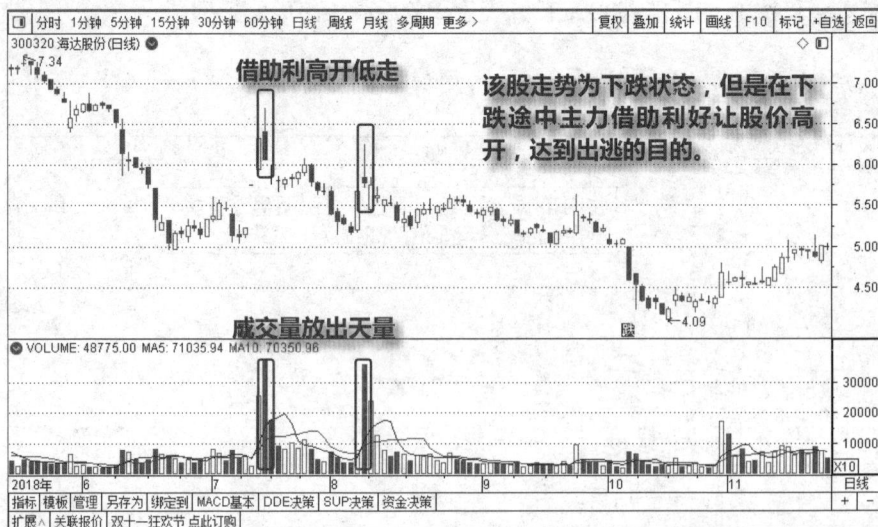

要点剖析

　　下跌途中天量拉高出逃是主力出逃的手段之一，具有以下三个特点。

◆ 出现在股价整体走势为下跌的情况下。

◆ 股价一般是大幅高开，以此吸引投资者注意，以便成功诱多出货。

◆ 不改变股价的整体下跌走势，之后股价依旧以看跌为主。

操盘精髓

下跌途中的天量拉高并不代表股价根本趋势上的改变，因此投资者不能盲目买入股票，应以持币观望为主，同时持有股票的投资者要借助高位及时出逃。

分析实例　华虹计通（300330）下跌途中天量拉高出货分析

华虹计通在2018年3月至7月的走势如下图所示。

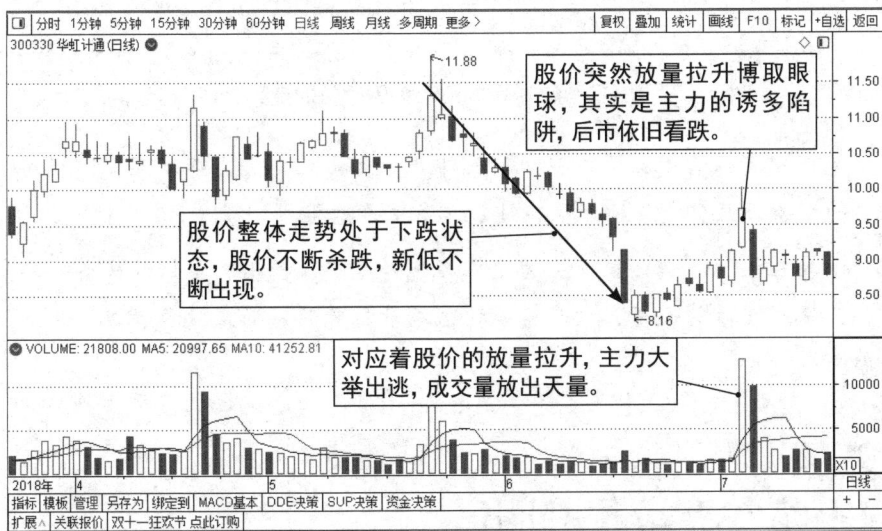

华虹计通2018年3月至7月的走势

从图中可以看出，该股在创出11.88元的最高价后，股价出现了下跌的行情，最终在创出8.16元的低价后企稳，随后股价逐步拉升，初看是股价企稳回升，实际上却是主力诱多出货的手法。

成交量出现天量就很好地说明了这一点。由此可说明该股继续看跌，其后市走势如下图所示。

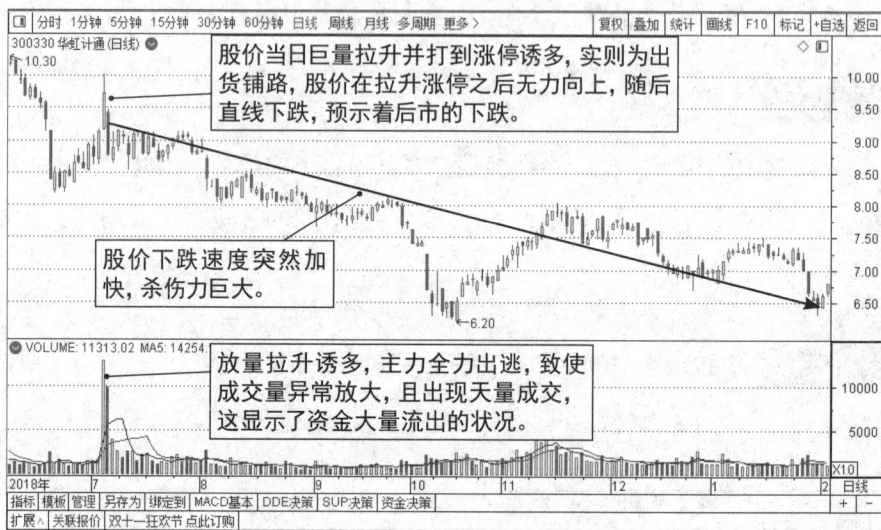

华虹计通2018年6月至2019年2月的走势

从图中可以看出，股价在止跌反弹并放出天量之后，继续呈现出震荡下跌的走势，而且整个下跌行情持续超过半年的时间。

其实在快速下跌之前，主力就已经先知先觉，利用放量拉升诱多大举出逃，造成成交量的天量，由此可知快速放量拉升的位置是投资者出逃的最佳时机。

NO.009
向上跳空天量拉升图谱

当出现特大利好消息时，市场资金会大举介入抢筹，由此造成股价高开高走的状态，且成交量放出天量。

一图展示

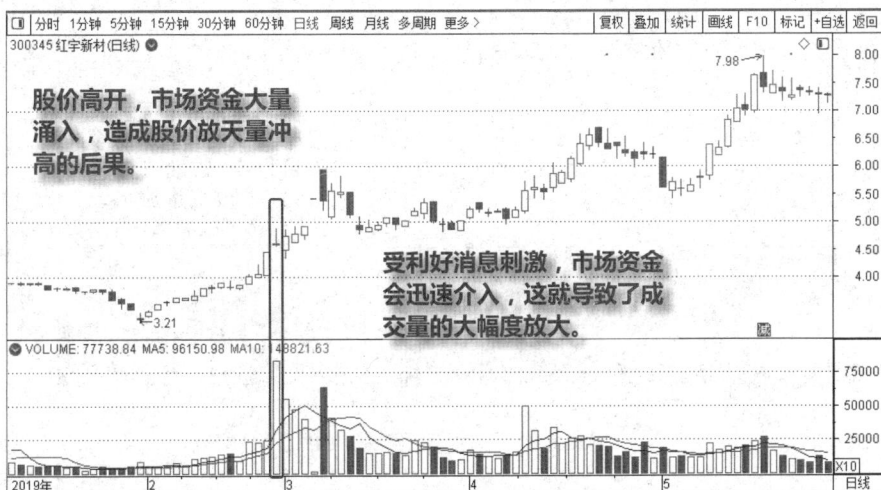

股价高开，市场资金大量涌入，造成股价放天量冲高的后果。

受利好消息刺激，市场资金会迅速介入，这就导致了成交量的大幅度放大。

要点剖析

向上跳空天量拉升透露出了以下三个方面的信息。

◆ 一般而言是受到了利好消息的刺激，导致股价高开甚至是以涨停价开盘。

◆ 利好消息会促使市场中的散户资金积极关注，在大量资金作用下，价格被推高，成交量异常放大，甚至形成天量成交。

◆ 天量跳空上涨表明市场做多的热情高涨，因此股价后市看涨。

操盘精髓

一般而言，股价会回踩缺口进而再次上攻，但有时股价不会回踩，直接向上拉升，这显示了股价上涨动力十足的良好态势，因此投资者可以放心跟进买入。

分析实例 博腾股份（300363）天量跳空后跟进买入分析

博腾股份在2019年5月至9月的走势如下图所示。

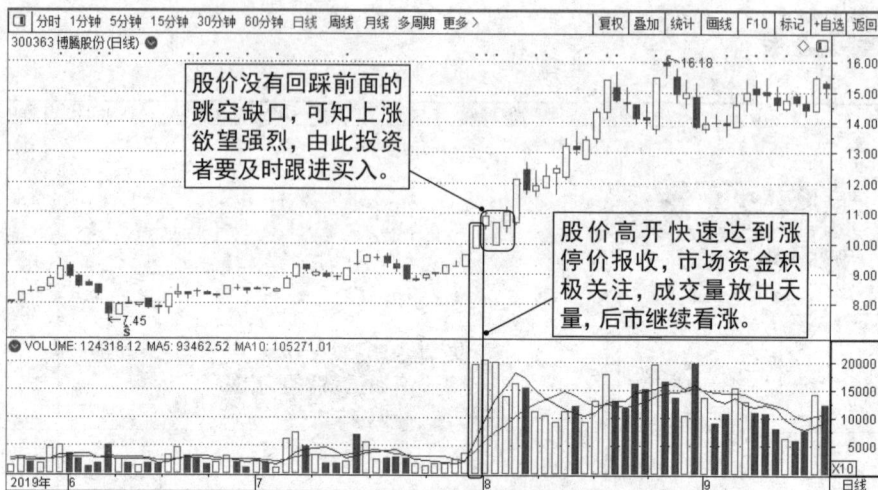

股价没有回踩前面的跳空缺口，可知上涨欲望强烈，由此投资者要及时跟进买入。

股价高开快速达到涨停价报收，市场资金积极关注，成交量放出天量，后市继续看涨。

博腾股份2019年5月至9月的走势

从图中可以看出，该股跳空后不回补，显示股价上涨欲望强烈，由此投资者要及时跟进追涨。

分析实例 中集集团（000039）天量跳空后回踩位买入分析

中集集团在2018年12月至2019年4月的走势如下图所示。

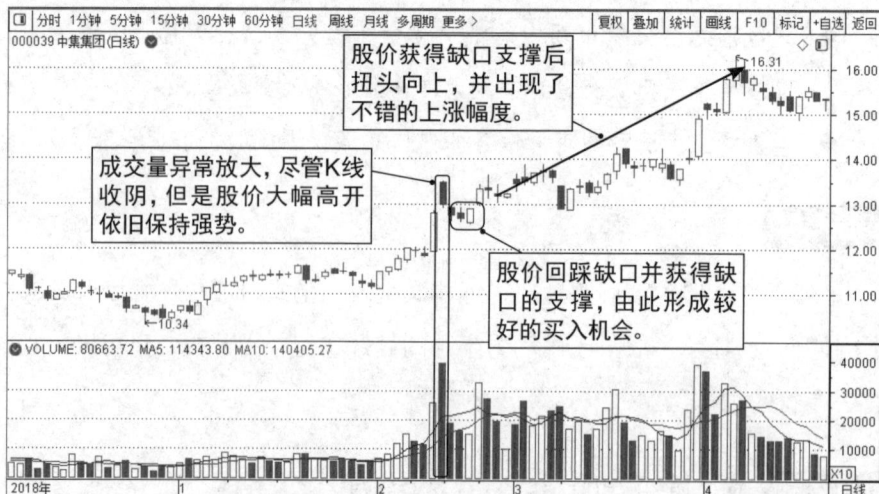

股价获得缺口支撑后扭头向上，并出现了不错的上涨幅度。

成交量异常放大，尽管K线收阴，但是股价大幅高开依旧保持强势。

股价回踩缺口并获得缺口的支撑，由此形成较好的买入机会。

中集集团2018年12月至2019年4月的走势

从图中可以看出，股价跳空高开拉升股价上涨到阶段性的高点，虽然最终以带长上影线的阴线报收，但是当天以天量成交，预示着主力将以此形态清理浮筹，后市看涨趋势仍然强势。

在跳空缺口出现之后，股价向下回补缺口。在回补过程之中，股价明显获得了缺口的有效支撑，由此形成良好的买入机会。

NO.010
向下跳空天量下挫图谱

向下跳空天量下挫与前面的向上跳空天量拉升刚好相反，其反映的市场意义也完全不一样。

一图展示

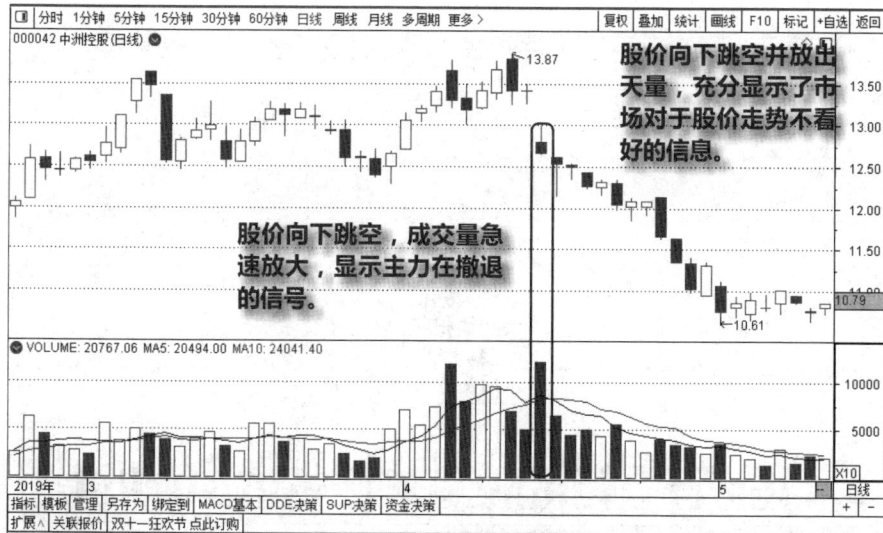

股价向下跳空并放出天量，充分显示了市场对于股价走势不看好的信息。

股价向下跳空，成交量急速放大，显示主力在撤退的信号。

要点剖析

向下跳空天量下挫透露出了以下三个方面的问题。

◆ 一般而言是由于利空消息的刺激造成的。

◆ 市场对于股价的未来走势一致悲观，由此造成主力资金的大量出逃，进而造成成交量的天量成交。

◆ 向下跳空天量下挫充分反映出市场受到做空动力的控制，在市场一致悲观的前提下，股价后市依旧看跌。

操盘精髓

向下跳空天量下挫是市场受利空打压后疯狂杀跌的表现，这样的恐慌杀跌致使资金不计成本地出逃，杀伤力巨大，其后市股价还会下跌，由此投资者不能买入股票，已持有股票的投资者应该迅速离场。

分析实例 安迪苏（600299）向下跳空天量下挫看跌分析

安迪苏在2019年2月至5月的走势如下图所示。

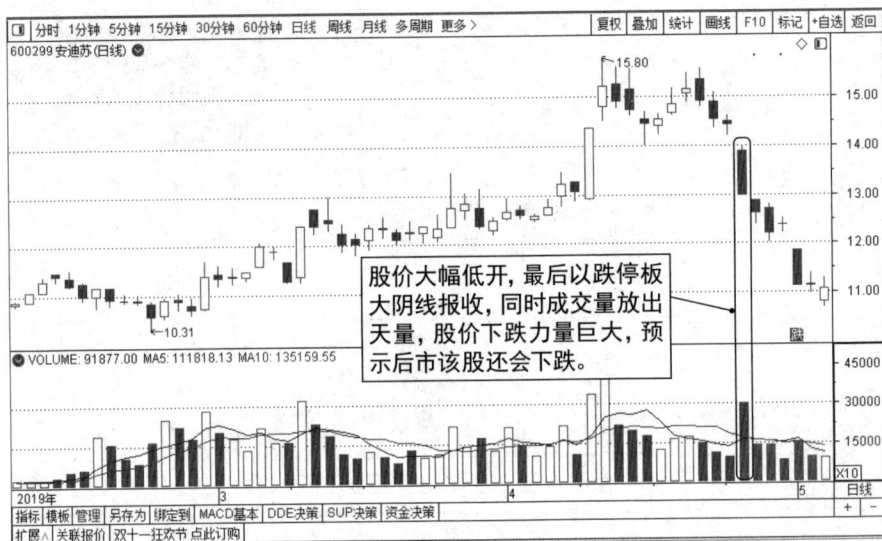

安迪苏2019年2月至5月的走势

从图中可以看出，该股大幅运行到股价的高价位区后在15.8元见顶，随后股价开启下跌走势。框线区域的跌停板跳空天量大阴线报收，表明市场处于极端弱势。由此预示股价后市继续看跌,其后市走势如下图所示。

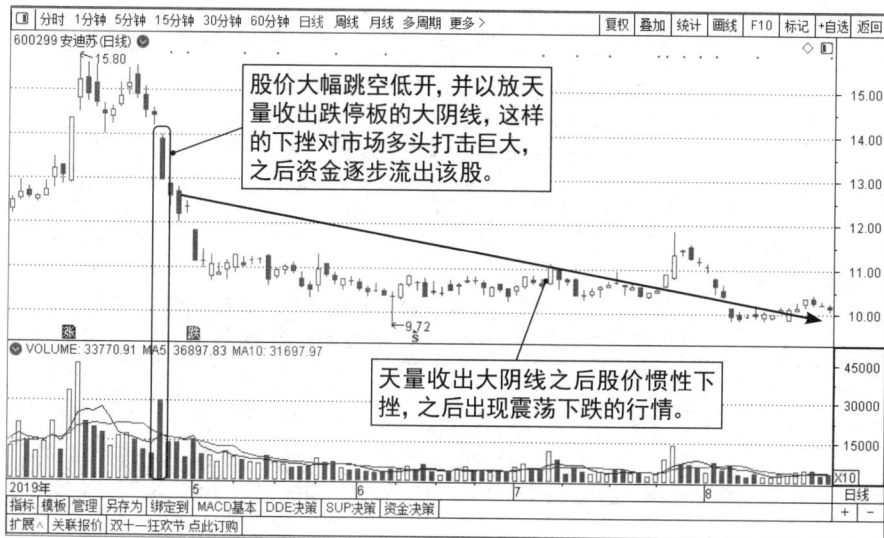

股价大幅跳空低开,并以放天量收出跌停板的大阴线,这样的下挫对市场多头打击巨大,之后资金逐步流出该股。

天量收出大阴线之后股价惯性下挫,之后出现震荡下跌的行情。

安迪苏2019年4月至8月的走势

从图中可以看出,股价在向下跳空低开以跌停板大阴线天量报收后,出现了急速震荡下跌的行情,短短时间内,股价下跌到11元的价位线附近。在整个下跌的过程中,该股向下跳空天量跌停板大阴线报收则是一个明确的看跌信号。

由此投资者不能因为股价超跌而进行盲目的赌博,期待超跌反弹,应该持币观望,持有股票的投资者更是要迅速离场卖出。

NO.011
天量拉升回调整理结束图谱

在股价的上涨过程之中,主力会进行洗盘操作,而洗盘的直接结果就是股价的回调下跌或横向整理,何时会进行结束调整呢?这里的天量拉升就是一个很好的回调整理结束的信号。

一图展示

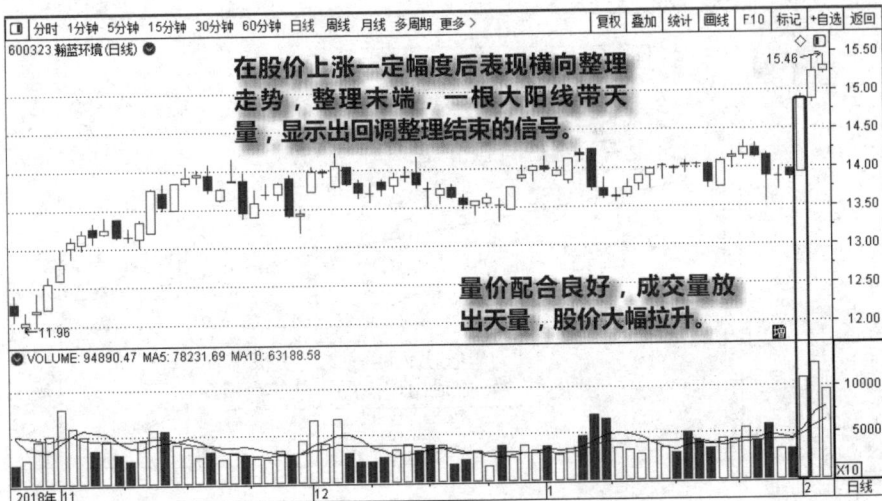

在股价上涨一定幅度后表现横向整理走势，整理末端，一根大阳线带天量，显示出回调整理结束的信号。

量价配合良好，成交量放出天量，股价大幅拉升。

要点剖析

天量拉升回调整理结束需要注意下面两点。

◆ 一定是发生在股价的上升趋势之中，具体而言就是股价回调整理结束的位置。

◆ 之所以能确定其为回调整理结束的信号，是因为股价大幅度拉升，成交量也出现了天量成交，这充分表明市场中的主力资金在介入，股价即将上涨。

操盘精髓

回调整理的低位区域出现天量拉升的走势，表明股票重新得到了市场的关注，资金开始大量流入，很好地发出了止跌上涨的信号，因此投资者可以积极参与买入。

分析实例　安源煤业（600397）天量拉升回调结束分析

安源煤业在2018年10月至2019年2月的走势如下图所示。

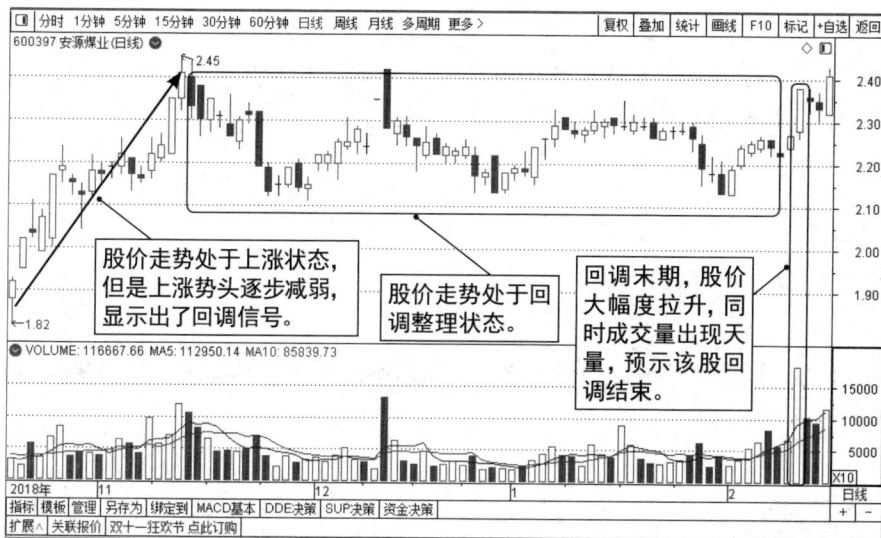

安源煤业2018年10月至2019年2月的走势

从图中可以看出，该股上涨到2018年11月中旬创出2.45元的阶段性高价后进入回调整理阶段。在经历两个多月的回调整理末期，出现了一根大阳线，加上当日天量的成交量，充分显示出主力资金的动向，由此发出看涨信号。其后市走势如下图所示。

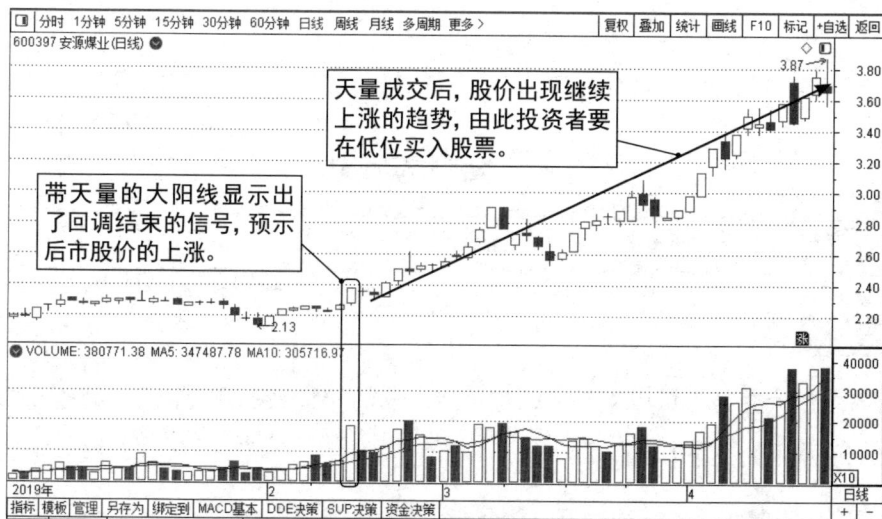

安源煤业2019年1月至4月的走势

从图中可以看出，该股以放天量收大阳线的方式拉升股价让股价企稳后，后市经历了一波大幅震荡上涨行情，如果投资者在带天量的大阳线后逢低吸纳积极买入做多，持股一段时间后将获得不错的收益。

NO.012
地量直观图图谱

地量是和天量相对的概念，指的是在一定时间周期内，成交量出现极度萎缩的状态。

一图展示

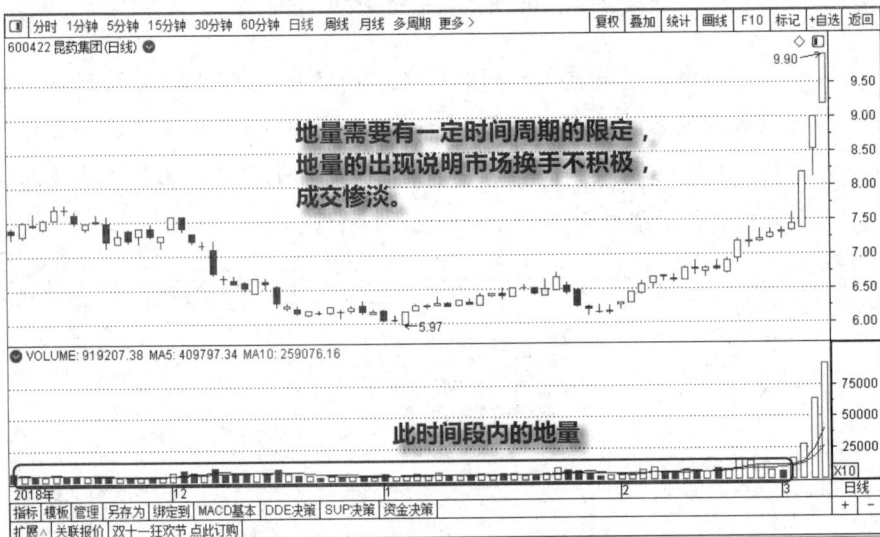

要点剖析

地量成交与天量成交相似，也是成交量的一种极端表现，抓住地量的概念需要从下面三个方面入手。

◆ 地量是成交量的一种极端情况，即单位时间内的最小值。

◆ 和天量一样，地量概念也必存在于一定的时间周期之内，如果没有一定时间周期的限制，就不存在地量的概念。

◆ 地量显示的是市场交投氛围不浓的状况，一般是变盘的预兆。

NO.013
下跌后期地量见底图谱

股价不会永远处于一种趋势中，所以在股价下跌时不必惊慌，只要抓住下跌的底部信息就能成功捕捉到大牛股，而下跌末期地量的出现就很好地反映了股价的见底信息。

一图展示

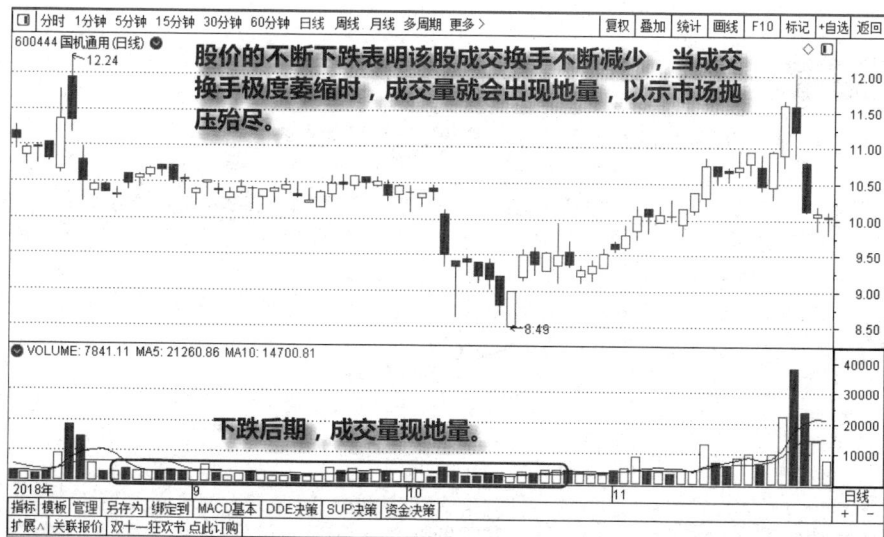

要点剖析

下跌后期地量的出现是遵循了市场变化的规律的，抓住下跌后期的地量信息，投资者可以很好地确定股价的底部区域。

抓住下跌后期地量见底信号需要抓住以下三点内容。

◆ 必须出现在股价的下跌阶段，而且前期的下跌走势比较明确，这是
地量见底的前提条件。

◆ 地量是指在阶段性时间周期内成交量的单位最小值，这一数值反映
的是市场交投氛围不活跃的状况。

◆ 地量见底的原理在于，随着股价的下跌，市场风险逐步释放，即该
卖出的已经基本卖出，也就是说市场中抛压得到了彻底的释放，反
映在成交量上就是地量成交。

操盘精髓

在股价下跌的后期，成交量出现明显的地量显示了市场下跌即将进入尾
声的信息，是一个见底的信号，可指导投资者进行买入操作。

分析实例 **士兰微（600460）下跌后期地量见底信号分析**

士兰微在2018年11月至2019年1月的走势如下图所示。

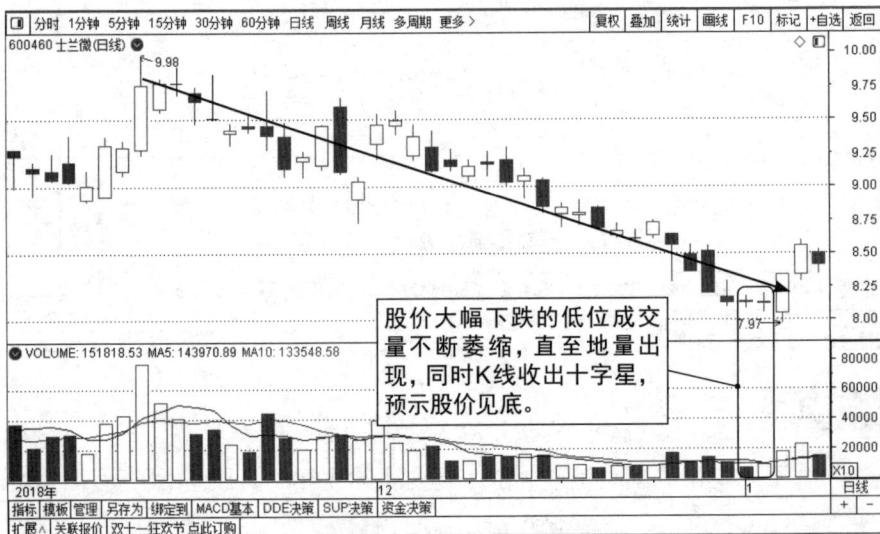

股价大幅下跌的低位成交量不断萎缩，直至地量出现，同时K线收出十字星，预示股价见底。

士兰微2018年11月至2019年1月的走势

从图中可以看出，该股在大幅下跌的末期，成交量出现了明显的地量。同时在2019年1月初，K线连续收出两根十字星。这些特征都预示着回调的结束，其后市走势如下图所示。

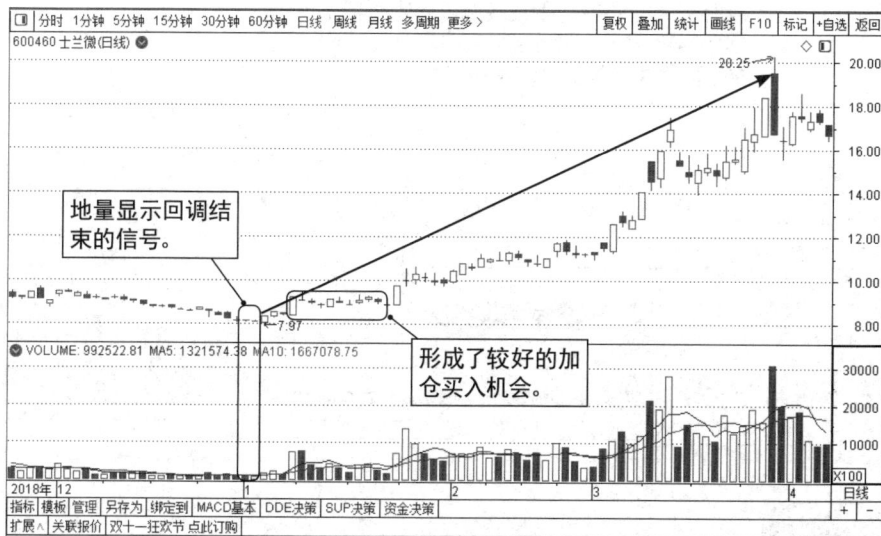

士兰微2018年11月至2019年4月的走势

从图中可以看出，在地量成交之后，该股出现连续放量，缓慢将股价拉升脱离下跌趋势，这显示了该股备受积极关注的信息，由此投资者可以以20%的仓位买入。

之后该股连续放量将股价拉升，后市出现震荡上涨的行情，而且涨势良好，投资者可继续加仓买入股票，持股待涨。

NO.014
上升阶段地量回调结束图谱

上升阶段地量回调结束和前面的天量拉升回调结束有异曲同工之妙，都是对回调结束的有效判断。

一图展示

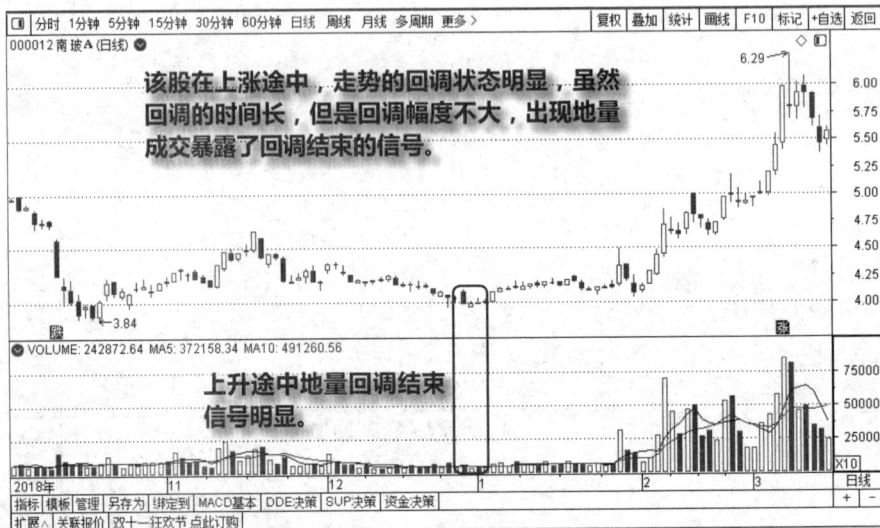

该股在上涨途中，走势的回调状态明显，虽然回调的时间长，但是回调幅度不大，出现地量成交暴露了回调结束的信号。

上升途中地量回调结束信号明显。

要点剖析

要抓住地量回调结束信号，需要把握以下两点。

◆ 地量回调结束出现在股价的上涨过程中，股价明显地出现了回调下跌的迹象。

◆ 伴随着股价的走低，成交量呈现缩量变化，当量能出现明显的地量成交时，预示着回调即将结束。

操盘精髓

在股价的上涨走势中，股价回调出现了明显的地量时，表明股价回调即将结束，预示着下一轮上涨即将来临，投资者可以积极做多。

分析实例 方大集团（000055）上升阶段地量回调结束分析

方大集团在2018年10月至2019年1月的走势如下图所示。

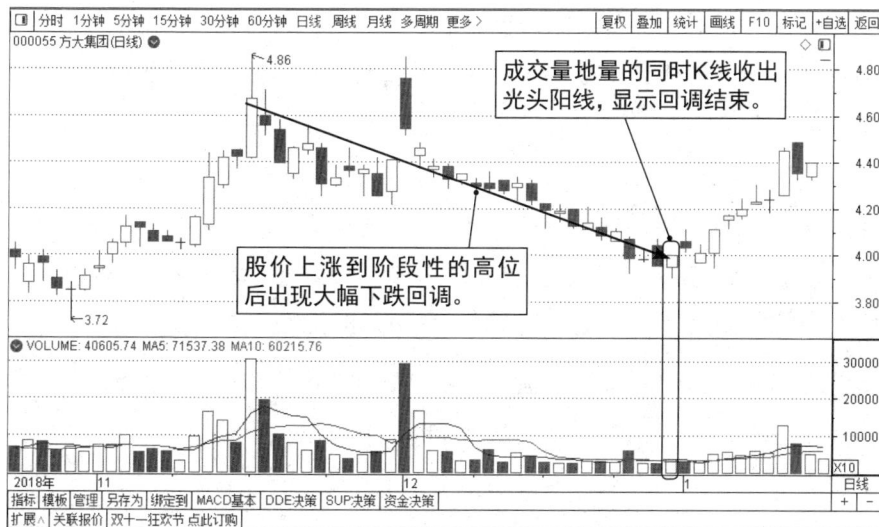

成交量地量的同时K线收出
光头阳线，显示回调结束。

股价上涨到阶段性的高位
后出现大幅下跌回调。

方大集团2018年10月至2019年1月的走势

从图中可以看出，该股在2018年11月底创出3.72元的最低价后企稳回升步入上涨，在上涨创出4.88元的高价后阶段性见顶，随后股价回调整理，成交量出现了明显地量，同时K线收出了带下影线的光头阳线，这些特征都预示着回调的结束。其后市走势如下图所示。

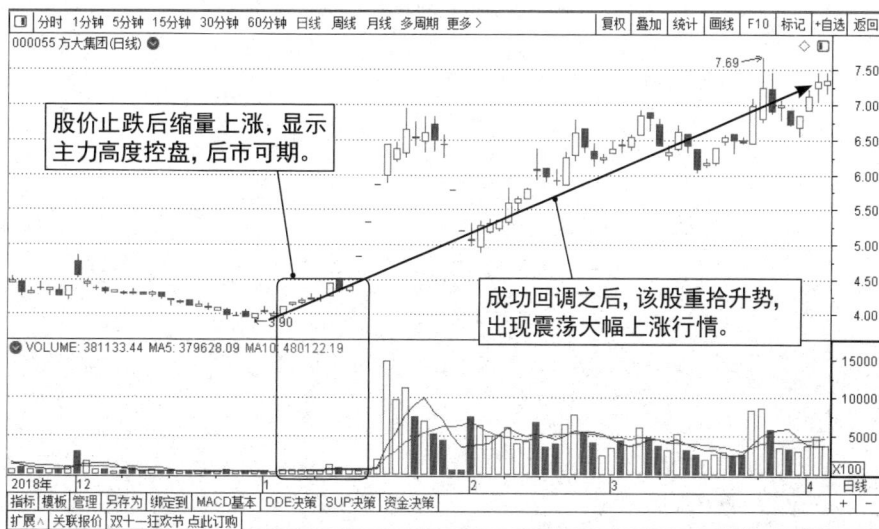

股价止跌后缩量上涨，显示
主力高度控盘，后市可期。

成功回调之后，该股重拾升势，
出现震荡大幅上行行情。

方大集团2018年11月至2019年4月的走势

从图中可以看出，该股随后出现地量拉升的行情，说明主力高度控盘，后市上涨可期，因此投资者要在地量后的止跌回升上涨中要逢低吸纳买入股票，积极做多。

要点提示 *回调地量和回调后天量拉升有什么区别*

其实回调地量和回调后期天量拉升都是股价回调结束的信号，二者都显示了明确的看涨信号，但是二者之间有什么区别和联系呢？

二者的区别在于发生的时间分别为一前一后，联系在于二者常常紧接着出现。回调阶段只有当地量出现后才会有之后的放量拉升，因此说二者有一前一后的联系。

第 **2** 章

突破常见成交量运行状态

在单位时间周期内，例如单日、单周等，成交量可出现天量和地量之分。当把这些单位时间的成交量联系起来分析就可以得到成量运行的一般状态，比如放量、缩量、恒量等。本章将从成交量的放量形态开始，对成交量的一般运行状态——进行分析，帮助投资者从成交量运行状态中了解出市场运行的规律。

NO.015
下跌后期连续放量图谱

在第 1 章中我们也谈到过，在股价的下跌后期可能出现天量建仓的走势，而这里的下跌后期连续放量也是主力在下跌低位的建仓操作所致，只是成交量不是天量成交，而是出现了连续放大的迹象。

一图展示

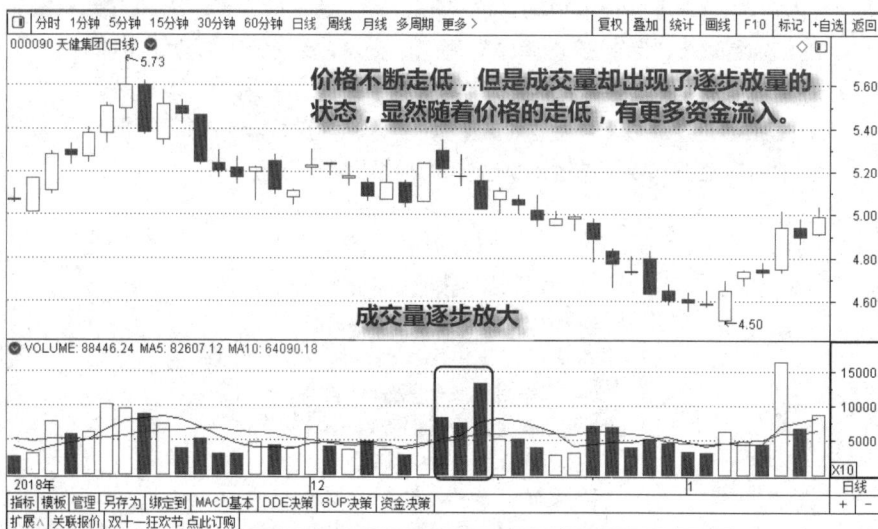

要点剖析

下跌后期成交量连续放大显示出了以下三条信息。

◆ 下跌正在进行，显然市场风险逐步释放，股价随着下跌的进行越来越具有买入的价值。

◆ 随着股价的下跌，成交量没有缩小反而变大，这显示出了市场交投气氛活跃的信号，表明尽管下跌使得大量卖单出现，但承接盘也足够多。

◆ 成交量的不断放大也表明了有主力资金介入，由此出现足够多的承
接盘。

操盘精髓

一般而言，在股价下跌的后期，成交量不断地放大，意味着主力资金的
不断流入，显示出主力对于股价后市的乐观预测，由此也告诉投资者可以买
入股票了。

分析实例 广聚能源（000096）下跌后期量能放大分析

广聚能源在2018年5月至11月的走势如下图所示。

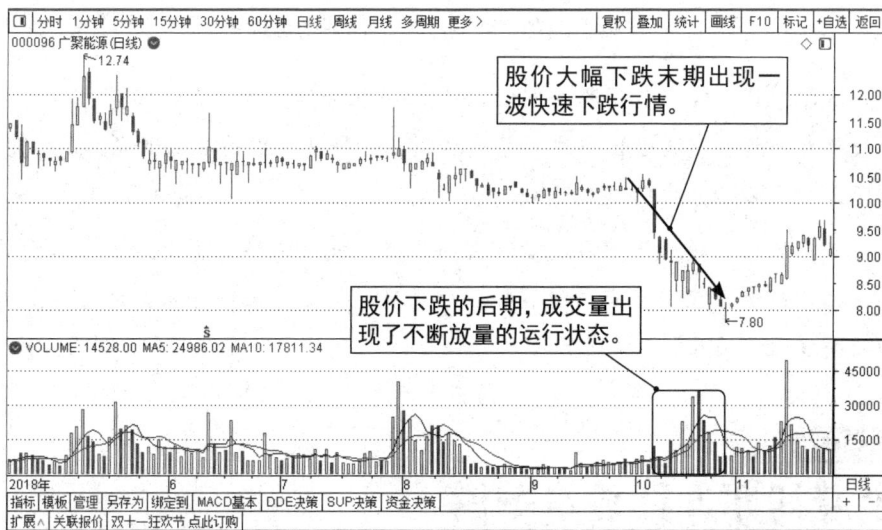

广聚能源2018年5月至11月的走势

从图中可以看出，该股大幅下跌后在2018年10月开启了一波快速下跌行
情，但是成交量相比于前期的下跌走势反而出现了明显的放量，从而出现价
格与成交量背离的走势。

由此可知有主力资金介入，此轮快速下跌是下跌行情的最后一跌，该股
后市一定会有令人意想不到的变化。其后市走势如下图所示。

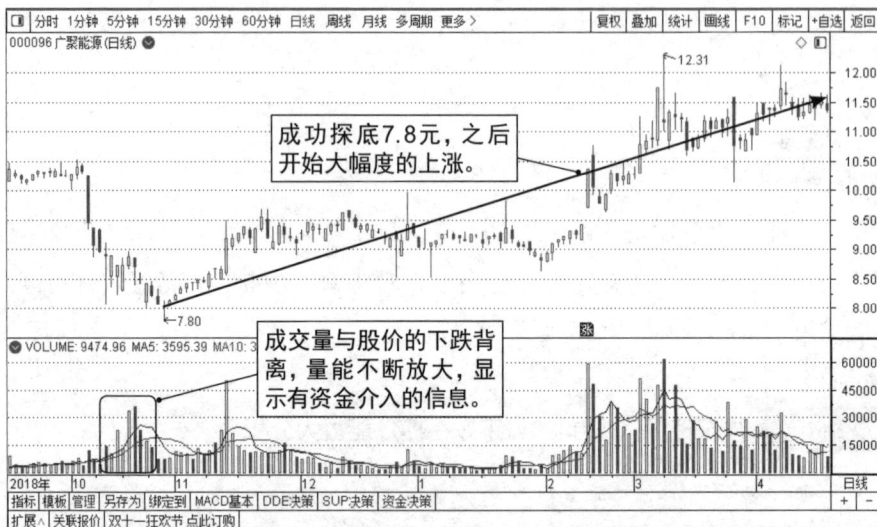

广聚能源2018年9月至2019年4月的走势

从图中可以看出，该股在创出7.8元的最低价后，股价企稳回升，成交量缓慢放大，随后该股走出一波震荡上涨的拉升行情，股价从最低点7.8元上涨到了12.31元以上，涨幅超过57%。

其实从前期股价下跌成交量放大的现象中就可以得到股价后市上涨的信息，由此投资者应该重点关注该股，在明显企稳之后果断介入，即可在上涨初期的最低位买入。

NO.016
上涨初期连续放量图谱

上涨初期连续放量指的是在股价的上升阶段前期，成交量不断放大。不断放大的成交量与股价的上涨形成了良好的量价配合。

一图展示

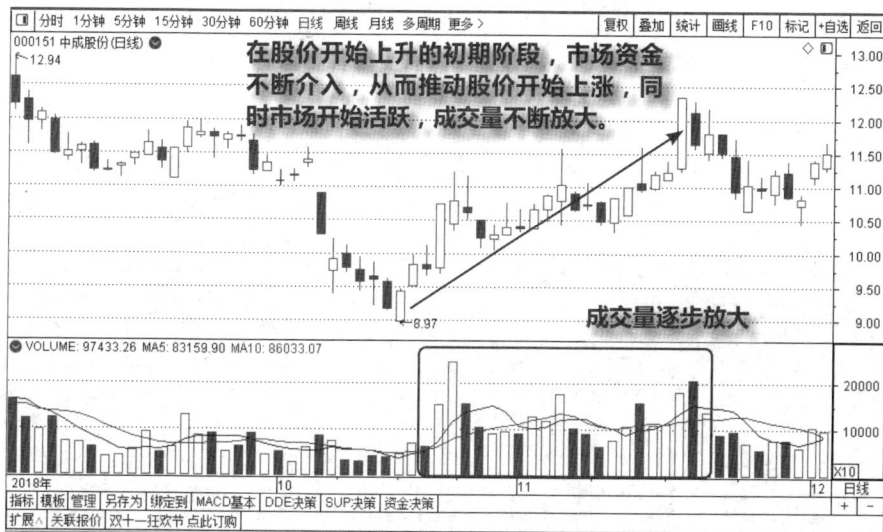

在股价开始上升的初期阶段，市场资金不断介入，从而推动股价开始上涨，同时市场开始活跃，成交量不断放大。

成交量逐步放大

要点剖析

抓住下面三点，可以正确理解上涨初期的连续放量。

◆ 此情况出现在股价下跌企稳之后，对应股价的变化是逐步上升，说明股价摆脱了前期的下跌走势。

◆ 成交量不断放大显示市场资金在持续流入的信息，从资金面表明了市场的变化，同时市场逐步变得活跃起来，筹码的换手转向积极。

◆ 当股价上涨，成交量不断放大，量价配合到位，预示着股价趋势的变化。

操盘精髓

上涨初期成交量不断放大，这一现象发出了明显的买入信号，中长线投资者可以开始建仓，激进的投资者可以高仓位杀入。

分析实例 ST宜化（000422）上涨初期放量买入分析

ST宜化在2018年4月至8月的走势如下图所示。

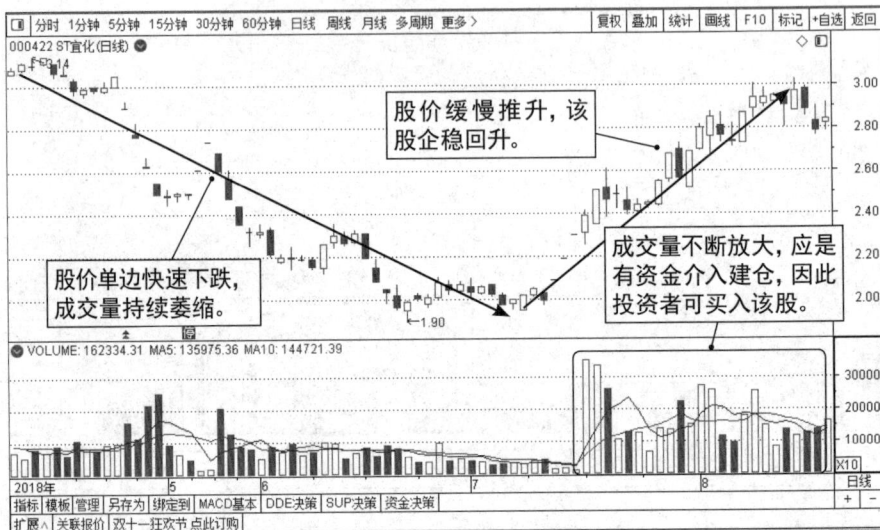

ST宜化2018年4月至8月的走势

从图中可以看到，量价齐升，显示资金进场的信息，后市看涨，投资者可买入股票。其后市走势如下图所示。

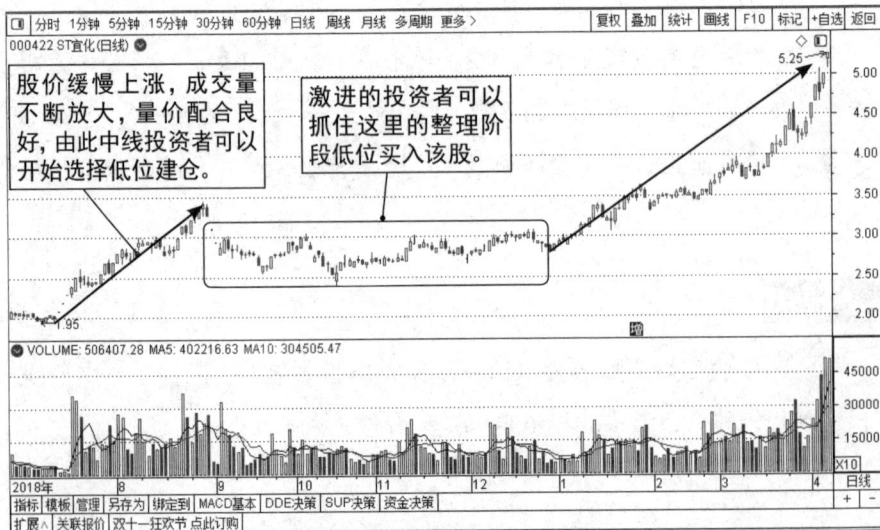

ST宜化2018年7月至2019年4月的走势

从图中可以看出，该股在整个运行阶段主要处于上涨状态，前期股价缓慢推高，成交量不断增长，此信息可以推断出主力资金的建仓动作，因此此阶段中线操作的投资者就可以分批选择低位建仓。

之后股价在高位进行了明显的横向整理，此时激进的投资者就可以在高仓位买入股票，持股待涨。

NO.017
上升中途回调后连续放量拉升图谱

在股价的上升阶段，股价走势难免出现下跌回调迹象，但是投资者不仅不需要惧怕回调，还要利用好回调，而这里回调后连续放量拉升就是买入加仓的信号。

一图展示

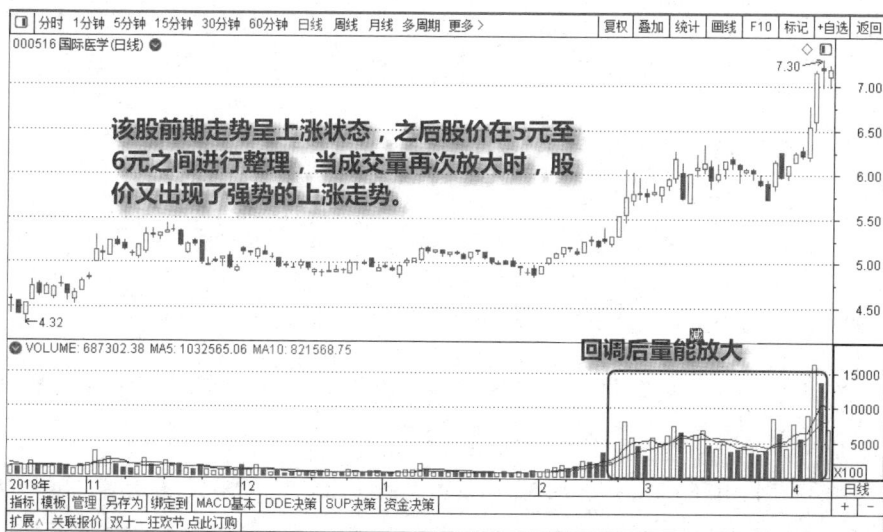

该股前期走势呈上涨状态，之后股价在5元至6元之间进行整理，当成交量再次放大时，股价又出现了强势的上涨走势。

回调后量能放大

要点剖析

上升中途回调后出现连续放量拉升是一个准确的看涨信号。显示的信息是股价整理结束，即将迎来新一轮的上涨。

操盘精髓

在回调低位，股价大幅拉升，成交量放大时就是看涨信号，激进的投资者可以在此时买入股票。稳健的投资者不宜快速杀入，应该等到股价突破前期高点并回踩之后再买入。

分析实例 深科技（000021）回调后强势拉升放量买入分析

深科技在2018年10月至2019年5月的走势如下图所示。

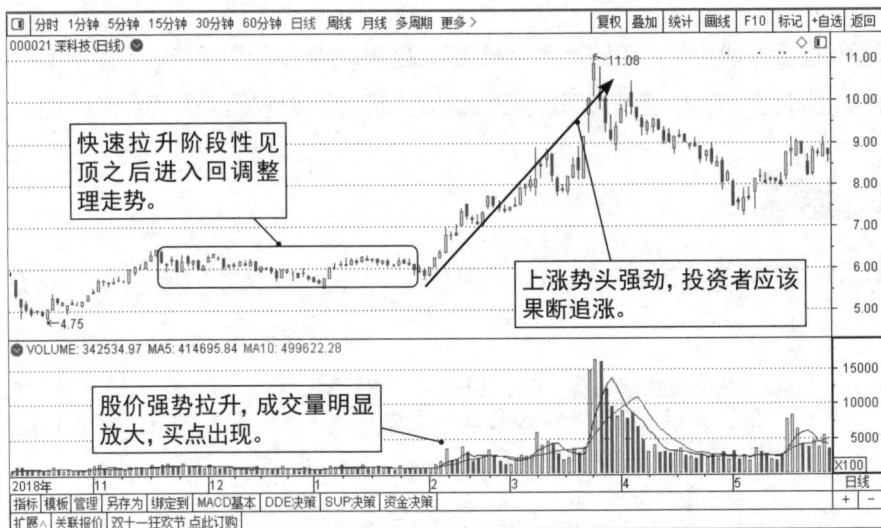

深科技2018年10月至2019年5月的走势

从图中可以看到，该股下跌到2018年10月中旬创出4.75元的最低价后止跌，随后股价企稳回升步入上涨行情。

2018年11月下旬，股价在运行到6.5元的价位线附近阶段性见顶，随后股价进入了长达两个多月的横盘整理，在整个回调整理过程中，成交量都没有明显的变化。

在回调末期成交量放量大涨显示回调结束的信息，上升力度强大，投资者应及时逢低吸纳追涨杀入，持股一段时间后卖出即可获得不错的收益。

NO.018
连续放量突破高位图谱

股价走势进入上涨行情，前期股价的高点就成为股价再次上涨的重要压力位置，而放量突破高位预示了股价上涨的可能性极大，后市继续看涨。

一图展示

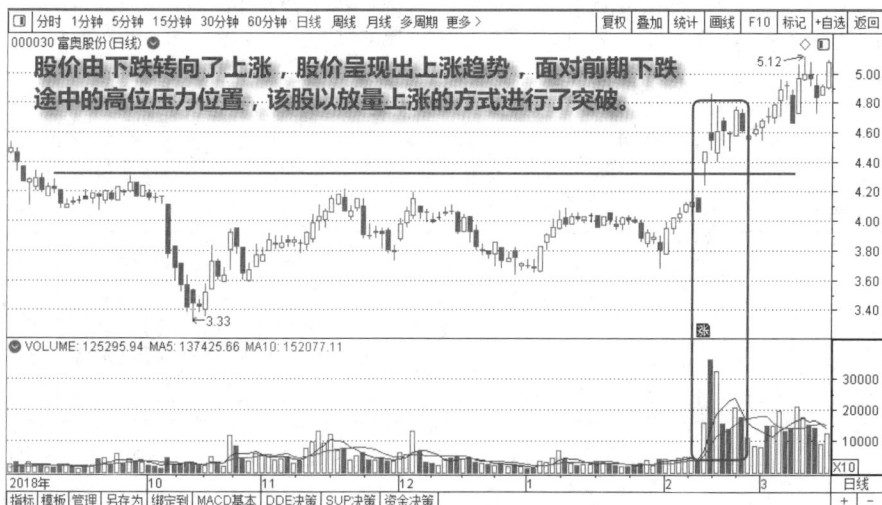

要点剖析

连续放量突破前期高点需要注意下面两点。

◆ 在突破之时，成交量的不断放大是关键所在，这表明了前期高位的套牢盘得到了有效的消化。

◆ 这里的高点可以是前期下跌走势中的反弹高点，也可能是前期上涨途中的涨幅高点。

操盘精髓

如何把握连续放量突破带来的买入机会呢？一般而言，连续放量突破重要的压力位置，股价会进行回踩确认突破的有效性，因此投资者可在回踩的低位买入股票。

分析实例 和顺电气（300141）放量突破回踩买入分析

和顺电气在2018年9月至12月的走势如下图所示。

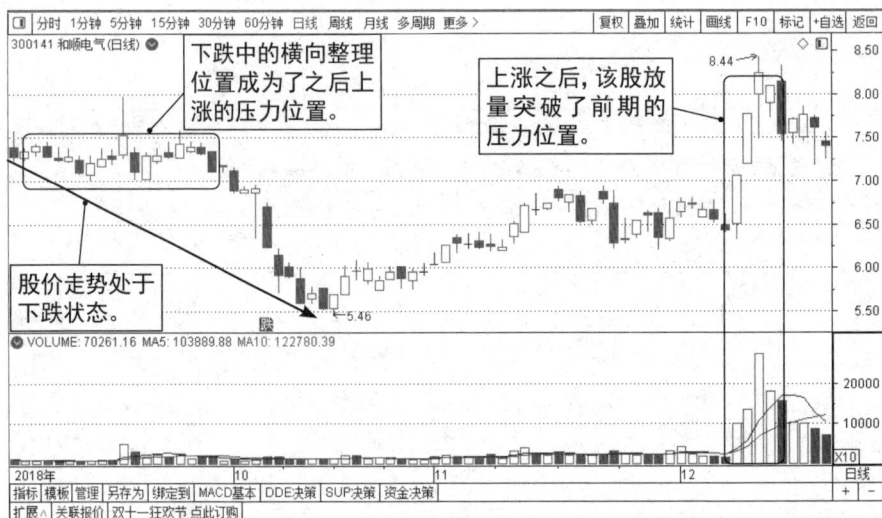

和顺电气2018年9月至12月的走势

从图中可以看出，该股下跌过程中于2018年9月在7元至7.5元之间进行横向整理，这个整理位置就形成了之后上涨的压力位置。

2018年10月初股价跌破7元的价位线后经过一轮快速下跌，股价最终在创出5.46元的最低价后止跌企稳，重新开启上涨行情。

股价在2018年11月上旬在7元附近上涨受阻，随后股价始终在6.25元至7元的价位区间长时间横盘整理，波动变化。最终在2018年12月中旬放量突破，显示了主力介入的决心。

在突破之后股价往往会回调整理，这时就是买入的良机，其后市走势如下图所示。

从图中可以看出，在该股强势突破压力位置之后，股价小幅度的下跌回调，最终在前期盘整上方企稳，由此显示突破是有效的，投资者可以展开买入操作。

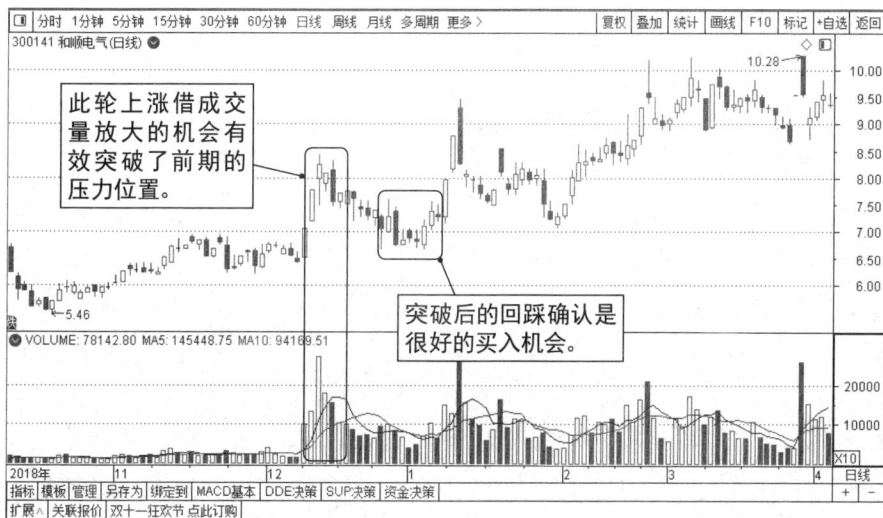

和顺电气2018年10月至2019年4月的走势

要点提示 *为何在放量突破后要回踩*

一般而言，股价在重要阻力位置或者重要技术关口突破后都会进行回踩，那么为什么会出现回踩走势呢？

回踩其实就是一个再次确认的过程，当股价突破完成之后，市场有必要向下试探突破的有效性并且确认下方的支撑力量，这既是一个市场心理的反应也是技术走势的需要。

NO.019
上涨后期连续放量图谱

在股价的上涨后期，成交量也会出现明显的连续放量的现象，同时对应的股价也会出现强势的拉升状况。

一图展示

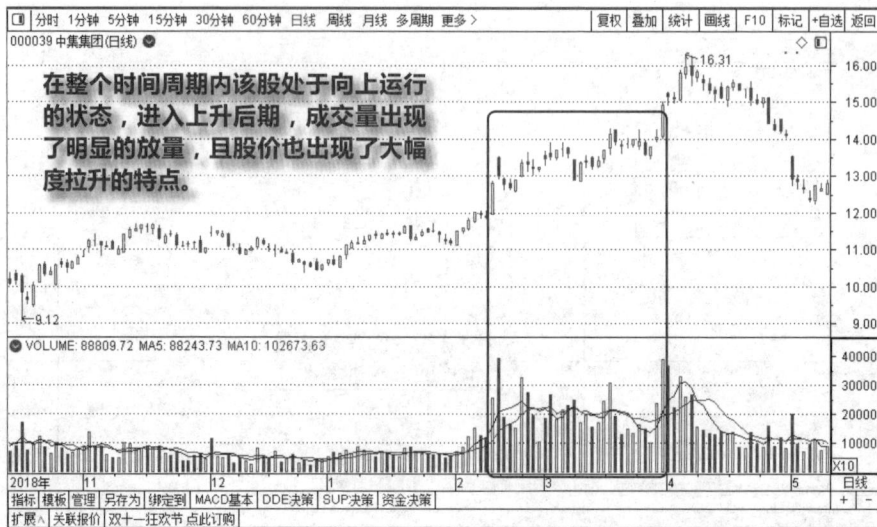

在整个时间周期内该股处于向上运行的状态，进入上升后期，成交量出现了明显的放量，且股价也出现了大幅度拉升的特点。

要点剖析

如何把握上涨后期成交量连续放量的特点呢？需要把握以下两点。

◆ 此情况出现的位置是在股价上涨的最后阶段，这是理解的前提。

◆ 成交量急速放大，股价强势拉升，实质是主力激活市场以便出货。

操盘精髓

股价上涨后期的大幅放量拉升是主力暗中出货的特征，尽管主力在出货，但无法保证短时间内完成，所以主力会边拉边出。

对于上涨后期的强势拉升，投资者可以进行短线操作，但是一定要适可而止。

分析实例　国际实业（000159）上涨后期放量拉升短线操作分析

国际实业在2018年11月至2019年4月的走势如下页图所示。

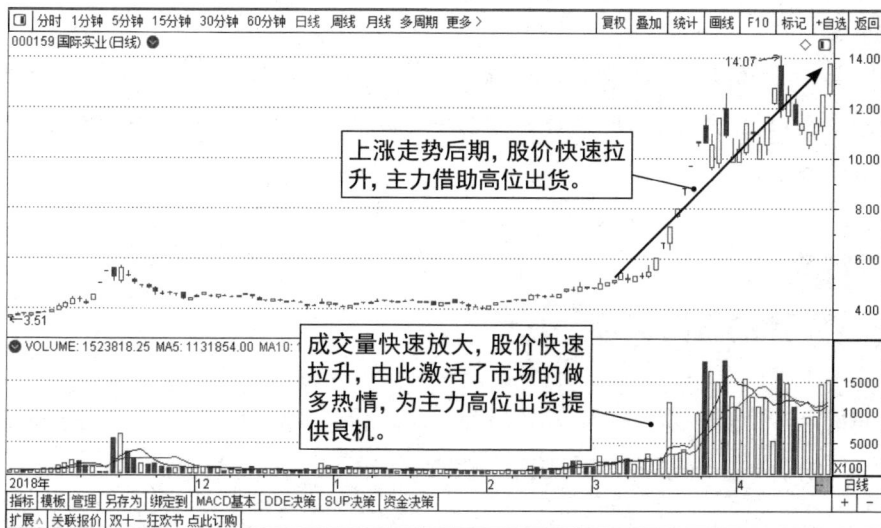

上涨走势后期，股价快速拉升，主力借助高位出货。

成交量快速放大，股价快速拉升，由此激活了市场的做多热情，为主力高位出货提供良机。

国际实业2018年11月至2019年4月的走势

从上图可以看出，该股在前期经过了缓慢的吸筹建仓阶段，之后该股急速放量拉升，彻底激活了市场的做多热情。其后市走势如下图所示。

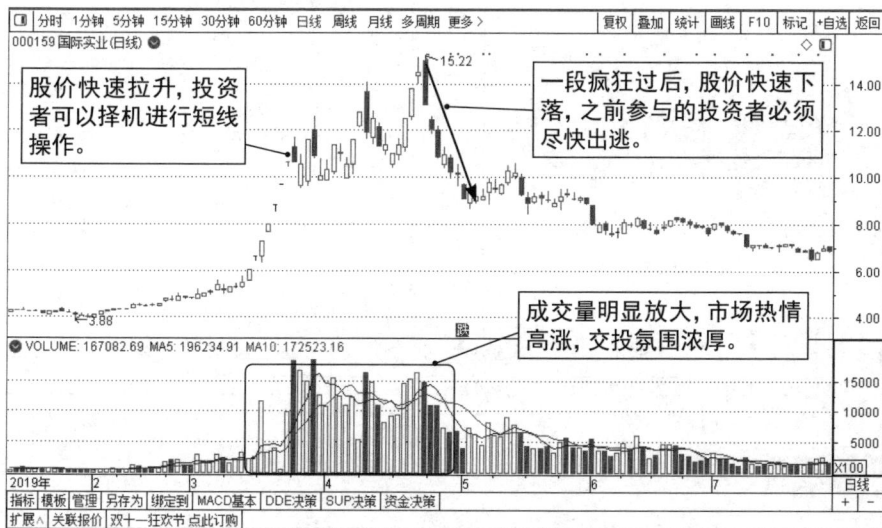

股价快速拉升，投资者可以择机进行短线操作。

一段疯狂过后，股价快速下落，之前参与的投资者必须尽快出逃。

成交量明显放大，市场热情高涨，交投氛围浓厚。

国际实业2019年1月至7月的走势

从图中可以看出，股价在最后上涨阶段出现了近乎疯狂的表现，股价快速上涨，成交量急速放大，导致市场换手极快。

面对如此疯狂的上涨，投资者不应以惧怕风险为由放弃操作，相反投资者要利用主力的拉高出货意图，进行果断的短线操作，但是一定要适可而止、快进快出。

NO.020
下跌中放量反弹图谱

在股价走势处于下跌状态时，特别是处于大级别的下跌趋势的情况下，主力往往会在下跌中途拉升股价以实现自身出逃的目的，而这时成交量便会明显放大。

一图展示

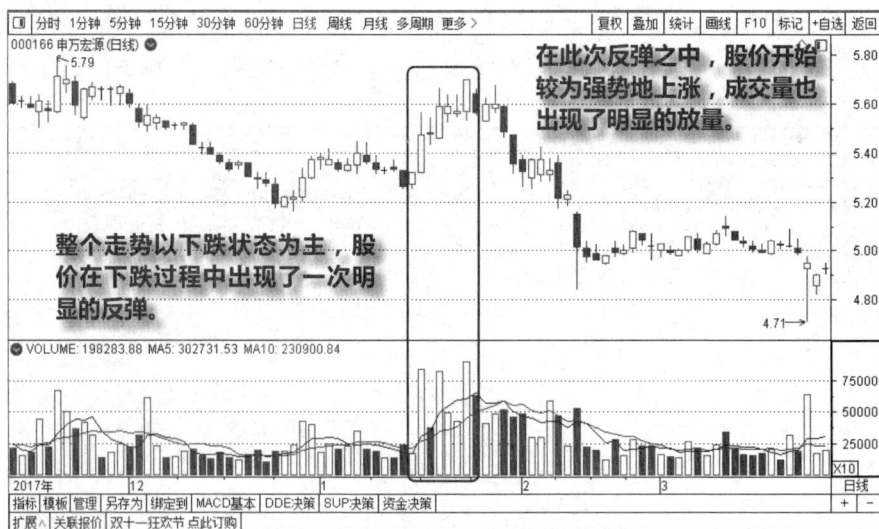

要点剖析

对下跌中放量反弹的认识需要把握以下三点。

◆ 此情况常常出现在大级别的下跌走势之中。

◆ 股价往往会明显上涨，由此造成股价趋势转向的假象，而实质上这只是主力为出逃而设下的陷阱。

◆ 成交量的突然放大，显示出了主力在借助股价的高位积极出逃的信息，预示着股价后市的下跌。

操盘精髓

下跌走势之中的放量反弹不是一个中线操作的机会，投资者应以出逃止损为主要目标。但是对于反弹势头较强的个股，激进的投资者可以进行适当的短线操作。

分析实例 华天酒店（000428）放量反弹出逃分析

华天酒店在2019年2月至11月的走势如下图所示。

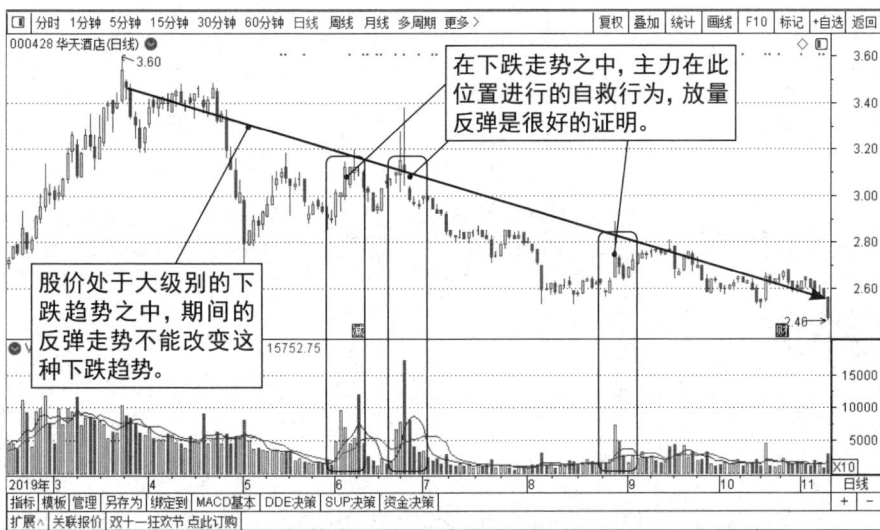

华天酒店2019年2月至11月的走势

从图中可以看出，该股在上涨到3.6元的高价后股价见顶回落步入下跌行情。在下跌过程中，该股多次出现成交量放量反弹的行情，这是主力自救的手段，放量反弹借机出货，投资者要追随主力出逃，才能避免之后股价的大幅度下跌。

NO.021
下跌开始连续缩量图谱

经过大幅度的拉升之后，股价开始向下运行，此时随着股价的不断下跌，市场热情逐步退去，由此造成了成交量的持续萎缩。

一图展示

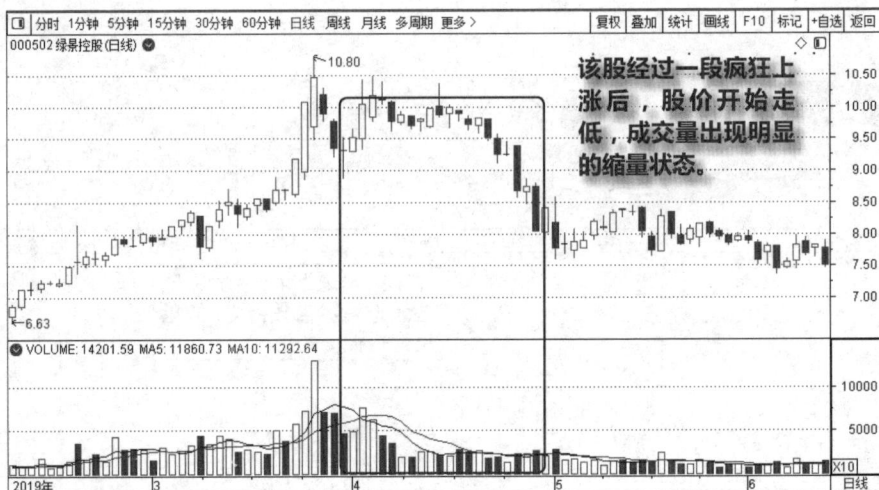

要点剖析

理解下跌初期的连续缩量需要把握以下两点。

◆ 股价疯狂上涨阶段，成交量急速放大，形成了一个较大的比较基数，即后面的量能与前面相比明显缩小。

◆ 市场"冷却"后股价已开始下跌，而在前期疯狂上涨时大部分主力资金已经出逃了，这就使得之后真正开始下跌时成交量逐步缩小。

操盘精髓

股价下跌初期的持续缩量是一种正常的量价反应，在这种量价配合关系下，暗示着市场运动的方向是向下的，投资者不能盲目介入，应以看跌为主，持有股票的投资者更是要及时清仓。

分析实例 湖南投资（000548）下跌初期缩量分析

湖南投资在2019年2月至8月的走势如下图所示。

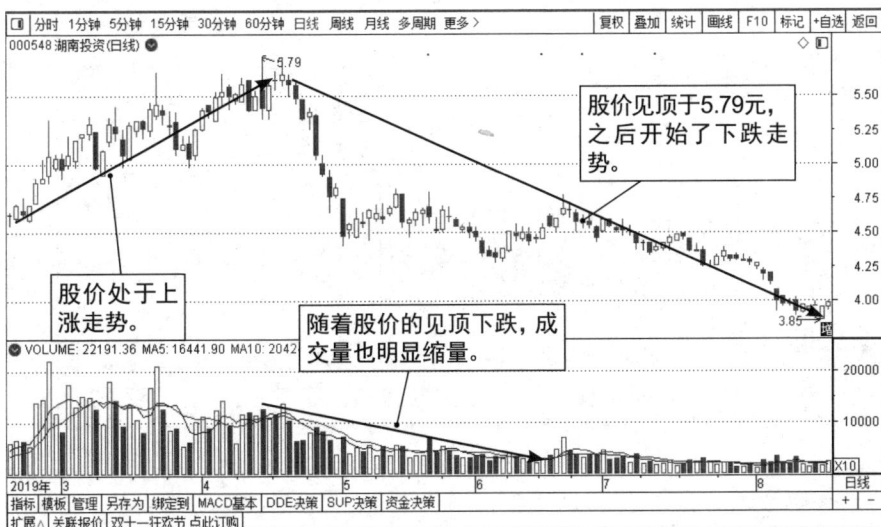

湖南投资2019年2月至8月的走势

从图中可以看出，该股大幅上涨后在2019年4月中旬创出5.79元的最高价后见顶回落，开启一波快速下跌的行情。随着股价见顶下跌，成交量也出现明显的缩量，由此可知股价后市继续看跌，投资者不能盲目买入股票，否则之后该股的继续下跌会使投资者深深被套其中，此时投资者要积极卖出股票，锁定利润。

NO.022
下跌中反弹结束连续缩量图谱

在股价走势处于下跌状态时，主力会拉高股价进行出逃，而当这样的走势结束之后，股价又会继续向下运行，同时成交量会继续缩量。

一图展示

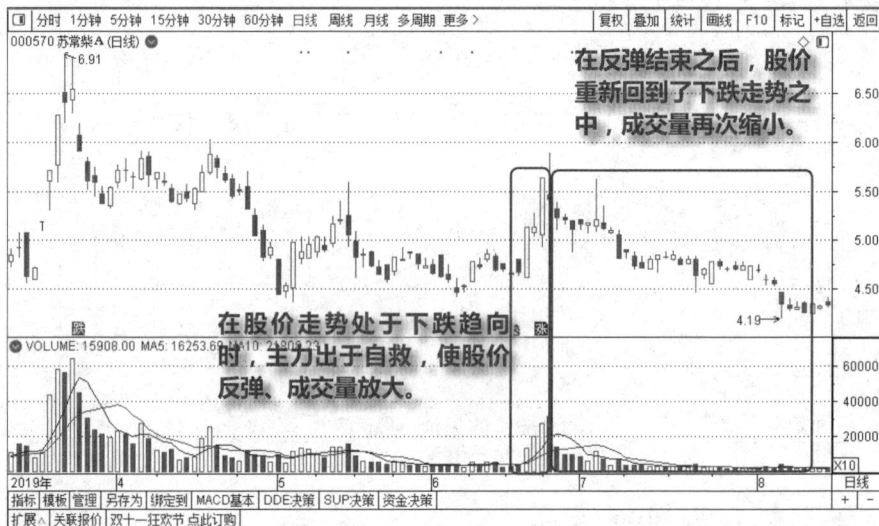

000570 苏常柴A (日线)

在反弹结束之后，股价重新回到了下跌走势之中，成交量再次缩小。

在股价走势处于下跌趋向时，主力出于自救，使股价反弹、成交量放大。

要点剖析

掌握下面两个要点，可以正确理解反弹结束后的缩量下跌走势的图谱。

◆ 此情况出现在下跌趋势中的反弹阶段之后。

◆ 股价下跌，成交量缩量，由此发出了新的下跌信号，所以之后的股价还是以下跌走低状态为主。

操盘精髓

反弹之后缩量下跌是一个新的下跌信号，当这样的走势出现时，预示着股价重新回到了下跌趋势之中，因此投资者不能买入股票，后市继续看跌。

分析实例　新金路（000510）反弹结束缩量下跌看跌分析

新金路在2019年3月至9月的走势如下图所示。

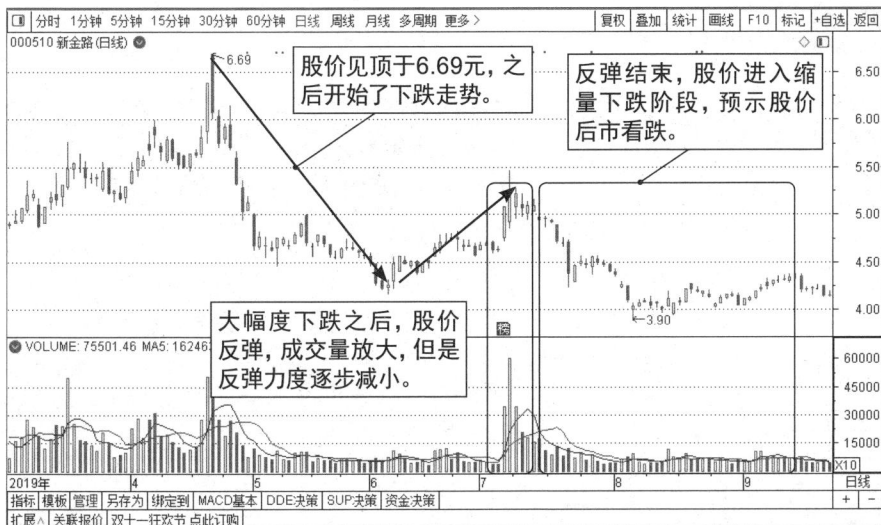

新金路2019年3月至9月的走势

从图中可以看出，该股前期大幅上涨但在2019年4月中旬创出6.69元的最高价后，见顶回落开启一波快速下跌的行情。

当股价下跌到了4.25元左右时，出现了明显的反弹走势特点，同时成交量放大，显示出主力出逃的迹象。当反弹动力逐步减小并最终结束反弹之后，股价又开始了掉头向下，且成交量再次出现明显缩量。显示了主力资金借助前期反弹大幅出逃的迹象，也预示着市场一致看淡后市，因此投资者不能盲目买入，应该以看跌为主。

手中还有持股的投资者此时要及时抛售，果断出局，否则在后市的大幅下跌过程中将损失严重。

NO.023
下跌走势尾声连续缩量图谱

经过大幅度下跌之后，股价风险基本释放完毕，市场已经没有多少继续杀跌的动能，由此表现在成交量上就是持续的缩量，且极可能出现地量成交的现象。

一图展示

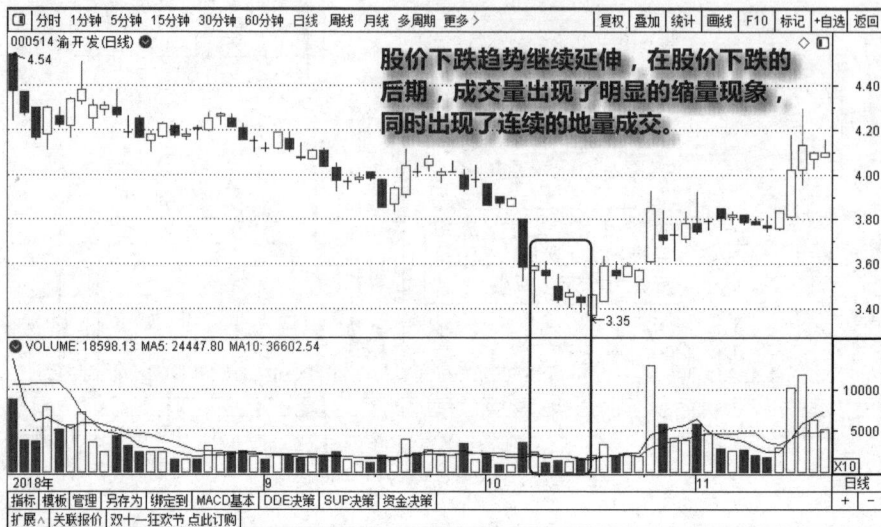

要点剖析

下跌走势后期成交量连续缩量的内涵体现在下面三个方面。

◆ 此情况必须是出现在股价大幅度下跌之后，这个条件确保了股价已经释放了大量的风险。

◆ 成交量是呈现出连续的缩量现象，但是缩量的幅度基本较小，这是因为市场中的抛压已经接近枯竭。

◆ 连续的缩量很容易造成地量成交。

操盘精髓

在经过大幅度下跌之后，股价风险已经获得明显释放，此时成交量不断缩量，甚至出现地量成交，这些信息都预示市场底部即将到来，投资者可以抓住机会进行抄底操作。

分析实例 大冷股份（000530）下跌后期缩量见底分析

大冷股份在2018年3月至10月的走势如下图所示。

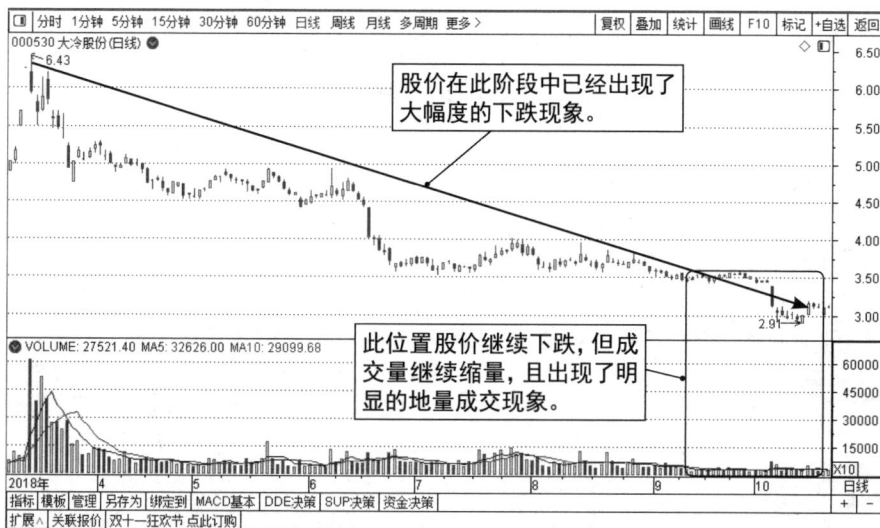

股价在此阶段中已经出现了大幅度的下跌现象。

2.91

VOLUME: 27521.40 MA5: 32626.00 MA10: 29099.68

此位置股价继续下跌，但成交量继续缩量，且出现了明显的地量成交现象。

大冷股份2018年3月至10月的走势

从图中可以看出，股价前期经过了大幅度的下跌，风险已经得到了有效释放，在下跌的后期成交量继续缩量且出现了地量现象。由此预示股价将见底回升，其后市走势如下。

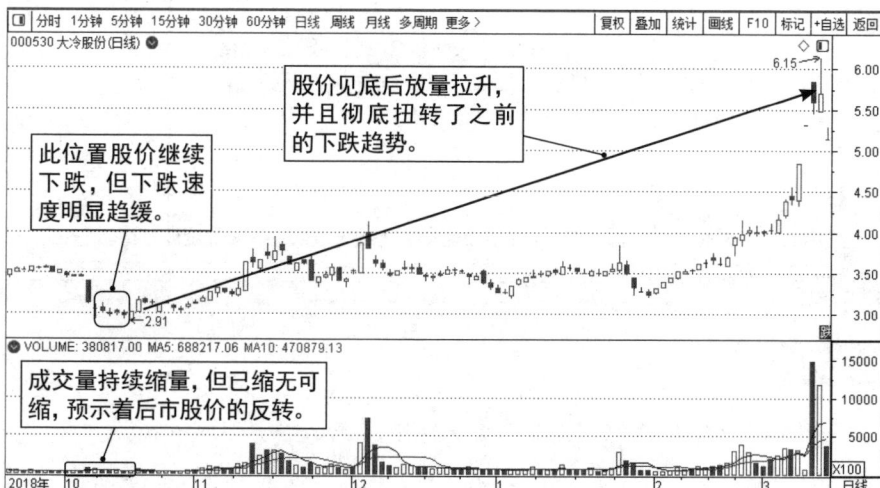

股价见底后放量拉升，并且彻底扭转了之前的下跌趋势。

6.15

此位置股价继续下跌，但下跌速度明显趋缓。

2.91

VOLUME: 380817.00 MA5: 688217.06 MA10: 470879.13

成交量持续缩量，但已缩无可缩，预示着后市股价的反转。

大冷股份2018年9月至2019年3月的走势

从图中可以看出，该股在下跌走势后期的持续缩量，并且出现了地量成交，很好地发出了股价即将见底的信号，由此投资者可以在股价企稳拉升的过程中择机买入。

自2.91元见底之后，股价开启了一波不错的上涨行情，在四个多月的时间内，股价最高上涨到6.15元，涨幅超过109%。

NO.024
股价回调连续缩量图谱

股价的回调可出现在任何上涨阶段，一般而言股价在回调整理中会出现持续性的缩量现象。

一图展示

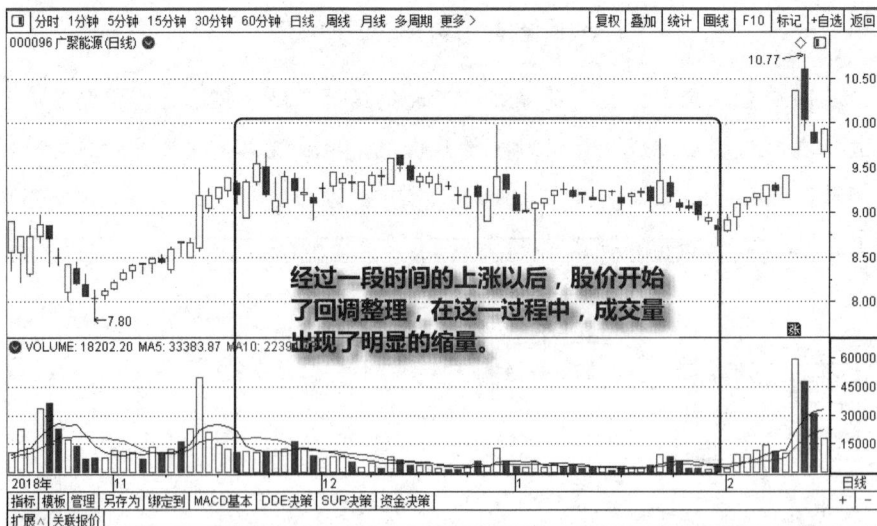

经过一段时间的上涨以后，股价开始了回调整理，在这一过程中，成交量出现了明显的缩量。

要点剖析

在实战应用中可从以下三个方面去理解回调走势中的缩量表现。

◆ 这里的缩量现象指的是在股价上涨后的回调整理阶段出现的情况。

◆ 从开始回调到回调结束，成交量在此阶段中出现了从缩量到放量的变化，而缩量也反映了市场异动筹码被逐步锁定。

◆ 成交量不断缩小，显示主力在下跌回调过程中不断吸筹，以致市场成交量变小，同时市场对于后市一致看好，也会出现惜售情绪，因此造成量能缩小的状况。

操盘精髓

在股价的下跌回调阶段，持续的缩量显示了市场风险的不断降低，也意味着距股价再次上涨越来越近。在出现持续缩量之后，股价开始放量上涨时，投资者就可以买入股票或者继续加仓了。

分析实例 吉林化纤（000420）回调缩量分析

吉林化纤在2018年10月至2019年2月的走势如下图所示。

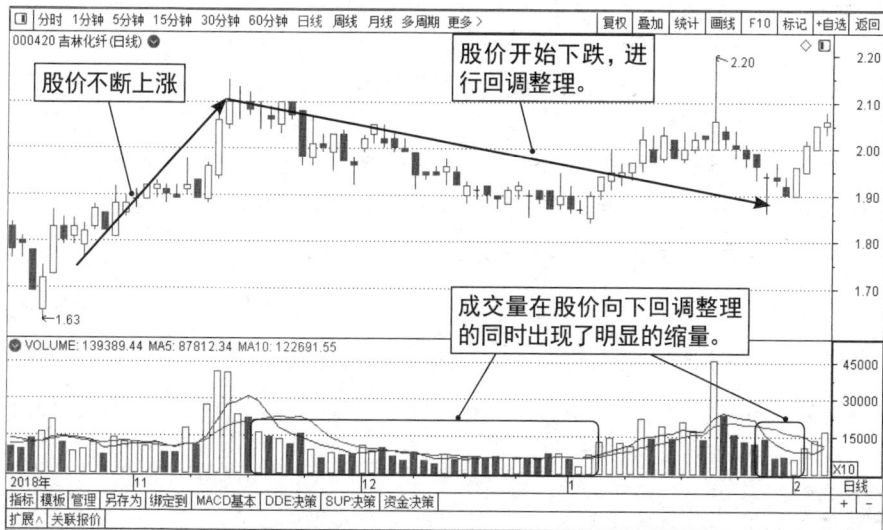

吉林化纤2018年10月至2019年2月的走势

从图中可以看出，该股在1.63元止跌，随后股价上涨一段时间之后在2.1元的价位线附近出现阶段性见顶，随后开始明显下跌，而同时成交量也出现了明显的缩量变化。虽然在2019年1月成交量放量拉升股价，但是由于盘中抛压过大，股价再次在2.1元的价位线下方上涨受阻，再次下跌，且成交量再次明显缩小，尤其在1月底，成交量非常小的时候股价再低运行到1月初的回调低点，这表明回调走势步入尾声。其后市走势如下图所示。

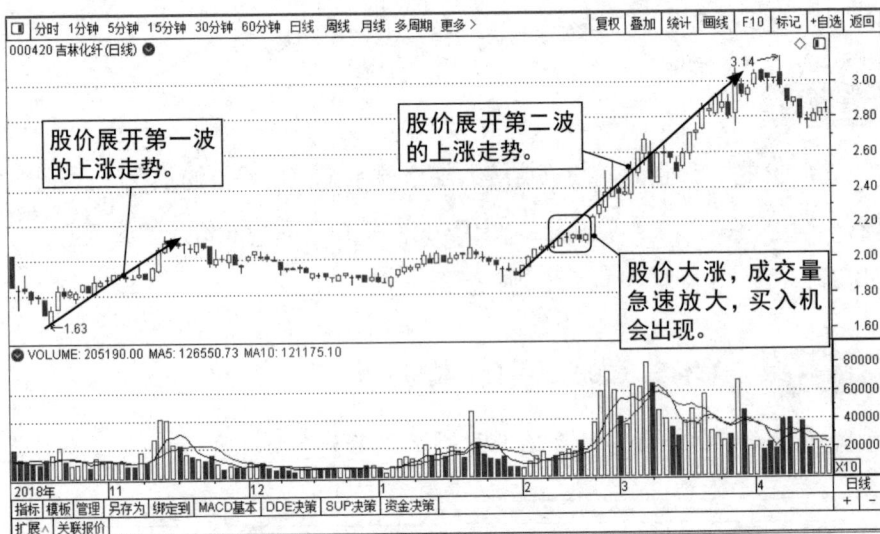

吉林化纤2018年10月至2019年4月的走势

从图中可以看出，在第一波上涨走势的推动下，股价逐步摆脱了之前的下跌颓势，之后该股选择了向下小幅度的回调整理，同时成交量出现明显缩量，这样的持续缩量暗示回调即将结束。

在2019年2月初，该股缓慢放大成交量拉升股价，由此形成了很好的跟进买入机会，在回调结束后的放量拉升过程中，投资者应该逢低吸纳，果断出手买入股票。

NO.025
低位恒量建仓图谱

一般而言，主力建仓会推动成交量的放大，但有时主力建仓的动作很小，致使成交量无明显变化。

一图展示

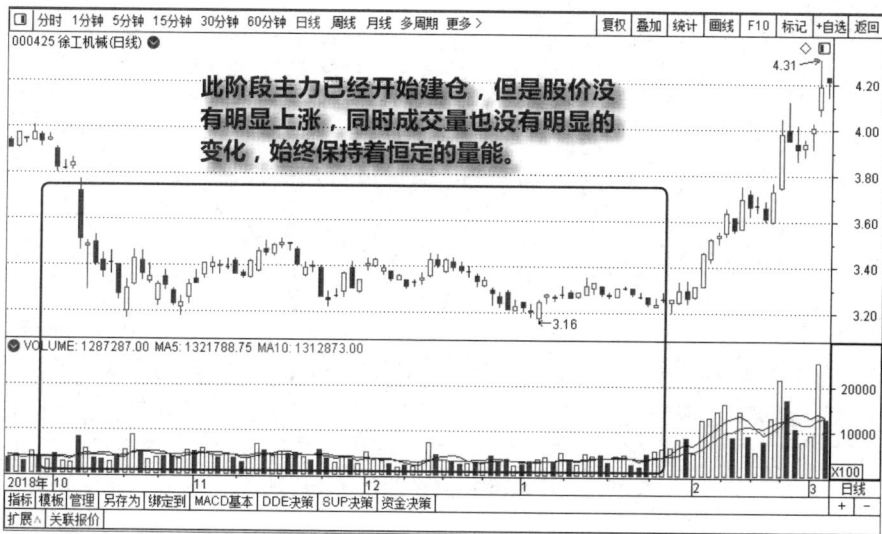

此阶段主力已经开始建仓，但是股价没有明显上涨，同时成交量也没有明显的变化，始终保持着恒定的量能。

要点剖析

理解低位恒量建仓图谱时要掌握以下两点。

◆ 低位恒量建仓出现在股价下跌之后的低位区域或者是股价上涨初期的相对低位区域。

◆ 低位建仓是一种隐蔽的建仓手段，主力采取这样的建仓手法悄悄完成了大幅拉升前的准备。

操盘精髓

低位恒量建仓是一种隐蔽的建仓手法，一般而言，在这样的隐蔽建仓完成之后股价会进行大幅度、快速的拉升。因此当发现这种迹象之后，投资者要在股价发起强势上攻之时，及时买入股票。

分析实例 仁和药业（000650）低位恒量建仓分析

仁和药业在2018年7月至2019年3月的走势如下图所示。

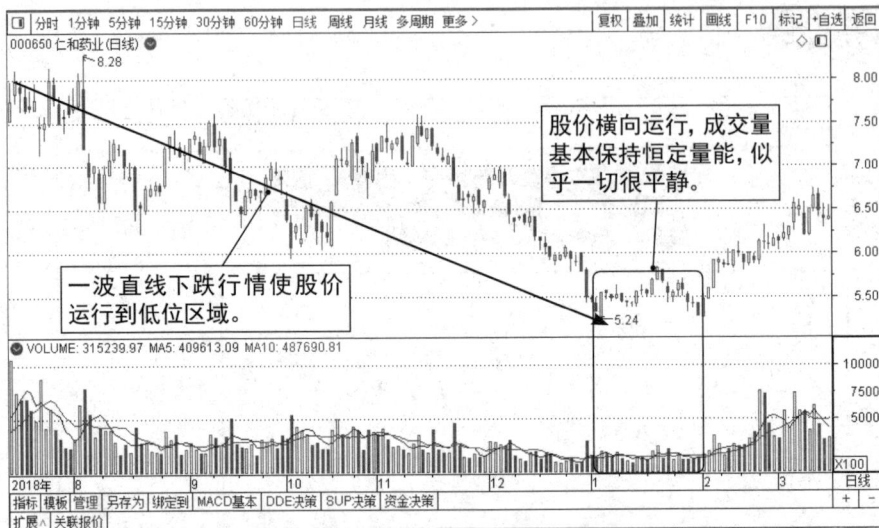

仁和药业在2018年7月至2019年3月的走势

从图中可以看出，该股经历了一波直线下跌行情，股价运行到了低位区域。之后股价横向整理，成交量保持恒定量能，但真的那么平静吗？其后市走势如下图所示。

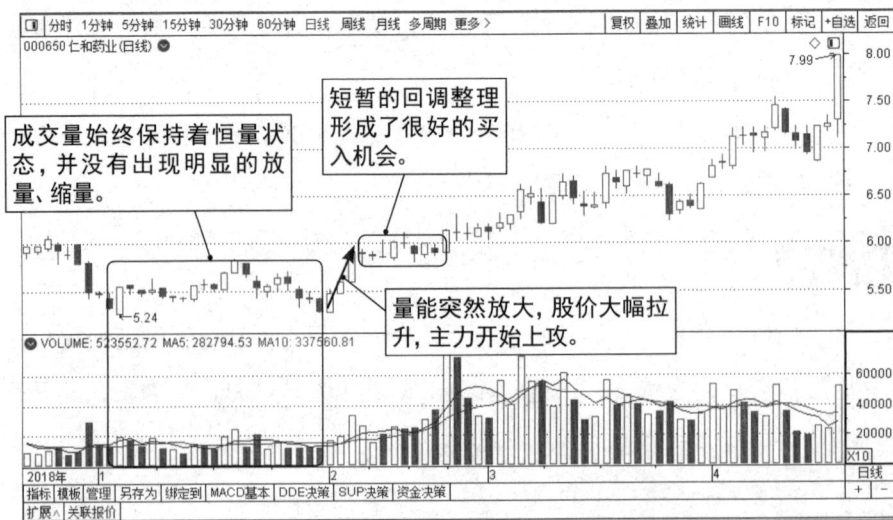

仁和药业在2018年12月至2019年4月的走势

从图中可以看出，该股主力在前期已经实施了足够的建仓（即恒量建仓）措施，之后主力开始大幅拉升，成交量突然放大，由此反映出了主力的意图。

所以，当连续阳线报收拉升股价大涨，成交量突然放大时，投资者就应该知道主力已经开始快速拉升，因此要及时择机买入股票。

NO.026
上升途中恒量横盘整理图谱

在股价走势处于上涨状态时，主力有时不会采用打压股价的方式进行洗盘，而会采取横向整理的手段来消磨散户的耐心。

一图展示

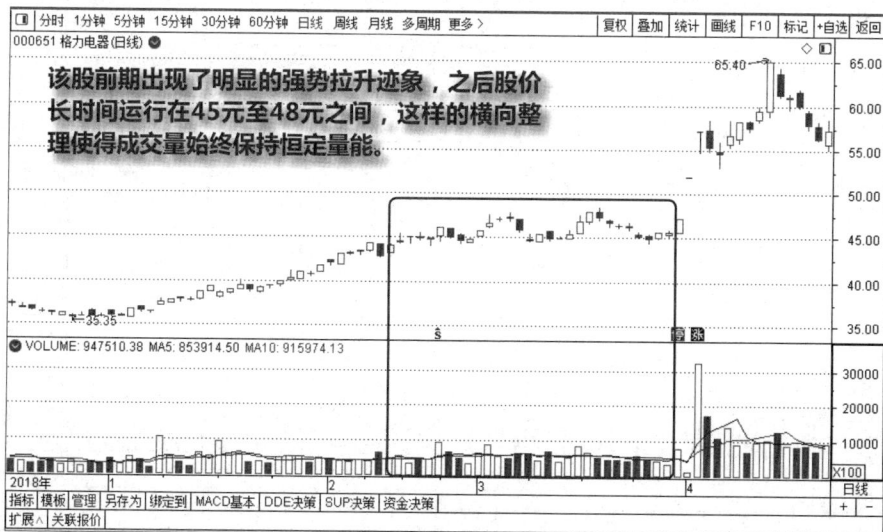

要点剖析

在理解上升途中恒量横盘整理图谱时可参考以下三个要点。

◆ 这里的恒量横盘整理出现在股价上涨过程中的高位或者是较高位置区域。

◆ 其股价在狭窄的空间里进行横向整理，主要目的是要消磨散户的耐心，使其卖出手中的筹码。

◆ 由于横向整理时间较长，主力不需要向下砸盘来进行洗盘，因此成交量始终维持在恒定的量能。

操盘精髓

在股价上升途中的恒量横盘整理状态是由于长时间的洗盘动作导致的，主力借助于这样的走势达到清洗浮动筹码的目的。当股价再次放量大幅拉升时，投资者就可以跟进买入股票。

分析实例 丰乐种业（000713）上升途中恒量横盘整理分析

丰乐种业在2018年8月至2019年1月的走势如下图所示。

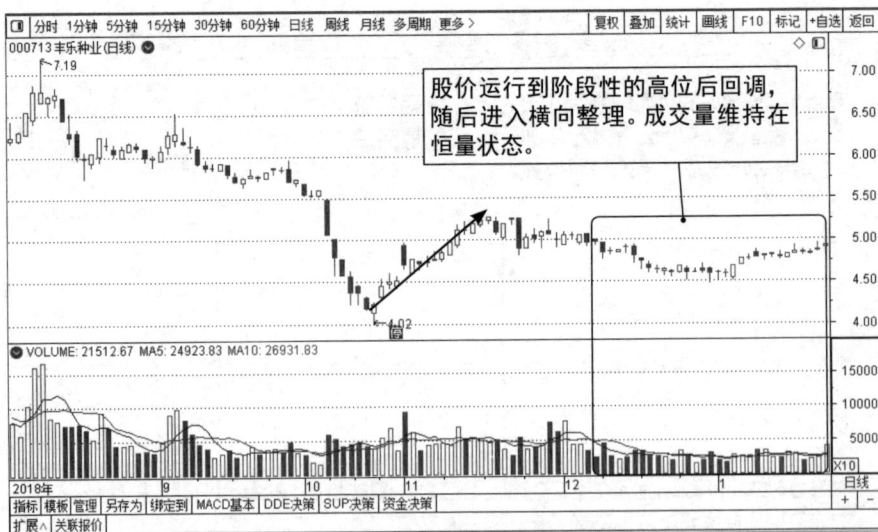

丰乐种业在2018年8月至2019年1月的走势

从图中可以看出，该股股价在2018年10月中旬见底后出现了一波快速拉升行情，短时间内，股价从4.02元上涨到最高的5.3元附近，通过这样的拉升，主力收集了较多的筹码。

之后股价短暂回调后开始横向整理，且在横向整理的过程中成交量保持恒量，始终在4.5元至5.3元附近窄幅波动，整个横盘时间达到两个多月的时间，这就有效地达到了洗盘的目的。其后市走势如下图所示。

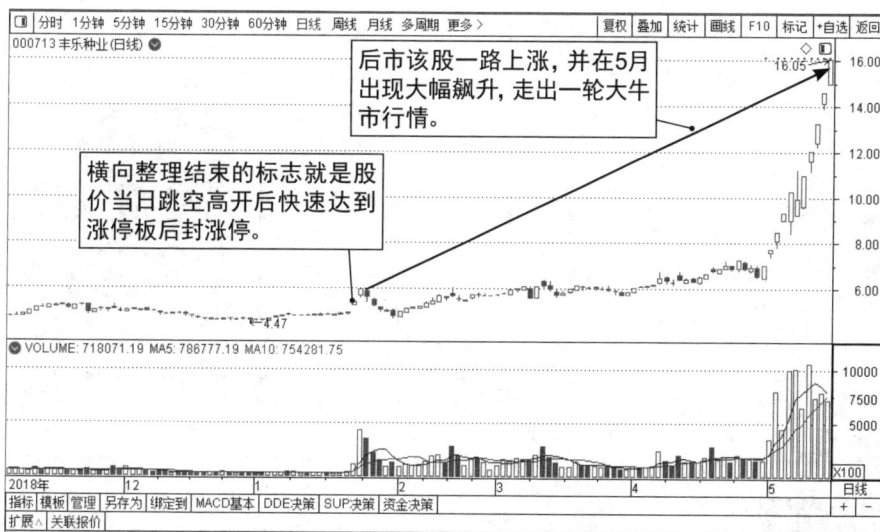

丰乐种业2018年11月至2019年5月的走势

从图中可以看出，股价在前期急速拉升之后出现了明显的恒量横盘整理的走势特点，这样的整理极大消磨了大量散户的意志。

当股价跳空放大量涨停板大阳线报收拉高股价时，表明主力再次发力，显示出股价开始了新一轮上涨的信息，投资者要把握好这一信息，果断跟进，持股待涨。

NO.027
低位堆量建仓图谱

所谓堆量是指成交量像土堆一样出现。低位堆量建仓指的是主力在股价的低位区域，进行集中建仓，致使成交量突然在一定时间内急速放大。

一图展示

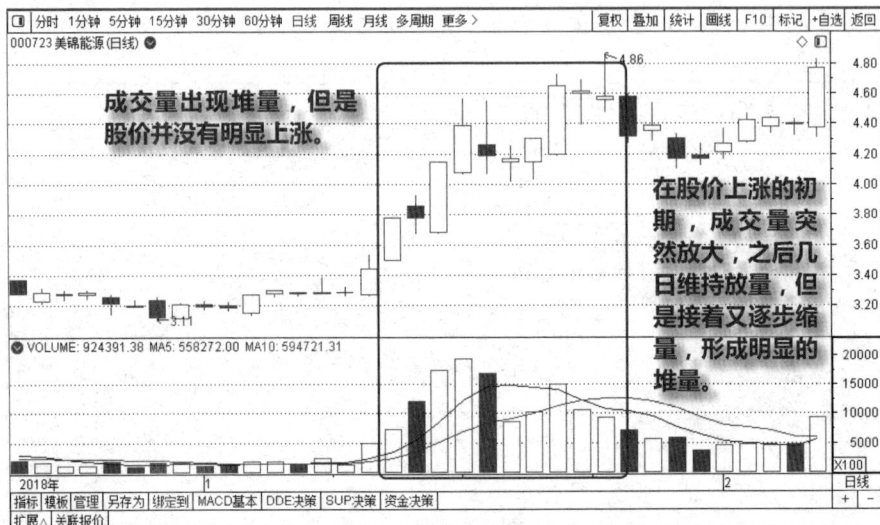

成交量出现堆量，但是股价并没有明显上涨。

在股价上涨的初期，成交量突然放大，之后几日维持放量，但是接着又逐步缩量，形成明显的堆量。

要点剖析

为什么会出现这种低位堆量建仓状态呢？可以从以下两方面来理解。

◆ 这里的低位一般就是股价下跌所致的低位区域或者是在股价上涨初期的相对低位。在这样的低位区域，堆量的出现显示了主力的一种被动建仓状态。

◆ 由于前期对于市场的错误判断，主力没有大规模的建仓动作，当市场明显走强时，主力只有通过突然拉高股价进行建仓，由此就形成了堆量。

操盘精髓

低位堆量建仓完成之后，主力一般不会直接拉升股价，相反会打压股价，一来可以进行必要的洗盘，二来可以通过收集低价的筹码来稀释成本。

所以在堆量建仓之后，投资者要等待更好的买入机会。也就是说，这是之后股价再次放量拉升的信号。

分析实例　新华制药（000756）低位堆量建仓分析

新华制药在2018年8月至11月的走势如下图所示。

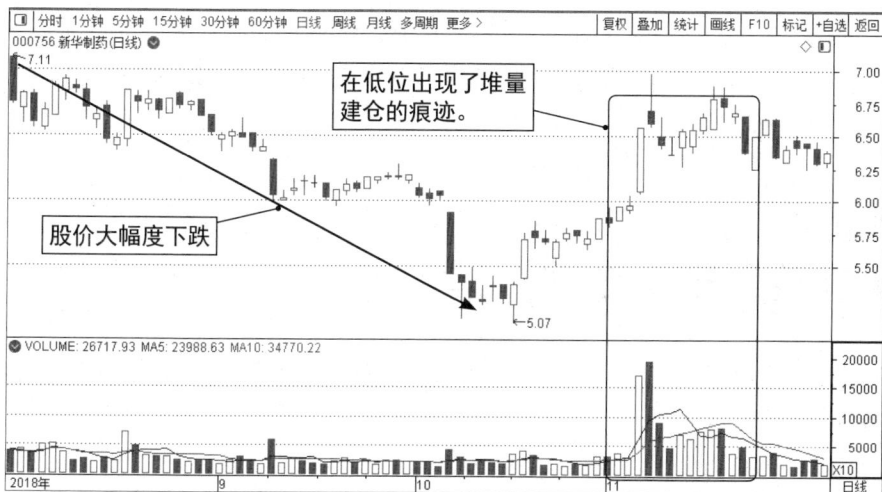

在低位出现了堆量建仓的痕迹。

股价大幅度下跌

新华制药2018年8月至11月的走势

在股价下跌之后的低位区域，主力快速拉升建仓，由此形成堆量。其后市走势如下图所示。

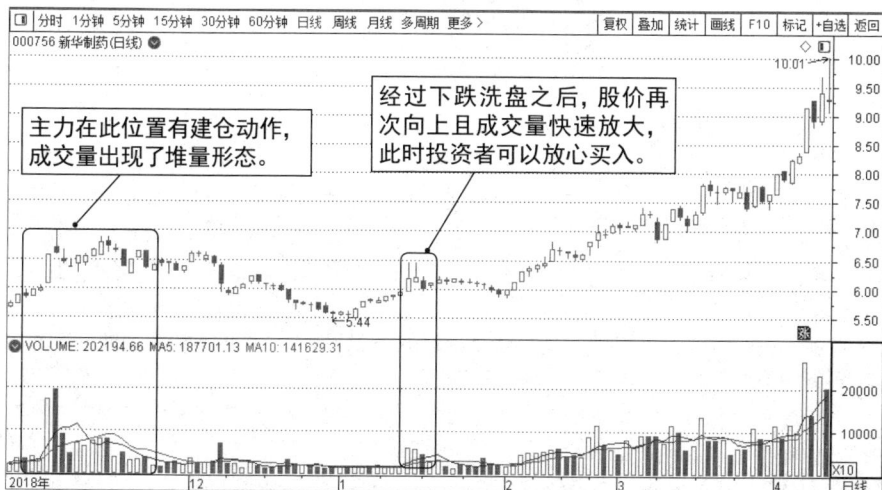

主力在此位置有建仓动作，成交量出现了堆量形态。

经过下跌洗盘之后，股价再次向上且成交量快速放大，此时投资者可以放心买入。

新华制药2018年11月至2019年4月的走势

从图中可以看出，该股在前期的确出现了明显的堆量，与之相对应的股价也出现了明显的上涨，明显摆脱了下跌走势，这显示出主力拉高建仓的痕迹。

堆量建仓是由于盘中浮筹较多，主力不得已采取的一种建仓手段，之后主力强势洗盘，股价应声下跌，接着主力开启第二次上攻，股价大幅度拉升，成交量快速放大，发出了明显的买入信号。

NO.028
上升阶段堆量助涨图谱

股价在上升阶段中总会出现一段加速上涨的行情，与之相对应的就是成交量的堆量放出。

一图展示

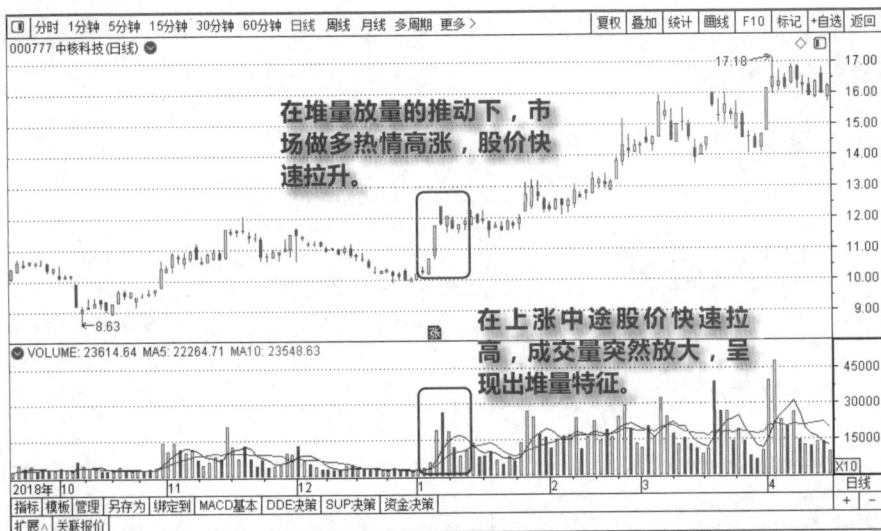

要点剖析

上升阶段堆量图谱是一种助涨信号，使用时需要把握以下两个要点。

◆ 股价走势已经明显处于上涨状态，此时股价快速拉高会吸引众多投资者的目光，并吸引更多散户参与进来。

◆ 当市场资金持续介入，股价会不断推高，成交量也会突然放大。当市场热情退去，前期参与其中的短线投资者就会撤退离场，但市场内还有部分继续持有的投资者，由此造成之后成交量的快速下滑状况，故形成了堆量形态。

操盘精髓

在股价上涨中途出现堆量助涨的现象多是市场短线投资者的突然介入所致，因此不会改变股价前期确定的上涨走势。

当这样的情形出现后，如果股价没有大跌，反而继续走高时，投资者就可以继续持有或者是买入股票。

分析实例　美利云（000815）堆量助涨分析

美利云在2018年8月至2019年2月的走势如下图所示。

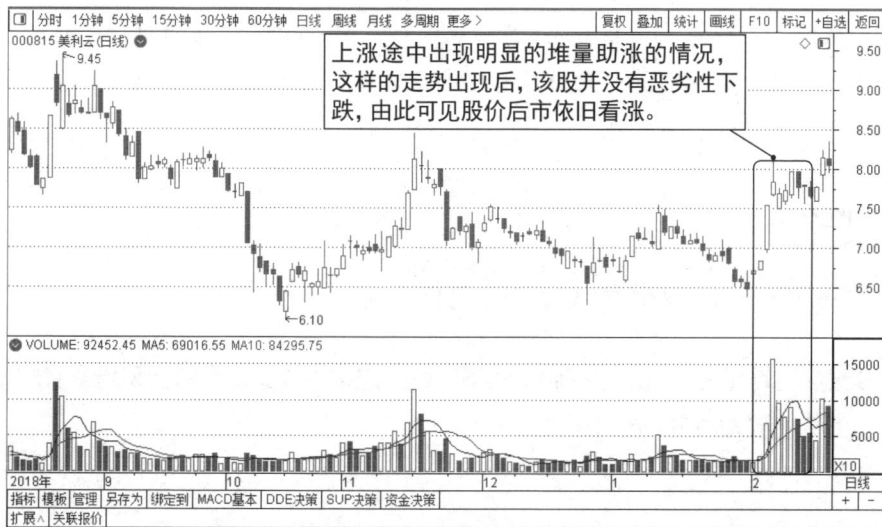

美利云2018年8月至2019年2月的走势

从图中可以看出，该股在2018年10月中旬创出6.1元的低价后开启上涨行情。虽然该股上涨一段时间后经历了一波长时间的回调整理形态，但是在1月底回调结束后，2月初股价被放量拉升，并在随后出现了明显的堆量形态。其后市走势如下图所示。

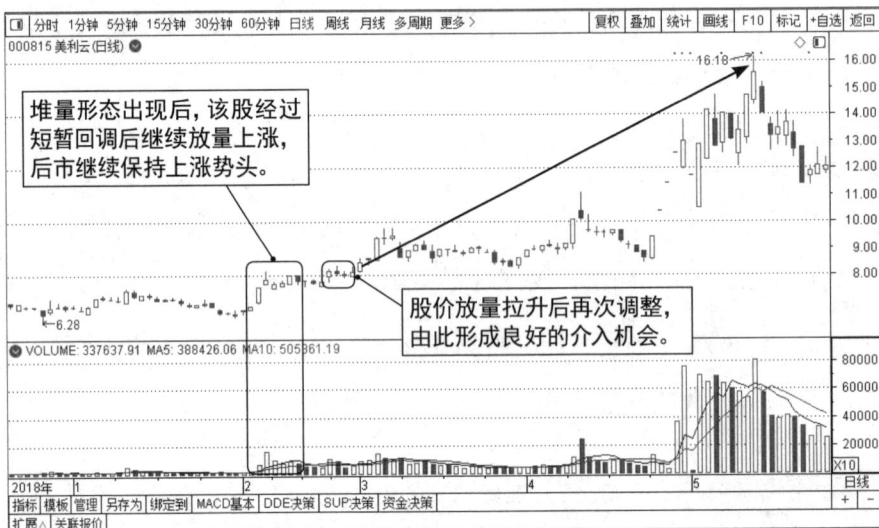

堆量形态出现后，该股经过短暂回调后继续放量上涨，后市继续保持上涨势头。

股价放量拉升后再次调整，由此形成良好的介入机会。

美利云2018年12月至2019年5月的走势

从图中可以看出，该股在2月初止跌回升时出现了明显的堆量助涨的痕迹，之后股价小幅回落并未出现大幅杀跌现象，由此得出该股后市还会上涨的结论，因此投资者可以从容介入。

NO.029
下跌途中的堆量出逃图谱

下跌途中的堆量出逃指的是在股价的下跌趋势之中，成交量突然出现堆量状态，量能的突出放大为主力出逃所致。

一图展示

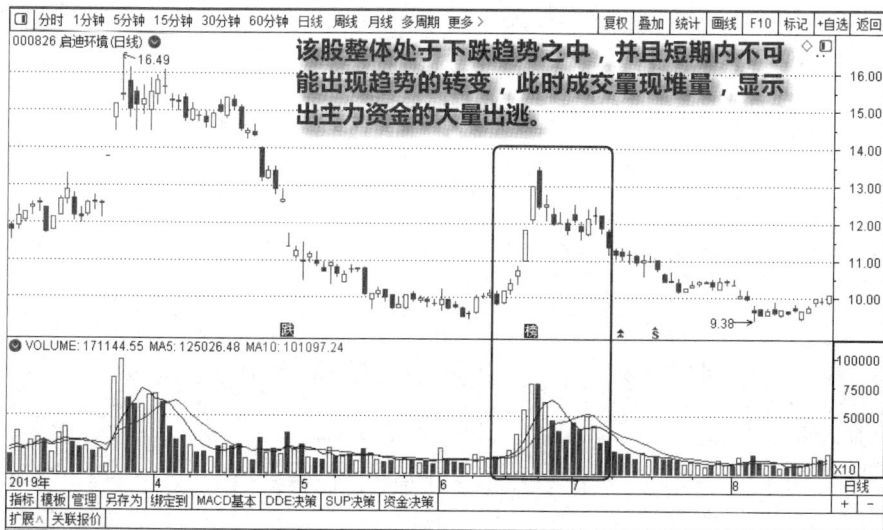

该股整体处于下跌趋势之中，并且短期内不可能出现趋势的转变，此时成交量现堆量，显示出主力资金的大量出逃。

要点剖析

堆量出逃和前面放量出逃的异同有如下两点。

◆ 放量出逃对应的股价以上涨反弹为主，显示出主力诱多的特点。

◆ 堆量出逃对应的股价可以是上涨反弹也可以是下跌，显示的是主力不计成本大幅出逃的状态。

操盘精髓

堆量出逃表明主力在不计成本地杀跌，因此当出现这样的走势特点时，投资者只能第一时间卖出股票。

分析实例　粤桂股份（000833）堆量出逃分析

粤桂股份在2019年2月至11月的走势如下图所示。

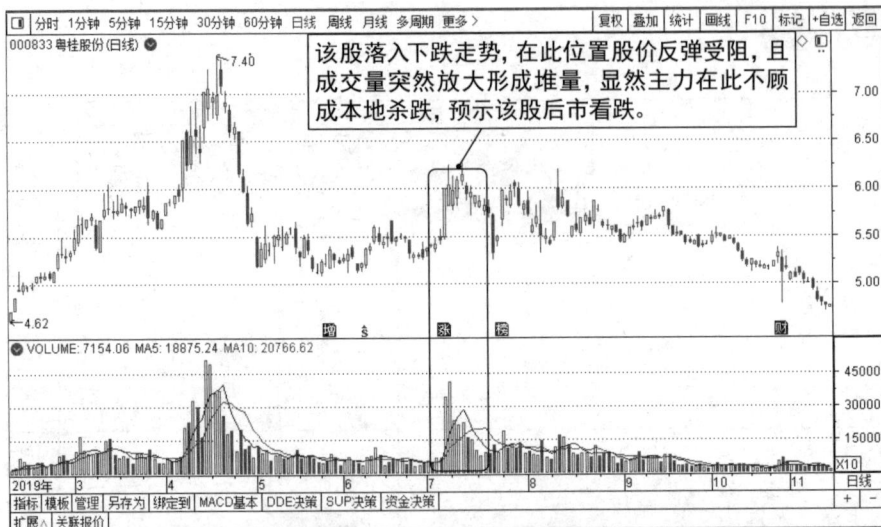

该股落入下跌走势，在此位置股价反弹受阻，且成交量突然放大形成堆量，显然主力在此不顾成本地杀跌，预示该股后市看跌。

粤桂股份2019年2月至11月的走势

从图中可以看到，该股在2019年4月中旬以7.4元见顶后，经历了一波快速下跌行情，随后股价在5元价位线上方止跌横盘了近两个月的时间。

7月上旬，成交量放量拉高开启一波反弹，但是反弹在6元的价位线位置上涨受阻，成交量呈现堆量放大，这些都预示着主力的出逃，股价后市堪忧。投资者就应该意识到股价的大跌预兆，因此要第一时间卖出股票，回避之后的下跌走势。

第 **3** 章
突破成交量形态

  K线形态是我们比较了解的形态之一，与K线形态相同，成交量也有独特的形态。正是通过了解这些成交量形态，投资者才可以更加明确地了解K线形态的意义。本章将从成交量形态学入手，通过对不同成交量形态图谱的展示，给投资者提供不一样的成交量分析手法，进而提高投资者对市场判断的能力。

　　成交量形态，即成交量不同变化形成的不同形态，包括圆弧、三角形等
形态。这些成交量的形态和股价 K 线运行的趋势有着紧密的联系，投资者可
以根据这些形态更加准确地判断出市场的发展方向。

NO.030
成交量头肩顶形态图谱

当 K 线在股价高位构筑头肩顶形态时，成交量也会配合股价的走势，以头肩顶的
形态变化发展。

一图展示

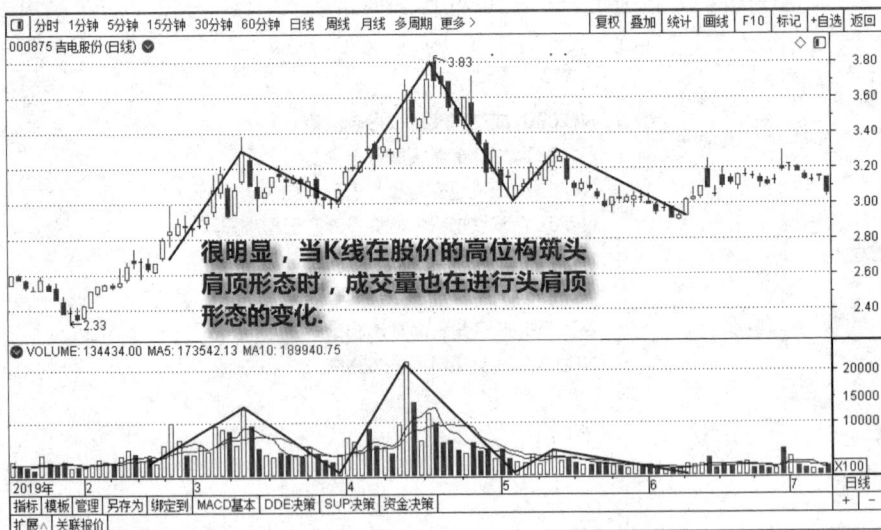

| 分时 1分钟 5分钟 15分钟 30分钟 60分钟 日线 周线 月线 多周期 更多 〉　　复权 叠加 统计 画线 F10 标记 +自选 返回 |

很明显，当K线在股价的高位构筑头
肩顶形态时，成交量也在进行头肩顶
形态的变化。

要点剖析

成交量头肩顶形态，可给投资者带来以下四个重要信息。

◆　与K线的头肩顶形态相同，成交量头肩顶显示的是股价见顶的信号。

◆　成交量头肩顶的左肩和头部出现了明显的放量，这与股价的上涨密

切相关，显示了市场带量上攻的信号。

◆ 成交量头肩顶的右肩也出现了带量上攻的走势特点，但是这里的放量更多意义上是由于市场资金的逢高出逃所致。

◆ 成交量头肩顶形态的右肩放量程度要明显小于左肩，这与K线头肩顶左右两肩基本处于同一水平位置不同。

操盘精髓

在成交量头肩顶右肩形成之后，成交量就会持续萎缩，股价也会持续下跌。因此，之前的高位投资者就应该卖出股票。

分析实例 佳电股份（000922）成交量头肩顶形态分析

佳电股份在2019年2月至7月的走势如下图所示。

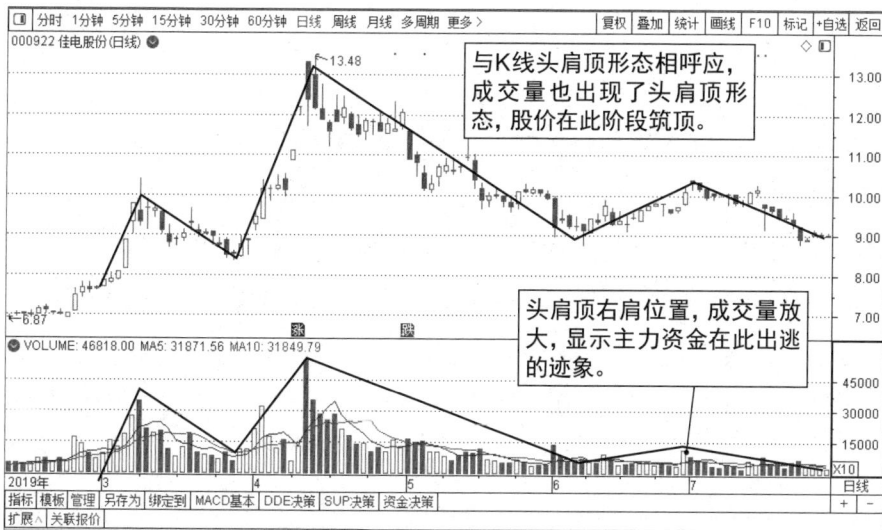

佳电股份在2019年2月至7月的走势

从图中可以看出，该股在大幅上涨后K线形成了头肩顶形态，对应的成交量也形成了头肩顶形态，由此确定了股价的见顶信号。其后市走势如下图所示。

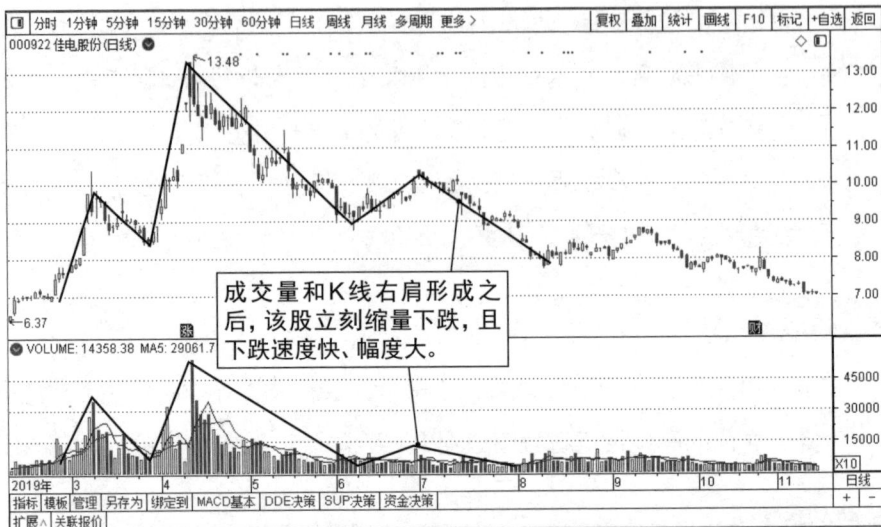

佳电股份2019年2月至11月的走势

从图中可以看出，该股在成交量和K线右肩形成之后出现了明显的下跌走势特点，且在此下跌过程中成交量不断缩小，显示了价跌量减的特点。

要点提示 为何成交量头肩顶右肩量能相对较小呢？

在K线头肩顶形态中，股价在左右两肩的位置基本相当，但是在成交量头肩顶形态中，右肩的成交量一般比左肩的成交量小，为什么呢？

原因在于，在左肩位置，市场资金不断介入做多，使得成交量快速放大，之后股价升到顶部，主力资金已经开始撤离，使得成交量继续放大，当运行到成交量头肩顶右肩位置时，市场中逢高出逃的资金减少，由此致使成交量相对较小。

NO.031
成交量头肩底形态图谱

在股价的低位区域，股价通过形成头肩底形态进行底部的构筑，在此过程中，成交量也会呼应股价的变化而形成明显的头肩底形态。

一图展示

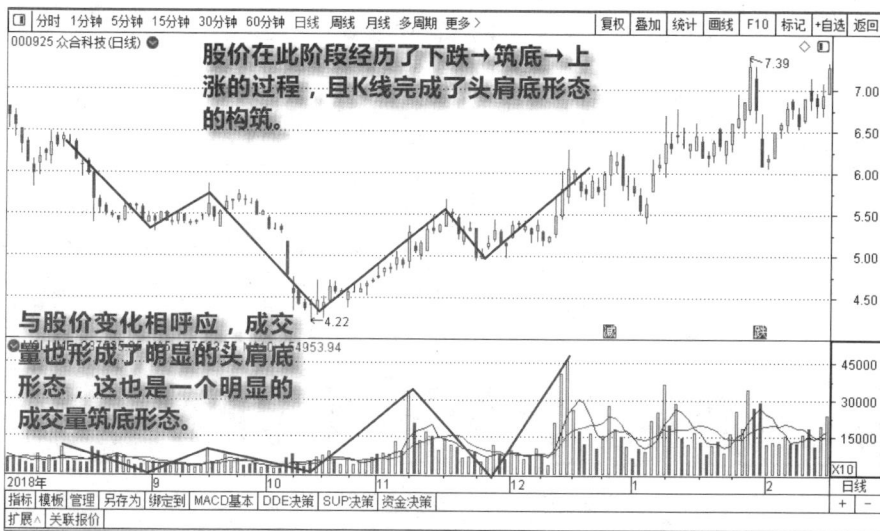

股价在此阶段经历了下跌→筑底→上涨的过程，且K线完成了头肩底形态的构筑。

与股价变化相呼应，成交量也形成了明显的头肩底形态，这也是一个明显的成交量筑底形态。

要点剖析

股价以头肩底形态构筑底部，不仅在 K 线走势上可以得到很明显的信号，同时在成交量的走势变化上更能得到体现。

将头肩底形态两侧的量能进行对比可发现，右侧的量能明显放大，这也是市场资金进场操作的迹象。

操盘精髓

成交量的头肩底形态是成交量配合股价筑底的明显形态，这样的形态出现时，投资者就可以判断出股价趋势的变化。

根据形态的特征，在成交量头肩底形态的右底缩量位置和重新放量上涨位置都是很好的建仓买入机会。

分析实例 银泰黄金（000975）成交量头肩底形态分析

银泰黄金在2018年8月至12月的走势如下图所示。

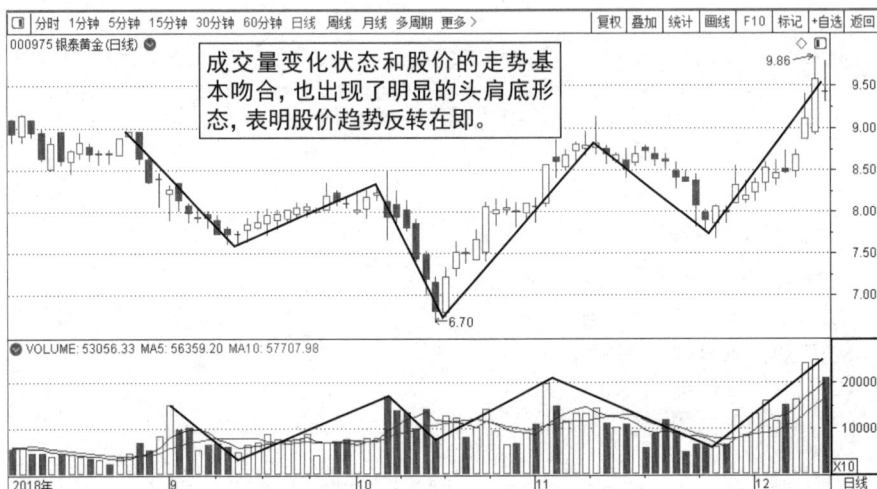

成交量变化状态和股价的走势基本吻合，也出现了明显的头肩底形态，表明股价趋势反转在即。

银泰黄金在2018年8月至12月的走势

K线在股价下跌低位构筑头肩底，成交量呼应股价也构筑头肩底形态。其后市走势如下图所示。

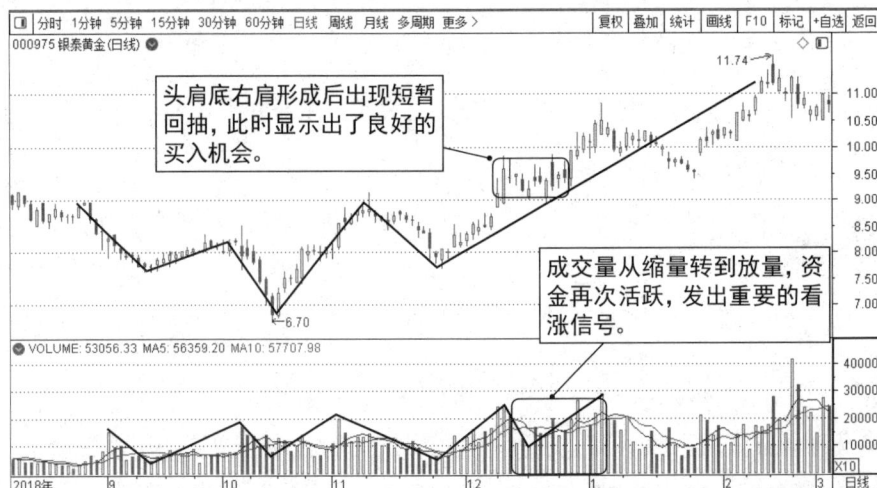

头肩底右肩形成后出现短暂回抽，此时显示出了良好的买入机会。

成交量从缩量转到放量，资金再次活跃，发出重要的看涨信号。

银泰黄金2018年8月至2019年3月的走势

从图中可以看出，股价在下跌之后的低位区域形成了一个明显的头肩底形态，这一形态构筑了股价的底部。

与股价头肩底形态相呼应，成交量也形成了头肩底形态，由此更加提醒投资者股价即将反转。

在成交量头肩底右侧，当右肩形成后并没有立即拉升，而是经过短暂回抽后再次配合量能上涨，此时就是一个买入信号，投资者应把握这一机会买入股票。

NO.032
低位成交量长方形形态图谱

成交量的长方形形态指的是成交量在一定时间内出现了恒量成交量的现象，这种成交量的形态是最让投资者捉摸不透的。

一图展示

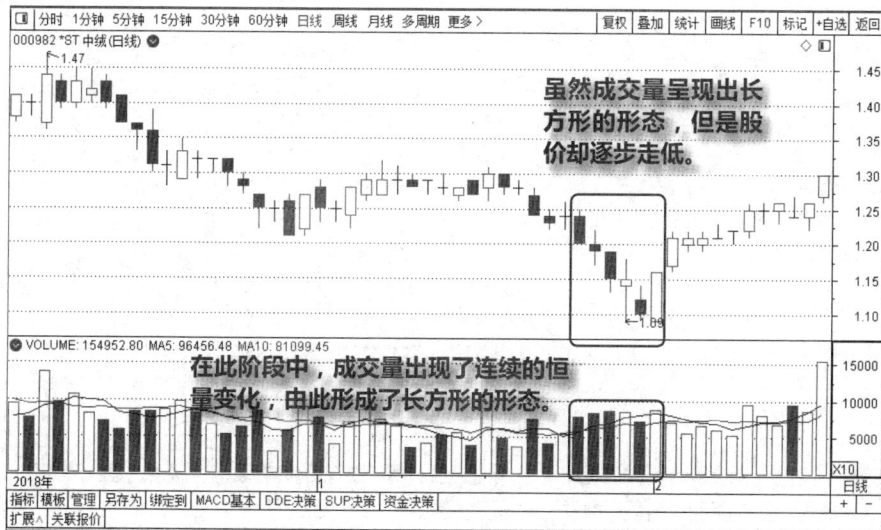

要点剖析

如何理解成交量的长方形形态?

◆ 成交量的长方形变化形态说明了成交量在一定时间内的恒定不变，由此不易发现资金的大量进场或者是大量流出。

◆ 成交量的长方形形态一般不会出现在股价的顶部位置，其出现在不同位置所代表的意义也有所不同。

操盘精髓

在股价的低位区域，成交量若出现长方形形态，股价没有出现明显的下跌走势特点，则证明有资金在股价低位悄然介入，由此投资者需要密切关注，当股价放量拉升时便可进场买入股票。

分析实例 中国中期（000996）低位成交量长方形形态分析

中国中期在2018年7月至10月的走势如下图所示。

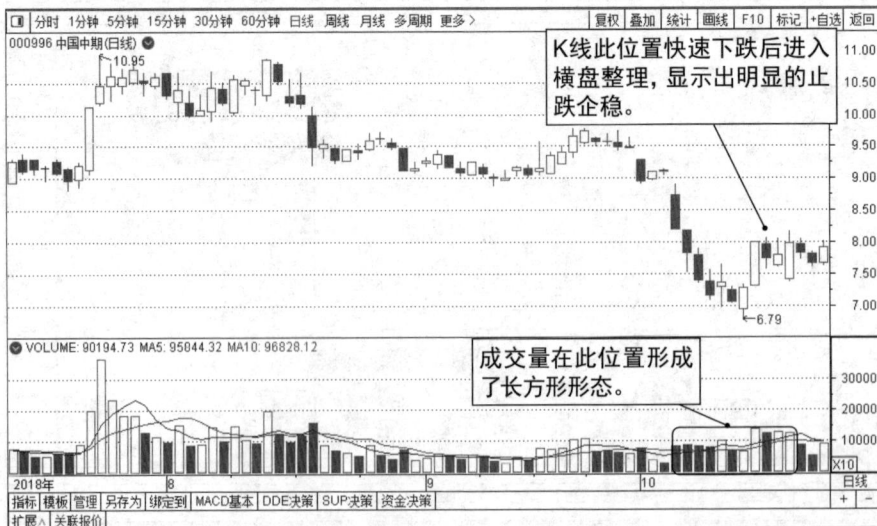

中国中期2018年7月至10月的走势

从图中可以看出，该股下跌到2018年9月底后，股价经历了一波快速下跌行情，最终创出6.79元的最低价后企稳。

随后股价进入横盘整理行情，该股出现了止跌企稳态势，此时成交量形成长方形形态，对应此阶段的股价可知，有主力资金在此位置悄然进场建仓，因此投资者要高度关注。其后市走势如下图所示。

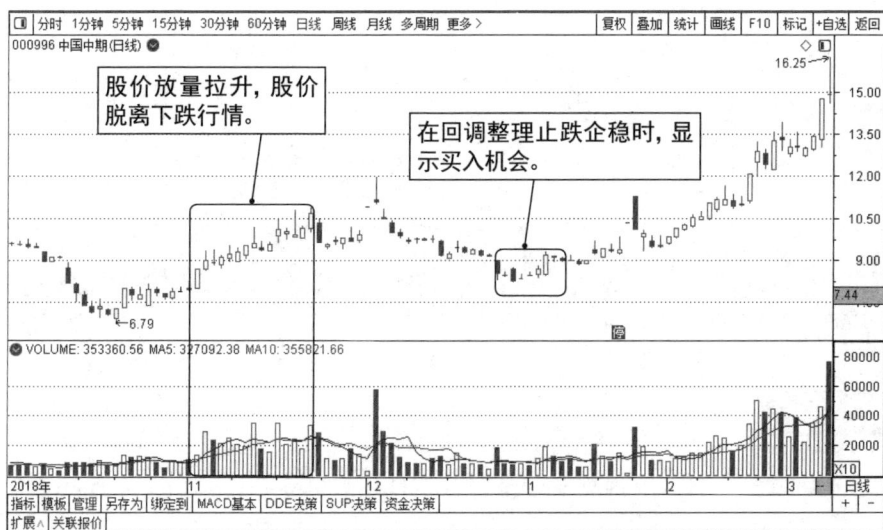

中国中期2018年10月至2019年3月的走势

从图中可以看出，该股股价企稳短暂横盘后，成交量出现明显的放大拉升，股价脱离下跌行情。

12月初股价运行到阶段性的高位后步入回调整理，在回调整理的止跌位置便是最佳的买入机会，投资者应逢低吸纳买入。

NO.033
下跌走势中成交量长方形形态图谱

在股价走势维持下跌状态时，常常会在中途进行横向整理，此时成交量以长方形形态为主。

一图展示

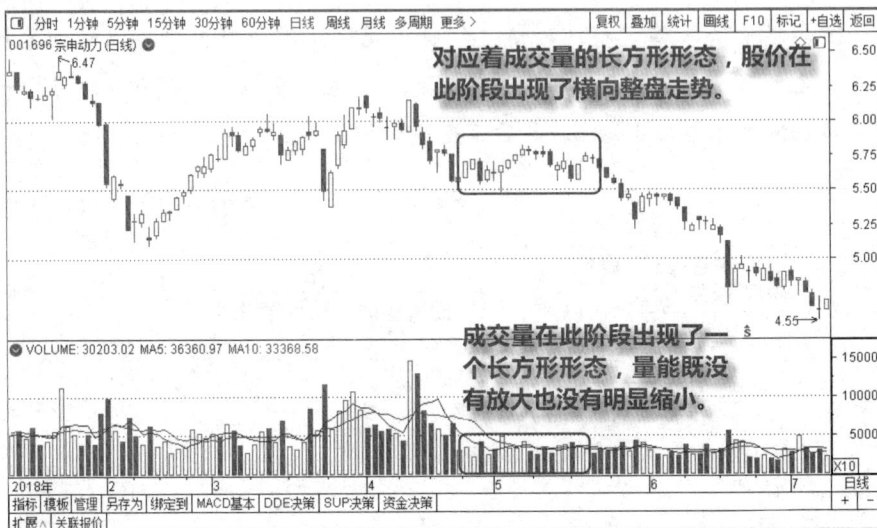

对应着成交量的长方形形态，股价在此阶段出现了横向整盘走势。

成交量在此阶段出现了一个长方形形态，量能既没有放大也没有明显缩小。

要点剖析

下跌走势中成交量长方形形态的要点有以下三点。

◆ 在股价走势处下跌行情时发生。

◆ 此形态显示出了成交量在此阶段的恒定走势，进而说明该股没有得到新的主力资金的青睐，相反有资金在恒定地流出。

◆ 成交量呈现长方形形态，股价横向运行，是一个明显看跌的信号。

操盘精髓

所谓久盘必跌，在股价的下跌走势之中，股价横向运行，而成交量出现长方形形态变化从这些信息可知市场缺乏承接资金，后市必定看跌，因此投资者要及时卖出股票。

分析实例　泛海控股（000046）下跌走势中成交量长方形形态看跌分析

泛海控股在2019年2月至5月的走势如下图所示。

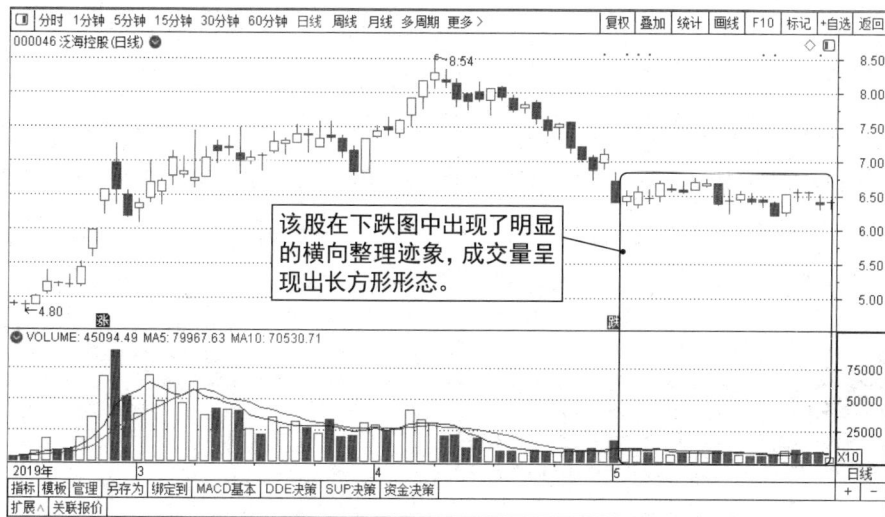

泛海控股2019年2月至5月的走势

从图中可以看出，该股大幅上涨后运行到高价位区，随后该股在4月初创出8.54元的最高价后见顶回落转入下跌走势之中，股价在图中标示区域呈横向走势，且成交量出现了长方形形态，预示后市的下跌走势。其后市走势如下图所示。

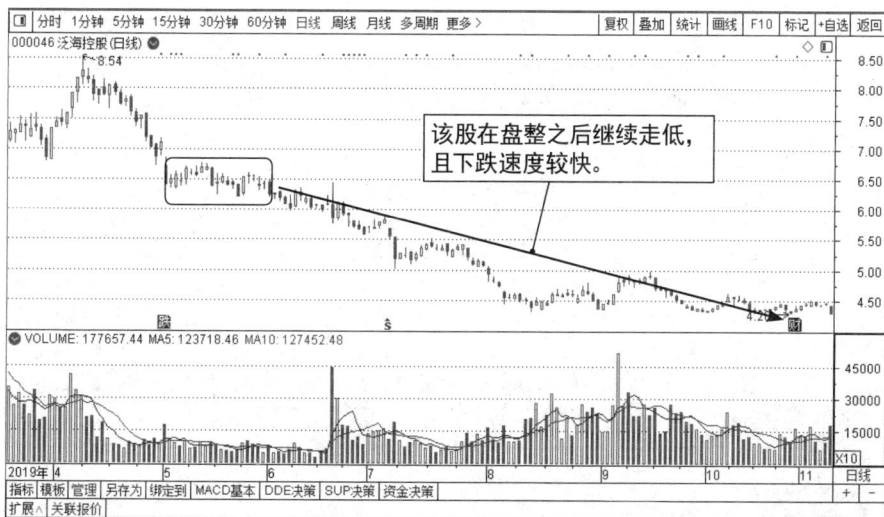

泛海控股2019年3月至11月的走势

从图中可以看出，股价在短期横盘之后表现出明显下跌，与较前期的下跌相比，速度明显加快了，而且持续时间很长。

由此可见，当股价在下跌途中进行横向运行时，即表示股价开始了横盘走势，加之成交量的长方形形态，这显示了在前期下跌后的盘整格局。由此预示后市继续下跌的可能性极大，所以投资者不能买入股票，持有该股的投资者要及时卖出筹码，落袋为安。

NO.034
成交量三重底形态图谱

股价以三重底的形态进行大级别反转的筑底，在这一阶段中，成交量也会出现较为明显的三重底形态。

一图展示

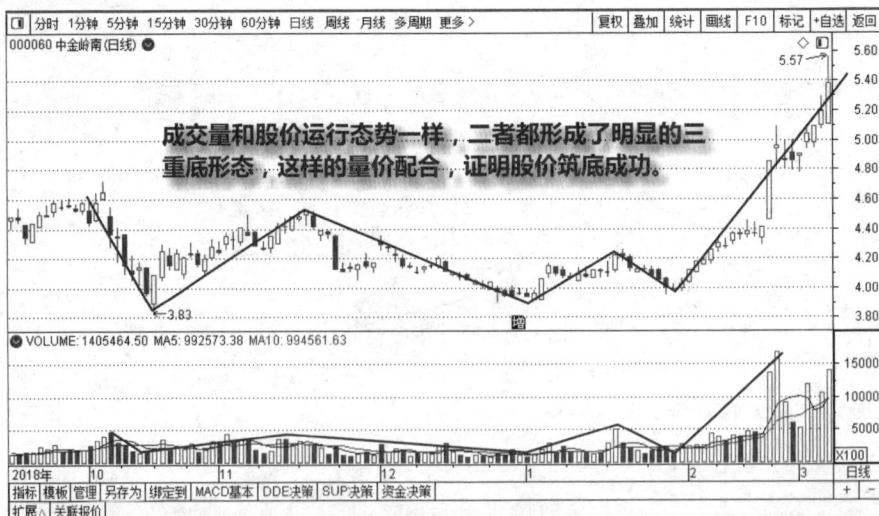

要点剖析

成交量三重底形态有两个重要的内容。

◆ 成交量的三重底形态和股价此阶段的运行轨迹基本保持一致，很明显，在整个市场发展中量价都形成了有效配合，即上涨放量、下跌缩量。

◆ 股价的三重底中三个低点可以逐次抬高，但是成交量三重底形态中的三个低位要基本保持一致，这样显示下方有强力支撑作用，使投资者不愿继续杀跌。

操盘精髓

成交量的三重底形态是股价三重底筑底形态的量能表现，这显示了成交量和股价配合良好的情况。当三重底基本形成，成交量持续放大，股价持续上涨时，投资者就可以进行买入操作，特别是股价突破高点后回踩低位时，更是绝佳买入点。

分析实例 海王生物（000078）成交量三重底形态分析

海王生物在2018年10月至2019年2月的走势如下图所示。

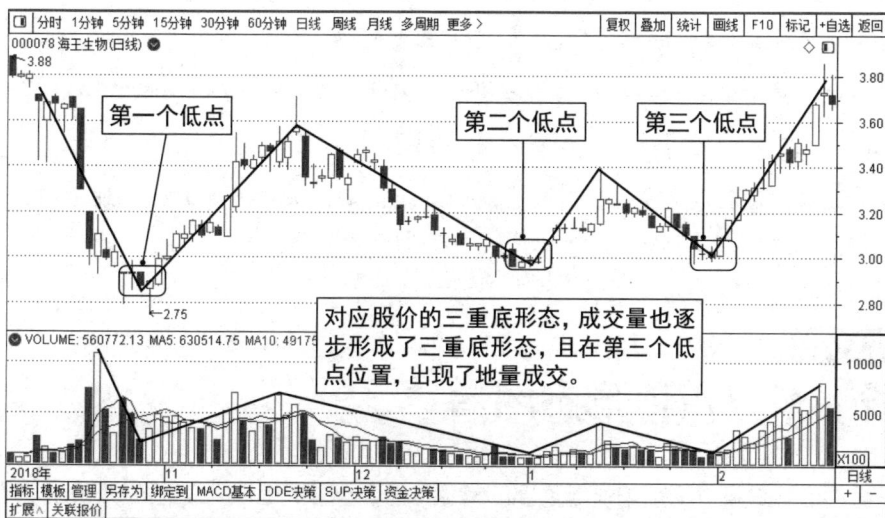

海王生物2018年10月至2019年2月的走势

　　从图中可以看出，该股在下跌后的低位区域，股价逐步形成筑底的三重底形态，而成交量也出现了三重底形态，由此可见股价后市可能反转。其后市走势如下图所示。

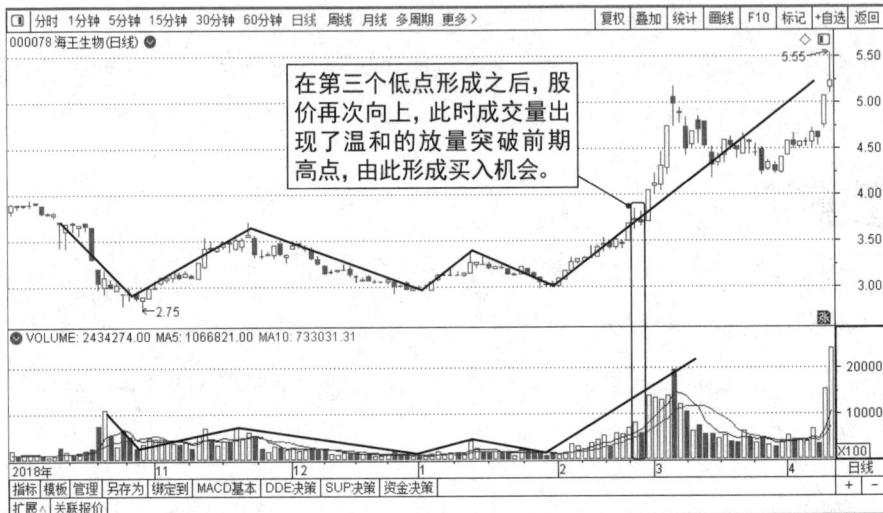

海王生物2018年10月至2019年4月的走势

　　从图中可以看出，该股在下跌之后，通过三重底形态构筑了底部区域，同时成交量配合股价的变化，也出现了三重底形态。

　　在第三个低点出现之后，成交量持续放大，并在2019年2月底促使股价突破前期高点，此时投资者可以买入股票待涨。

　　此后，该股成交量继续放大，股价继续走高，从3.8元左右上涨到了5.55元上下，上涨幅度达到了46%左右。

NO.035

成交量三重顶形态图谱

三重顶形态是股价构筑中长期顶部的常见形态，当股价在上涨之后的高位区域构筑三重顶时，成交量也会随着股价的变化形成三重顶形态。

一图展示

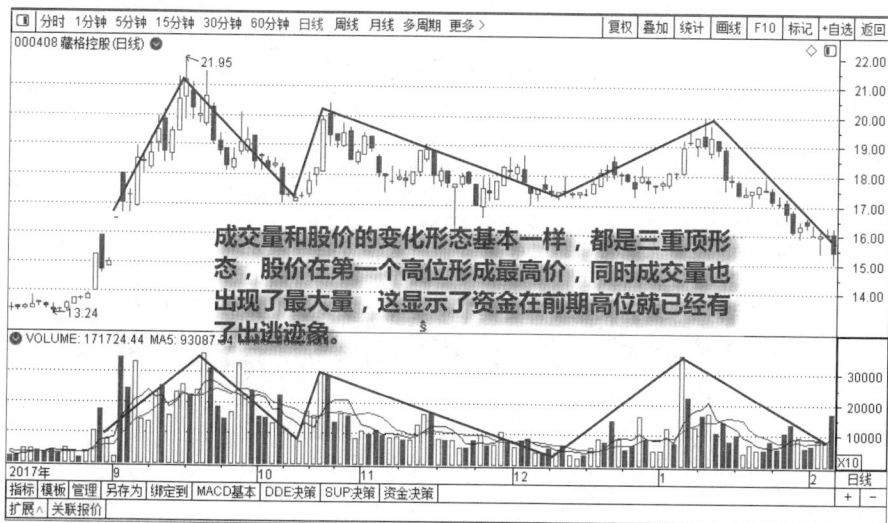

成交量和股价的变化形态基本一样，都是三重顶形态，股价在第一个高位形成最高价，同时成交量也出现了最大量，这显示了资金在前期高位就已经有了出逃迹象。

要点剖析

成交量三重顶形态需要注意以下两个方面的内容。

◆ 成交量三重顶的形态是和股价的三重顶形态是一致的，成交量伴随着股价的每一次冲高而明显放大。

◆ 成交量三重顶形态中的每一次放量是主力出逃的标志。

操盘精髓

成交量的三重顶形态从成交量的变化上反映出了股价的三重顶构筑过程，由此说明了股价的见顶行情，因此当投资者发现这样的三重顶形态时，应该积极卖出股票。

分析实例　东旭光电（000413）成交量三重顶形态分析

东旭光电在2019年1月至4月的走势如下图所示。

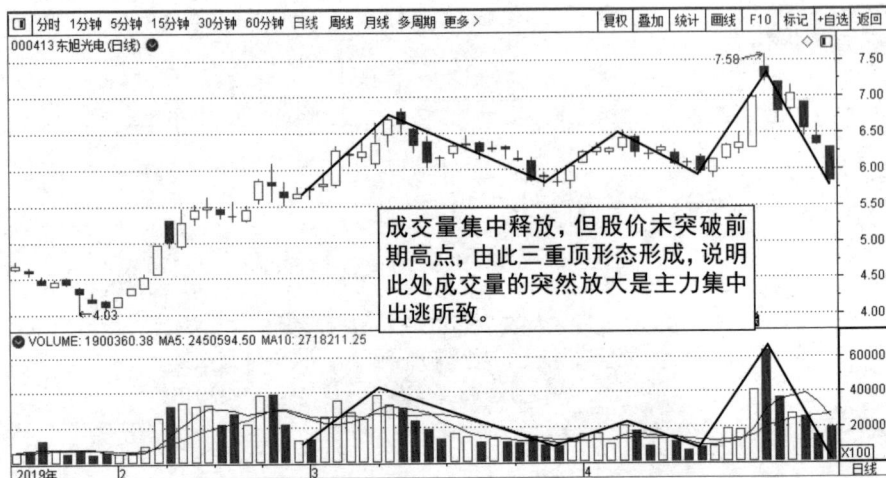

东旭光电2019年1月至4月的走势

从图中可以看出，股价在第三次带量上攻，仍然无法有效攻破前期高点后，形成三重顶形态，而对应此位置的巨量突放则是主力资金的集中出逃所致，由此该股后市看跌。其后市走势如下图所示。

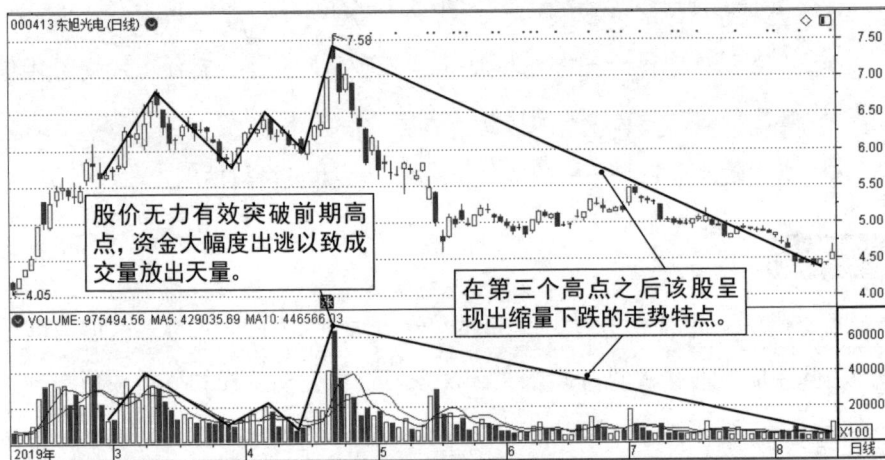

东旭光电2019年2月至8月的走势

从图中可以看出，该股在第三个高点放出天量仍然未能有效突破前期高点之后，该股转入缩量下跌的走势，股价从7.58元左右下跌到4.5元上下，下跌幅度达到了40%以上。

NO.036
成交量 W 底形态图谱

W 底是很重要的底部反转形态，通常出现在股价长期筑底阶段，同样，在股价构筑 W 底形态时，成交量也会随着股价放量、缩量形成 W 底形态。

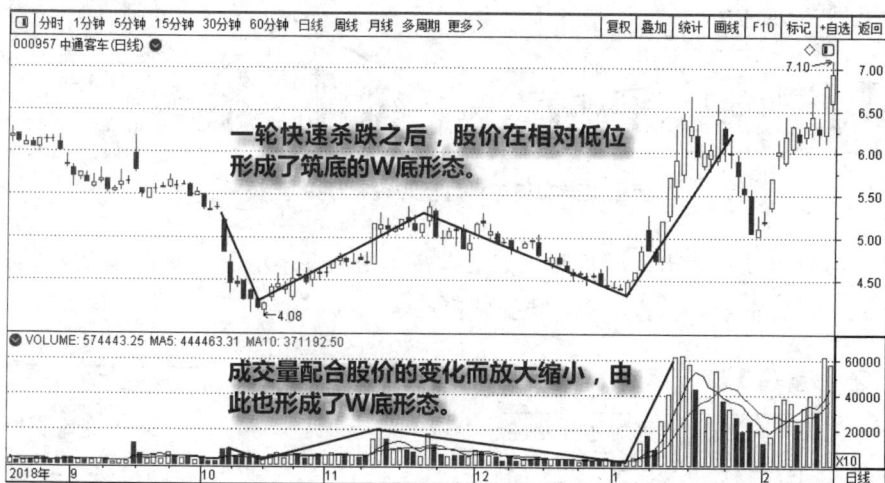

要点剖析

　　成交量 W 底形态与股价的 W 底形态密切相关，股价在下跌之后逐步形成 W 底形态，成交量随着股价的上涨下跌表现出放大和缩小的变化，由此形成了 W 底形态，并且右侧的量能将随着股价的上涨不断放大。

操盘精髓

　　成交量 W 底形态和股价的 W 底形态相呼应，从成交量的变化上反映了股价的筑底行为，当这种形态出现后，投资者要在之后的放量上涨中买入。

分析实例　西山煤电（000983）成交量W底形态分析

西山煤电在2018年11月至2019年2月的走势如下图所示。

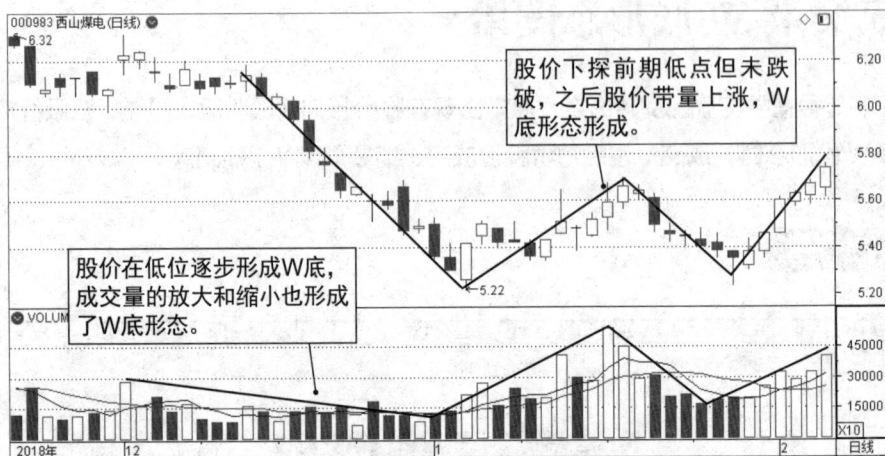

股价下探前期低点但未跌破，之后股价带量上涨，W底形态形成。

股价在低位逐步形成W底，成交量的放大和缩小也形成了W底形态。

西山煤电2018年11月至2019年2月的走势

从图中可以看出，股价和成交量W底形态都基本成型，由此预示股价反转在即，后市看涨。其后市走势如下图所示。

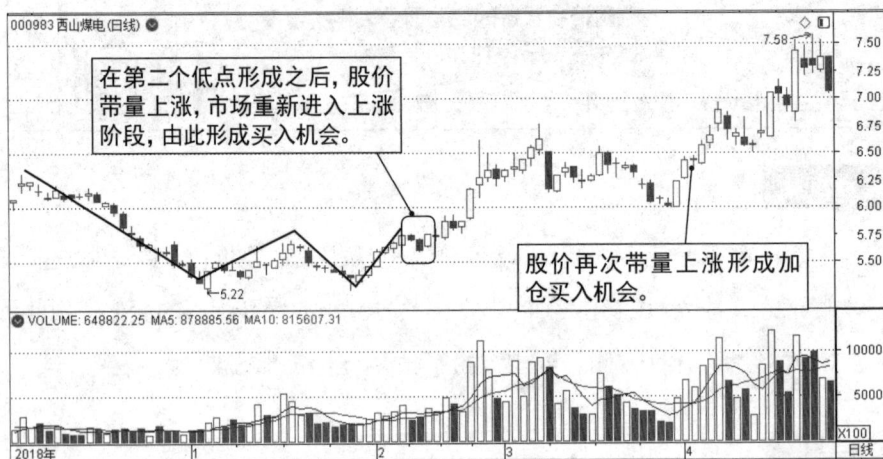

在第二个低点形成之后，股价带量上涨，市场重新进入上涨阶段，由此形成买入机会。

股价再次带量上涨形成加仓买入机会。

西山煤电2018年12月至2019年4月的走势

从图中可看出，在W底后股价放量拉升并突破前期高点，由此透露大量资金继续流入的信息，形成较好的买入机会。在股价带量上涨突破W底高点后该股缩量回调，之后再度放量拉升，在放量拉升时就形成了很好的加仓机会。

NO.037
成交量 M 顶形态图谱

股价在上涨之后主力常常通过构筑 M 顶形态来实现出逃的目的，而在这一筑顶过程中成交量也会形成明显的 M 顶形态。

一图展示

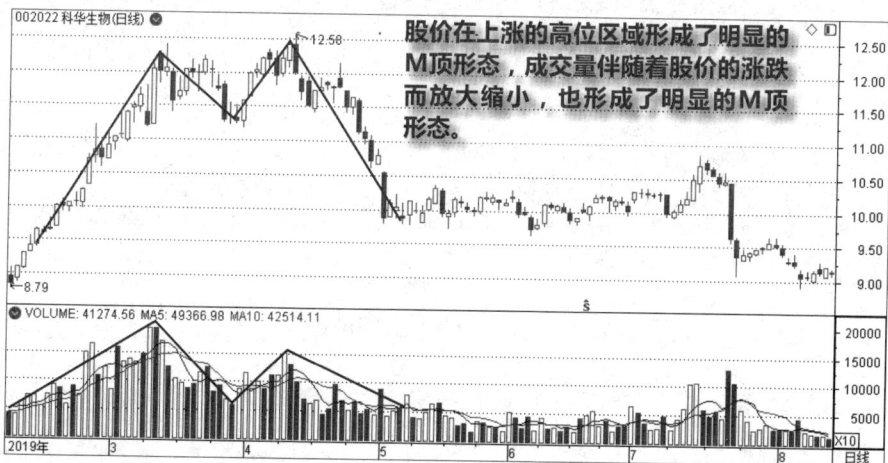

002022 科华生物(日线)

股价在上涨的高位区域形成了明显的 M 顶形态，成交量伴随着股价的涨跌而放大缩小，也形成了明显的 M 顶形态。

要点剖析

成交量 M 顶形态，可从以下两方面来理解。

◆ 成交量与股价的上涨下跌有密切关系，股价上涨放量、下跌缩量。

◆ 成交量 M 顶形态的右顶量能一般较左顶小，且右顶后的缩量速度快。

操盘精髓

成交量 M 顶形态左侧随股价上涨而逐步放大，之后下跌，量能萎缩。随着主力拉高诱多出货又造成放量，之后缺乏资金关注，再次缩量下跌。

由此可见成交量的 M 顶形态能很好地反映股价在 M 顶构筑中的变化，是一个准确的看跌信号。

分析实例 吉林化纤（000420）成交量M顶形态分析

吉林化纤在2019年2月至6月的走势如下图所示。

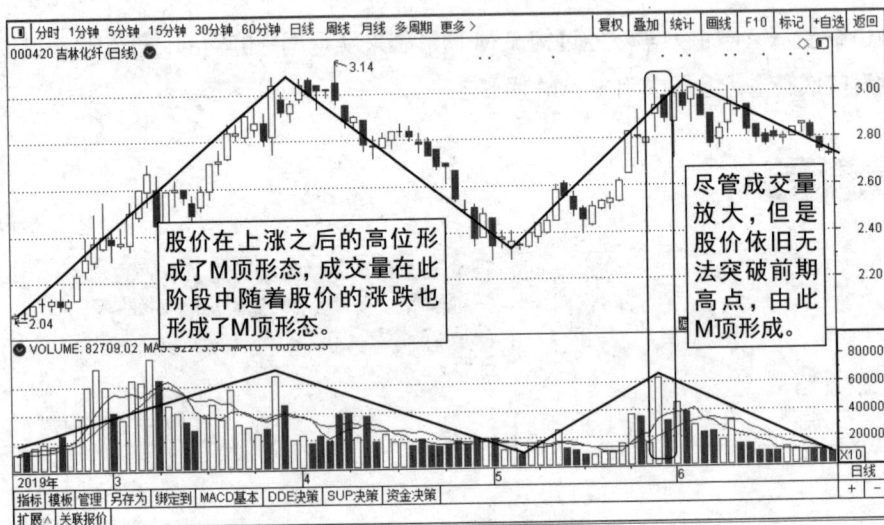

吉林化纤2019年2月至6月的走势

从图中可以看出，成交量和股价的M顶形态都显示了股价的见顶信号，由此后市看跌。其后市走势如下图所示。

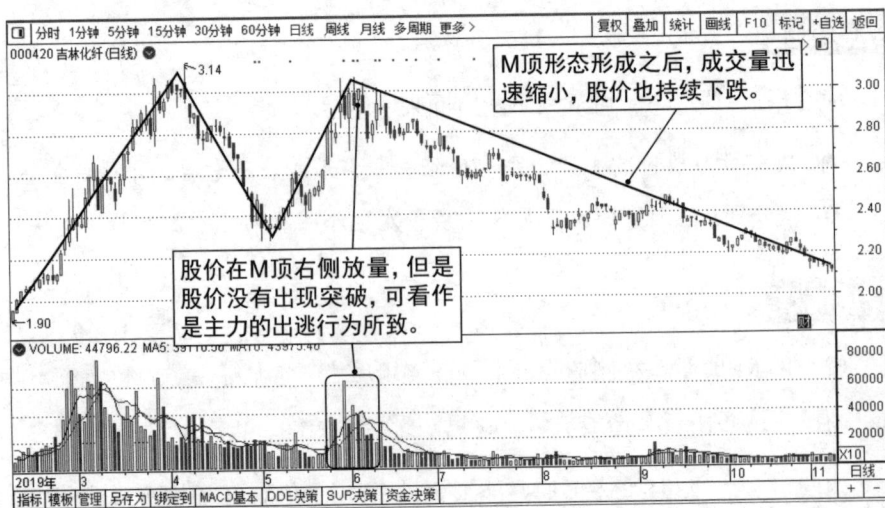

吉林化纤2019年2月至11月的走势

从图中可以看出，股价在高位区域形成了明显的M顶形态，同时成交量随着股价的涨跌而放量缩量，也形成了M顶，显示出股价的确见顶的信息。

在M顶右侧高位，成交量放大，但是股价上涨到前期高点后立即拐头向下，上涨没有有效突破前期高点，投资者就应意识到主力在诱多出货，应跟随主力及时卖出股票。

在M顶右侧高位之后，成交量迅速缩小，股价直线下挫，这是市场缺乏主力资金关注的反映。

NO.038
成交量V形底形态图谱

成交量的V形底形态一般是股价发生V形反弹时形成的，成交量的这一形态反映出了市场内资金突然大量入场的状况。

一图展示

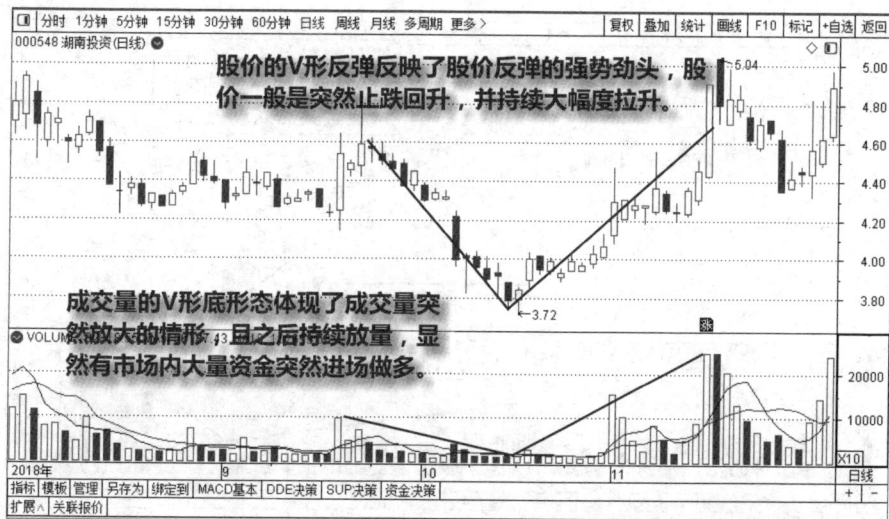

要点剖析

成交量 V 形底形态包含了以下两方面内容。

◆ 成交量 V 形底形态显示的信息是市场突然得到主力资金的青睐，股价
实现绝地反转的目的。

◆ 通常而言，成交量 V 形底的底部位置，即此阶段成交量形成的地量，
反映了市场风险得到有效释放。

操盘精髓

成交量的 V 形底形态体现的是市场资金突然进场做多的走势特点，在这
样的资金作用下，股价常常突然启动，并出现连续性的上涨拉升。当投资者
发现这样的放量走势特点时，应该迅速进行买入操作。

分析实例 晓程科技（300139）成交量 V 形底形态分析

晓程科技在2018年12月至2019年2月的走势如下图所示。

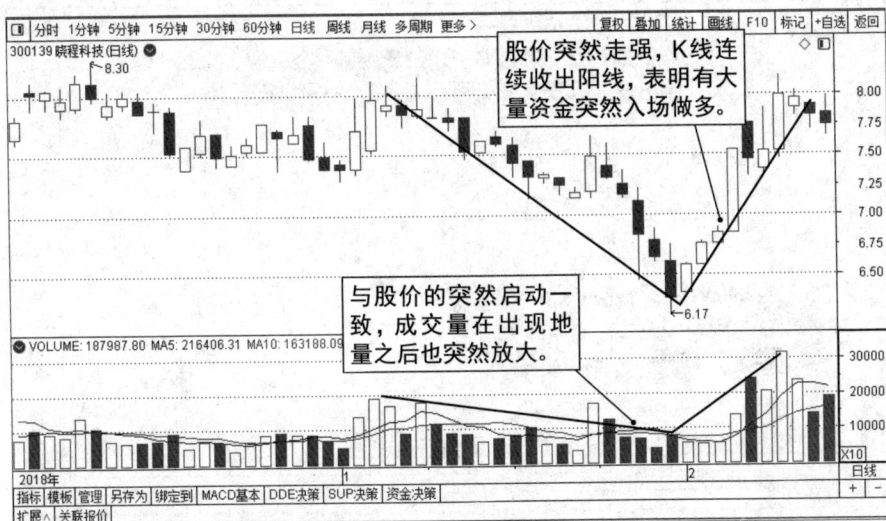

晓程科技2018年12月至2019年2月的走势

从图中可以看出，该股在2019年1月开启了快速下跌模式，随后在1月底创出6.17元的最低价后，连续阳线报收放量拉高股价形成典型的V形底形态。

观察对应的成交量，也出现快速萎缩至地量后迅速放量的V形底形态，显示出大量资金突然进场做多的信息，预示该股后市看涨，投资者可以在放量拉升后择机介入。其后市走势如下图所示。

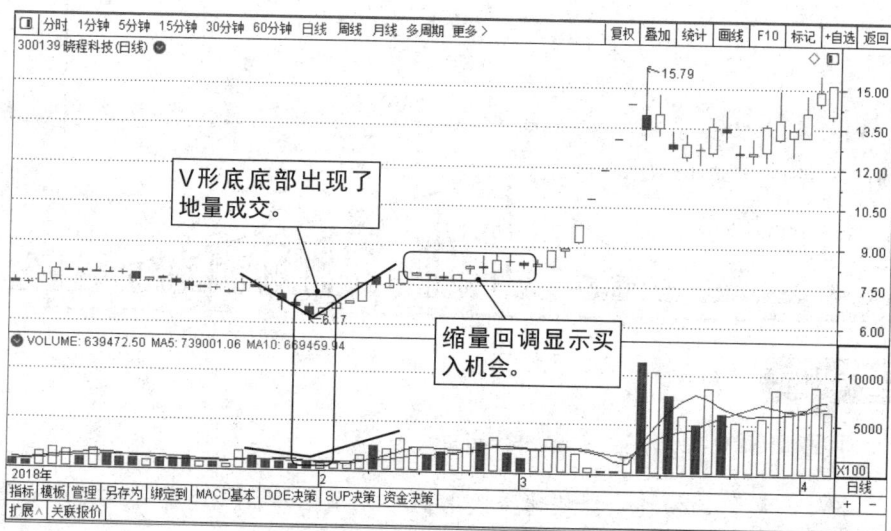

晓程科技2018年12月至2019年4月的走势

从图中可以看出，该股在V形底形态后，股价有过一段时间的回调整理，此时为投资者买入的好时机。

随后该股经历了一波快速拉升的暴涨行情。股价从8元附近最高上涨到15.79元，涨幅超过97%。

NO.039
成交量倒V顶形态图谱

股价在上涨之后的高位常常构筑V形顶形态，形成股价的顶部，与股价的变化一样，成交量也会在此时形成倒V顶形态。

一图展示

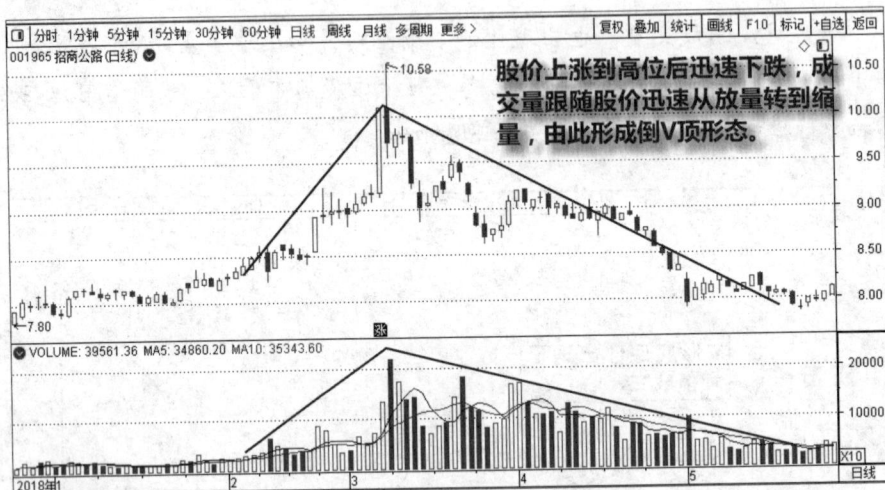

股价上涨到高位后迅速下跌；成交量跟随股价迅速从放量转到缩量，由此形成倒V顶形态。

要点剖析

成交量倒 V 顶形态的主要内容有如下 3 点。

◆ 与股价的快速上涨快速下跌有直接关系。股价快速上涨致使成交量迅速放大，股价快速下跌致使主力资金快速出逃，进而成交量迅速缩小。

◆ 与前期成交量的放大速度相比，之后成交量的缩小速度更快。

◆ 成交量倒V顶形态使得成交量在股价下跌阶段急速缩小，由此使得市场杀跌主力快速流出。

操盘精髓

股价的倒 V 顶使得股价上涨迅速、下跌也迅速，对应的成交量变化也非常快，因此在股价出现掉头下跌且成交量快速缩小的情形时，投资者就应该卖出股票，避免之后快速下跌带来的损失。

分析实例 宗申动力（001696）成交量倒V顶形态分析

宗申动力在2019年1月至5月的走势如下图所示。

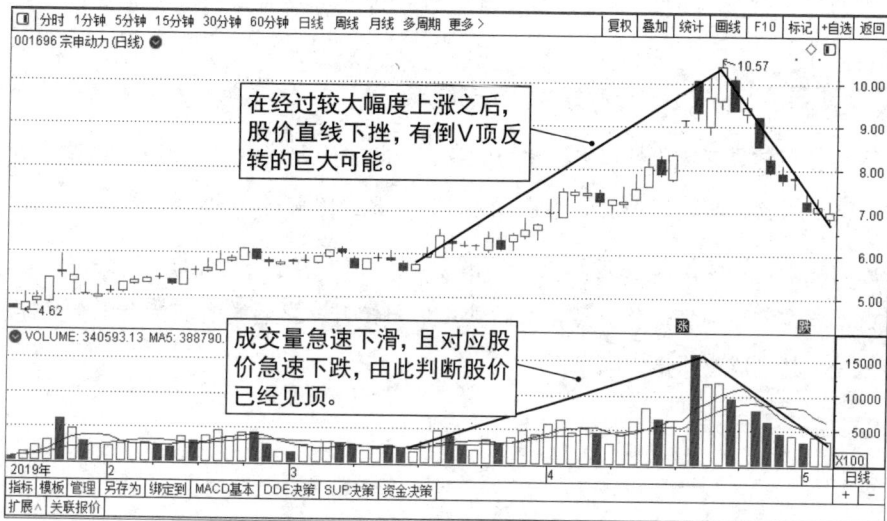

在经过较大幅度上涨之后，股价直线下挫，有倒V顶反转的巨大可能。

成交量急速下滑，且对应股价急速下跌，由此判断股价已经见顶。

宗申动力2019年1月至5月的走势

从图中可以看出，股价在冲高之后迅速下跌，成交量也快速缩小，由此可见该股很可能出现倒V顶反转的现象，因此应卖出股票。其后市走势如下图所示。

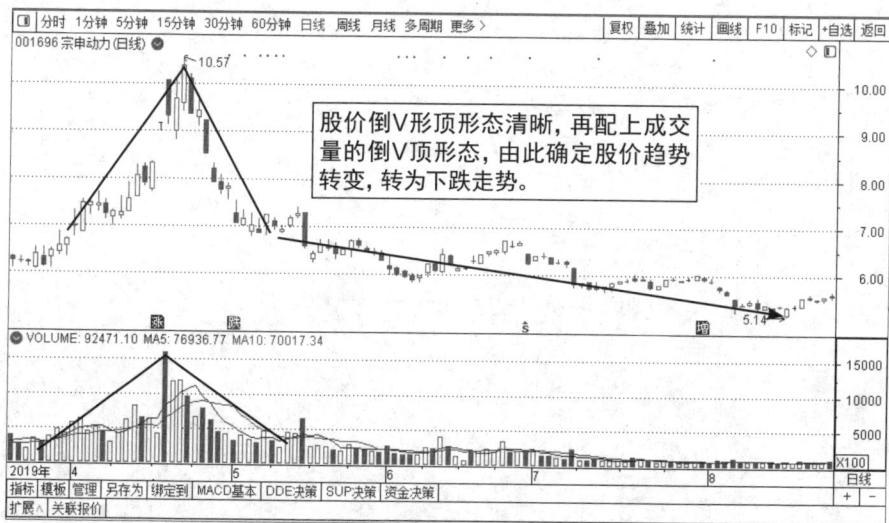

股价倒V形顶形态清晰，再配上成交量的倒V顶形态，由此确定股价趋势转变，转为下跌走势。

宗申动力2019年3月至8月的走势

　　从图中可以看出，该股在股价的高价位区形成倒V形顶反转形态后，股价经历了一波长时间的下跌行情，如果投资者没有及时卖出，将损失惨重。

> **要点提示** *为何会出现这样的 V 形反转*
>
> 倒 V 顶反转具有来得快、去得也快的特点，即股价上涨快速，下跌也很快速；成交量放大迅速，缩小也很迅速。那么为什么会出现这样的走势呢？
>
> 原因在于这样的倒 V 顶反转一般是市场游资炒作的结果，借助上市公司的利好形式，游资疯狂炒作，致使股价快速放量拉升，之后游资突然撤出，又使股价大跌、成交量迅速缩小。

第 **4** 章
突破日线图量价关系

　　量价关系是股市分析中的重点，把握好股价变化和成交量的关系，投资者可以很好地掌握市场运行趋势，进而为实战操作提供可靠的支持。本章将详细分析股价和成交量在日线图中的各种关系，并通过实战案例进行讲解，使投资者能更好地掌握股价和成交量的关系特征，进而指导实战操作。

日线图是我们运用频率最高的 K 线走势图，抓住股价和成交量在日线图中的变化关系，投资者就可以很清楚地知道市场的变化，由此指导具体的实战操作。

NO.040
上涨初期量增价慢涨图谱

在股价走势呈上涨状态时，股价和成交量在初期往往呈现出成交量温和放大、股价缓慢推升的变化，这种变化表现出一种量价配合良好的上升走势特点。

一图展示

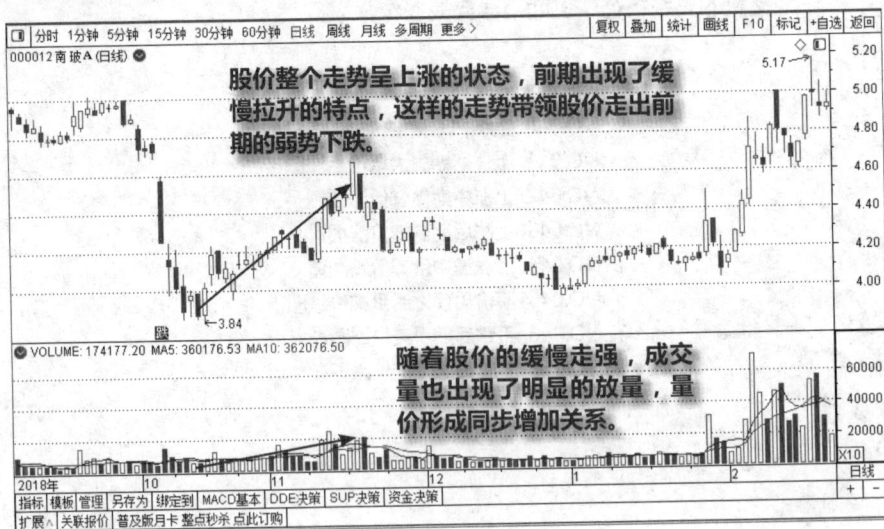

图中文字：
股价整个走势呈上涨的状态，前期出现了缓慢拉升的特点，这样的走势带领股价走出前期的弱势下跌。

随着股价的缓慢走强，成交量也出现了明显的放量，量价形成同步增加关系。

要点剖析

上涨初期量增价慢涨包含以下信息。

◆ 股价的缓慢上涨显示市场走强并逐步摆脱前期下跌预势的信息，由此显示出有扭转整个趋势的可能。

◆ 成交量逐步放大，这种放大的变化和股价的上涨形成同步关系，由此可以看出有资金在低位进场建仓。

◆ 一般而言，在股价走势表现出上涨特点的情况下，前期成交量温和放大，股价缓慢拉升，这样的量价表现反映出资金在逐步进场，同时也说明了市场依旧保持着谨慎的态度，并没有出现快速拉升建仓的情况。

操盘精髓

上涨初期量增价慢涨显示出资金进场操作的信号，同时也说明了市场主力偏谨慎的心态。由此投资者不宜在前期进行大幅建仓，在股价真正形成放量突破或者放量拉升时买入才是较好的选择。

分析实例 深科技（000021）上涨初期量增价慢涨买入操作分析

深科技在2018年5月至12月的走势如下图所示。

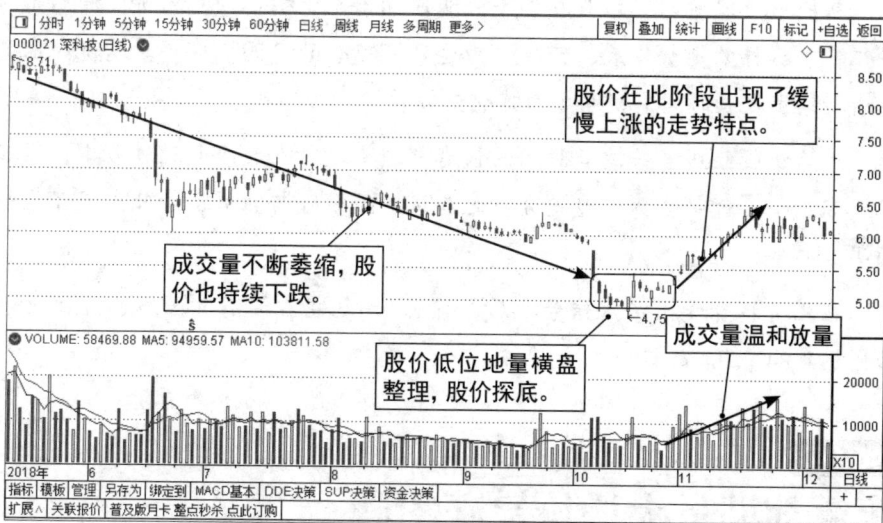

深科技2018年5月至12月的走势

从图中可以看出，该股在大幅下跌之后在低位出现了地量横盘整理的行情，随后出现了温和放量并缓慢上涨的走势特点，这一走势逐步将股价带出前期的下跌阴影，显示出资金在介入的信息。其后市走势如下图所示。

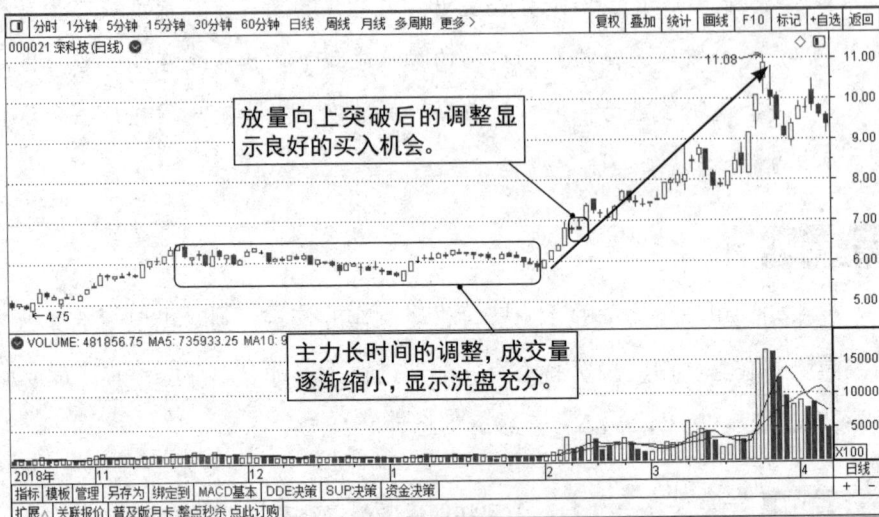

深科技2018年10月至2019年4月的走势

从图中可以看出，该股在整个上涨前期出现了明显的量增价慢涨的走势特征，以这样的走势发展，市场主力达到了建仓的目的。整个量增价慢涨的行情持续了较长时间，说明主力建仓充分。

随后该股经历了一波长时间的横盘整理阶段，在整个整理过程中，成交量逐渐缩小，说明主力洗盘充分，之后该股放量强势拉升，由此形成了良好的买入机会。

在强势拉升发出买入信号之后，该股从6元左右最高上涨到了11.08元，涨幅达到84%左右。

NO.041
上涨初期量大增价暴涨图谱

在股价的下跌低位，有时主力资金会突然拉升股价进行快速建仓，此时就会形成量大增价暴涨的量价关系。

一图展示

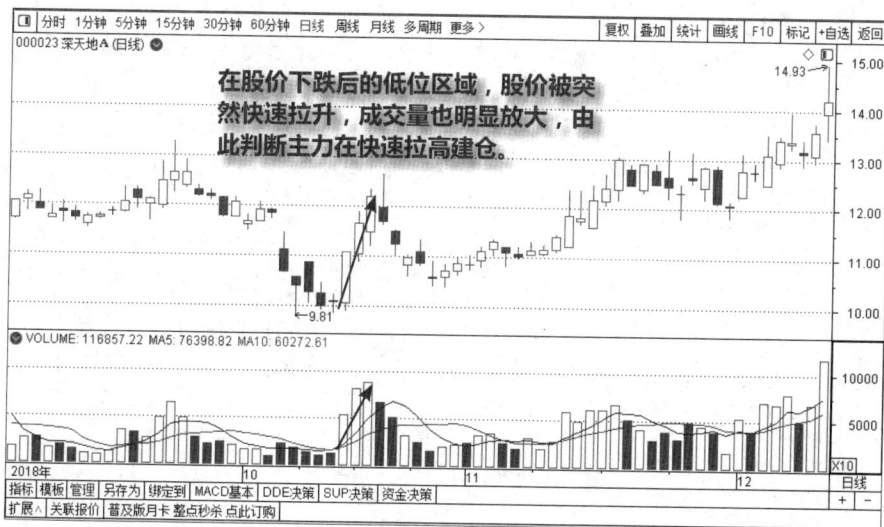

在股价下跌后的低位区域，股价被突然快速拉升，成交量也明显放大，由此判断主力在快速拉高建仓。

要点剖析

上涨初期量大增价暴涨显示的信息。

◆ 此情况是市场内资金大量流入的证明，表明主力资金在股价低位进行大量买入建仓的操作。

◆ 低位的放量快速拉升，显示出主力资金的快速建仓状态，强调时间的短暂。

操盘精髓

在主力快速拉升建仓之后，主力一般会进行比较有力的下跌洗盘，这样可以保证前期追入的浮筹得到较彻底的清洗，此时也会形成较好的买入机会，所以投资者应该在主力洗盘阶段择机买入股票待涨。

分析实例　山东路桥（000498）上涨初期量大增价暴涨建仓分析

山东路桥在2018年5月至7月的走势如下图所示。

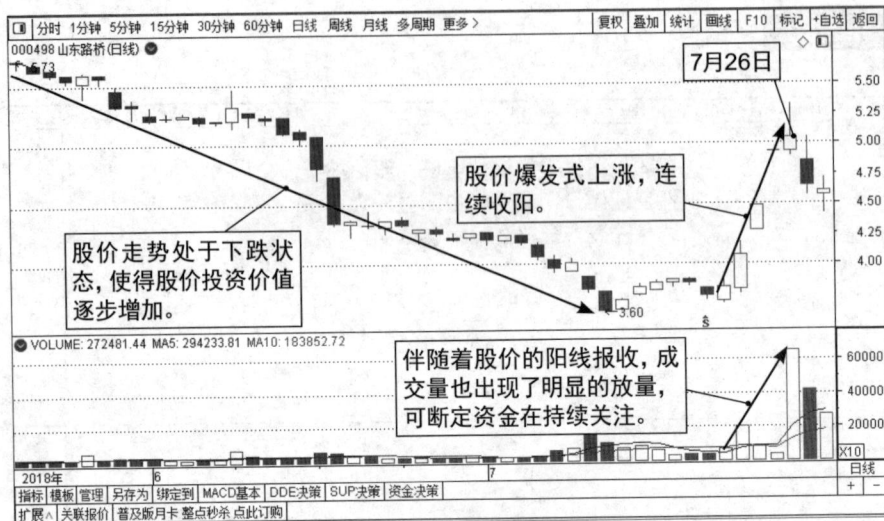

山东路桥2018年5月至7月的走势

从图中可以看出，该股在下跌之后的低位企稳后出现了爆发式上涨的走势特点，股价连续出现阳线，且此时对应的成交量也明显放大，尤其在2018年7月26日更是天量成交拉高股价创出新高，由此判断市场资金在大量流入。其后市走势如下图所示。

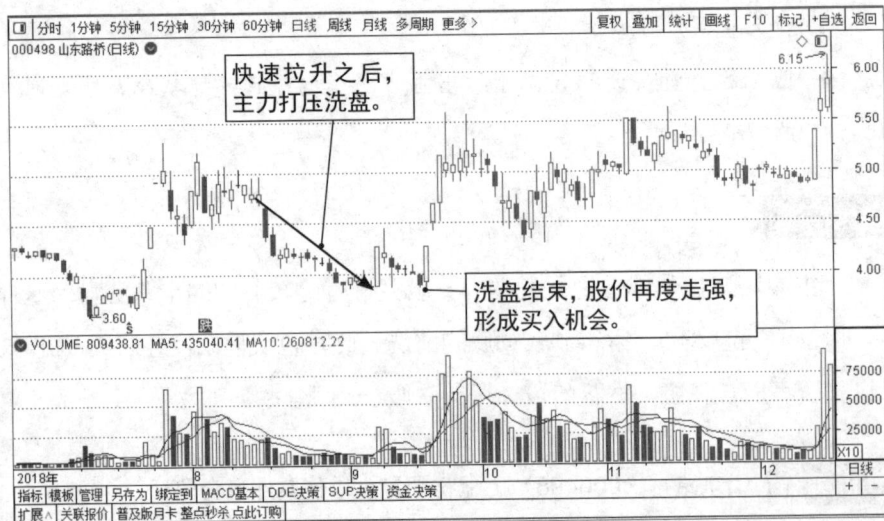

山东路桥2018年7月至12月的走势

从图中可以看出，该股在前期经历了很强势的快速拉升阶段，且成交量也突然放大，随后在阶段性的高位出现了滞涨，主力向下快速打压股价，短短时间内股价就从5元左右下跌到4元附近，明显是一种洗盘手法，由此也给投资者带来了再次介入的机会。

当股价下跌结束，股价再次放量涨停时，显示了新一轮上涨到来的信息，投资者应在此时及时买入股票。

NO.042
上涨中期量增价涨图谱

一般而言，股价的上涨中期显示的都是股价上涨走势中的主升浪行情，由此投资者要抓住这样的行情走势从中获利。

一图展示

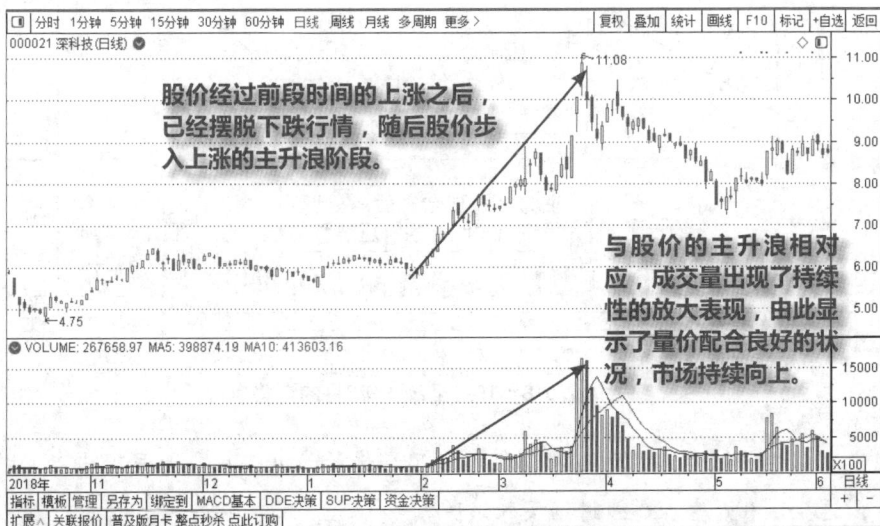

| 分时 1分钟 5分钟 15分钟 30分钟 60分钟 日线 周线 月线 多周期 更多＞ | 复权 叠加 统计 画线 F10 标记 ·自选 返回 |

000021 深科技(日线)

股价经过前段时间的上涨之后，已经摆脱下跌行情，随后股价步入上涨的主升浪阶段。

与股价的主升浪相对应，成交量出现了持续性的放大表现，由此显示了量价配合良好的状况，市场持续向上。

VOLUME: 267658.97 MA5: 398874.19 MA10: 413603.16

要点剖析

上涨中期量增价涨显示的信息有以下两点。

◆ 成交量的放大表明市场参与的热情逐步增加，进一步表明市场关注
热情逐步高涨。

◆ 股价大幅度拉升表示市场在积极做多，形成主升浪行情。

操盘精髓

股价处于主升浪上涨阶段时是投资者一定要抓住的赚钱机会，在这样的
上涨走势中，投资者可以选择整理位置买入股票，甚至可以进行中线操作。

分析实例 大悦城（000031）主升浪行情中的买入操作分析

大悦城在2018年10月至2019年3月的走势如下图所示。

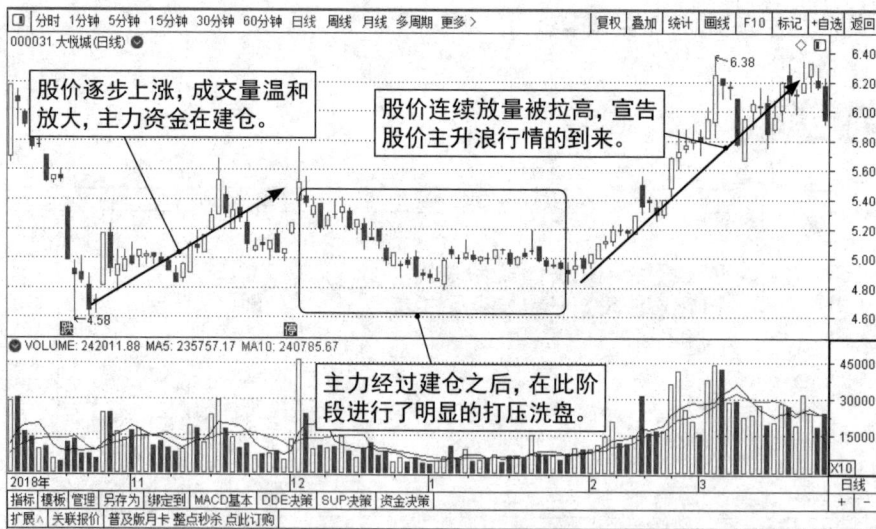

大悦城2018年10月至2019年3月的走势

从图中可以看出，该股在前期经过了缓慢的拉升，成交量呈现出温和放
量，这显示有资金在逐步进场买入该股。

在2018年12月初运行到阶段性的高位后股价经历了一轮小幅回调，这是
主力洗盘的动作，当洗盘结束，股价放量强势上涨时，预示主升浪行情的到
来。其后市走势如下图所示。

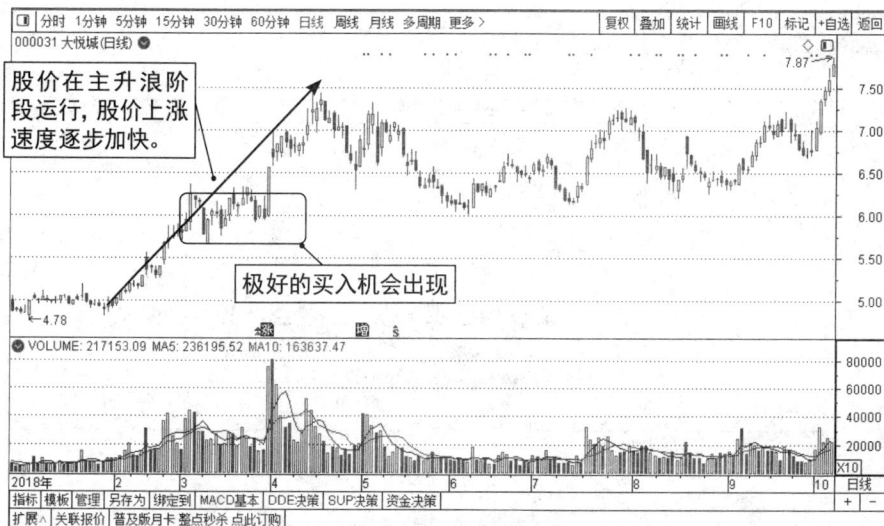

股价在主升浪阶段运行，股价上涨速度逐步加快。

极好的买入机会出现

大悦城2019年1月至10月的走势

从图中可以看出，该股在2019年2月底结束洗盘后，成交量出现明显的放量，股价被步步拉高，可知市场中的关注热情在持续高涨，由此预示该股上涨中期的主升浪阶段的到来。

当确认股价在上涨的主升浪阶段运行时，投资者就需要立刻准备介入其中。中长线的投资者可以即刻建仓买入，进行中长线持有；短线投资者可以在股价的整理位置（如图中的圆角矩形区域）逢低买入。

从主升浪开始时的5元左右，到主升浪顶部位置的7.5元左右，短短的时间内股价涨幅达到50%，由此给投资者提供了良好的获利机会。

NO.043
上涨后期量增价涨图谱

在股价上涨的后期阶段，一般而言，成交量会出现明显的放量表现，股价也会随着成交量的不断放大而出现大幅拉升。

一图展示

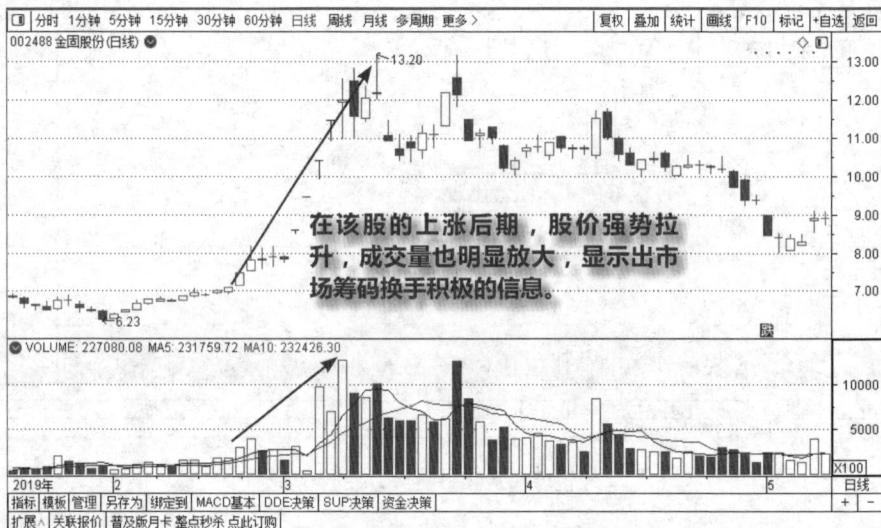

| 分时 | 1分钟 | 5分钟 | 15分钟 | 30分钟 | 60分钟 | 日线 | 周线 | 月线 | 多周期 | 更多 ＞ | 复权 | 叠加 | 统计 | 画线 | F10 | 标记 | +自选 | 返回 |

002488 金固股份（日线）

在该股的上涨后期，股价强势拉升，成交量也明显放大，显示出市场筹码换手积极的信息。

VOLUME: 227080.08 MA5: 231759.72 MA10: 232426.30

要点剖析

上涨后期量增价涨显示的是主力资金在积极出逃的迹象，主力刻意做高股价，形成强势向上的势态，由此达到诱多的目的。在主力拉高股价的同时，也会大举卖出，借助市场高涨的热情快速出逃。

操盘精髓

在股价的上涨后期，成交量快速放大，股价强势拉升，这样的走势确实足够吸引人。但是投资者需要注意的是，在此阶段中主力更多的是拉高股价出逃，因此不能长时间持有该股，在此阶段的操作主要以短线操作为主，避免被套牢。

分析实例 辉丰股份（002496）上涨后期量增价涨分析

辉丰股份在2018年10月至2019年4月的走势如下图所示。

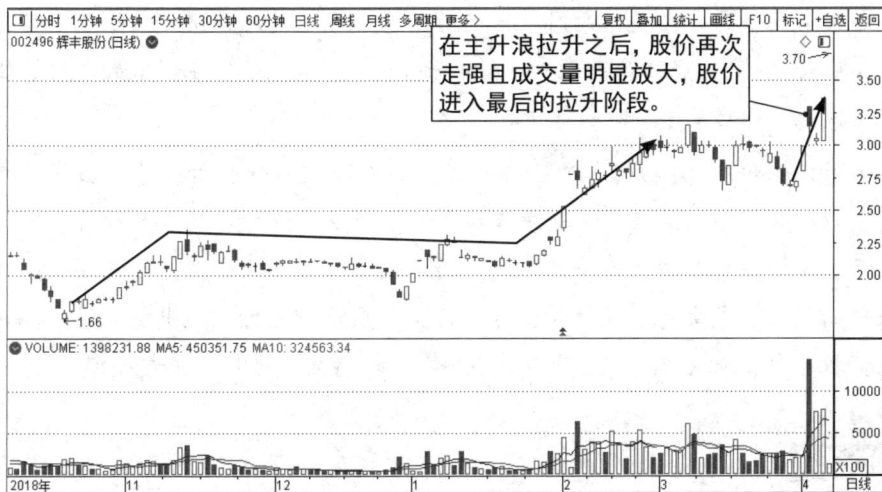

在主升浪拉升之后，股价再次走强且成交量明显放大，股价进入最后的拉升阶段。

辉丰股份2018年10月至2019年4月的走势

从图中可以看出，该股在2018年10月中旬止跌后经历了一波梯形上涨，最终在2019年3月运行到股价高价位区后开始回落，成交量也明显缩小。随后股价止跌并快速拉升进入最后阶段的上涨走势，此阶段股价一般会加速拉升，量能也会明显放大。其后市走势如下图所示。

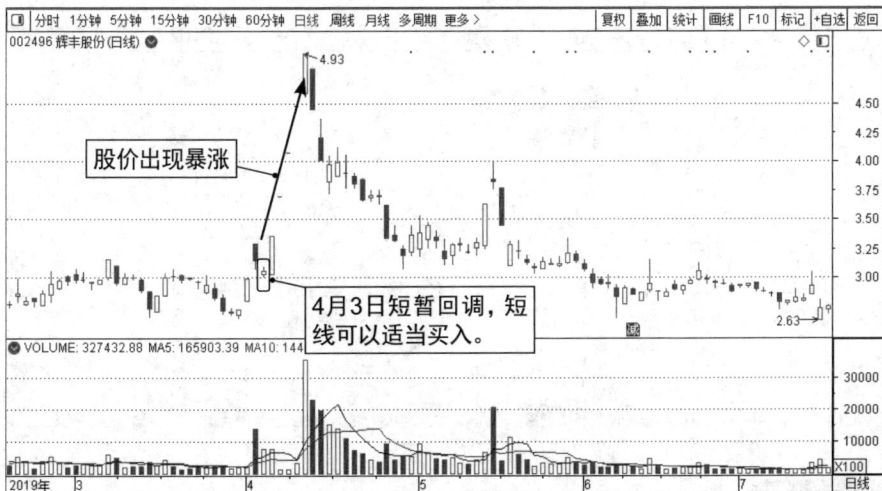

股价出现暴涨

4月3日短暂回调，短线可以适当买入。

辉丰股份2019年2月至7月的走势

从图中可以看出，该股在2019年4月放量拉升股价后在4月3日有过短暂的整理，此时为一个追涨的时机，随后股价出现了暴涨行情，短短几个交易日，股价从3元上涨到最高的4.93元，涨幅超过64%。股价在创出最高价后便见顶回落，开启急速下跌的行情。

所以股价在4月初的加速上涨，是主力在积极拉升股价，营造出强势格局，以引起市场的关注。成交量在股价的快速拉升阶段有明显的放大表现，显示出市场筹码在积极换手的信息，暗示主力在此阶段出货，尤其在4月3日短暂回调后，成交量出现巨量拉升股价，更显示了主力积极出货。因此，在强势拉升出货阶段，投资者可以适当参与，进行短线操作，快进快出。

NO.044
上涨途中量减价跌图谱

在股价走势处于上涨状态时，回调整理是必不可少的步骤，在回调期间，股价不断下跌，成交量持续缩量。

一图展示

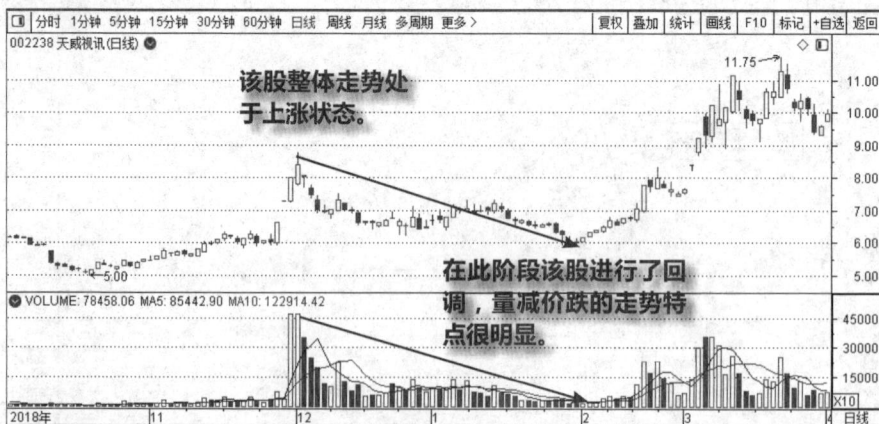

要点剖析

上涨途中量减价跌显示出的信息有以下几点。

◆ 股价的下跌表达了市场主力洗盘的立场，同时市场中众多浮动筹码的主动性抛盘也加剧了股价的下跌。

◆ 成交量的逐步缩量，显示出市场卖出的筹码逐步减少的信息，同时表明市场浮动筹码逐步被主力控制。

操盘精髓

在股价走势处于上涨状态时，回调整理是股价再次上涨的保证，只有经过了充分的回调，主力才会得到更多的筹码，方便之后的拉升。

对于散户而言，在股价明显止跌上涨时就可以进行买入操作，这里的止跌上涨必须要有成交量的配合，稳健的投资者可以在突破高点之后的回踩位置买入。

分析实例　歌尔股份（002241）回调走势阶段量减价跌分析

歌尔股份在2019年1月至7月的走势如下图所示。

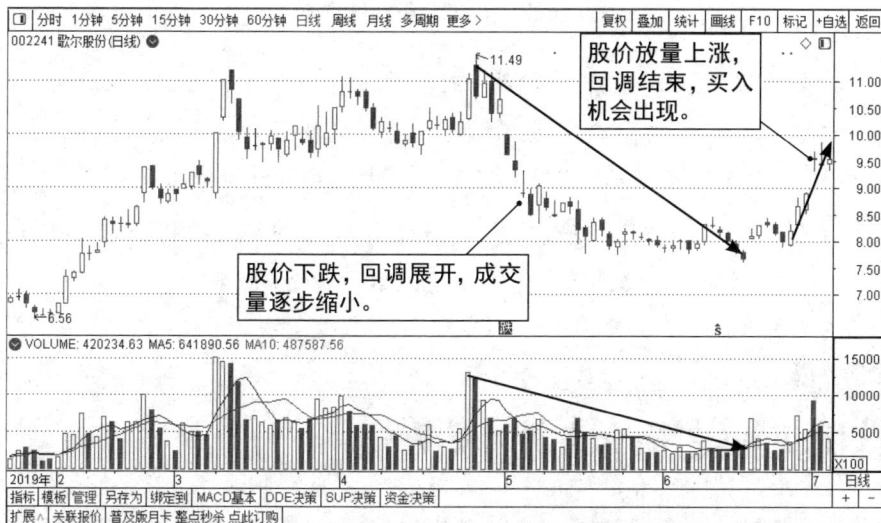

歌尔股份2019年1月至7月的走势

从图中可以看出，该股在2019年1月底止跌后放量拉升，在3月上旬后，股价涨势减缓，随后在创出11.49元的阶段性高价后，开始回调整理，整个成交量逐步缩小。6月底，股价再次放量拉升，显示回调结束的信息，后市继续看涨。其后市走势如下图所示。

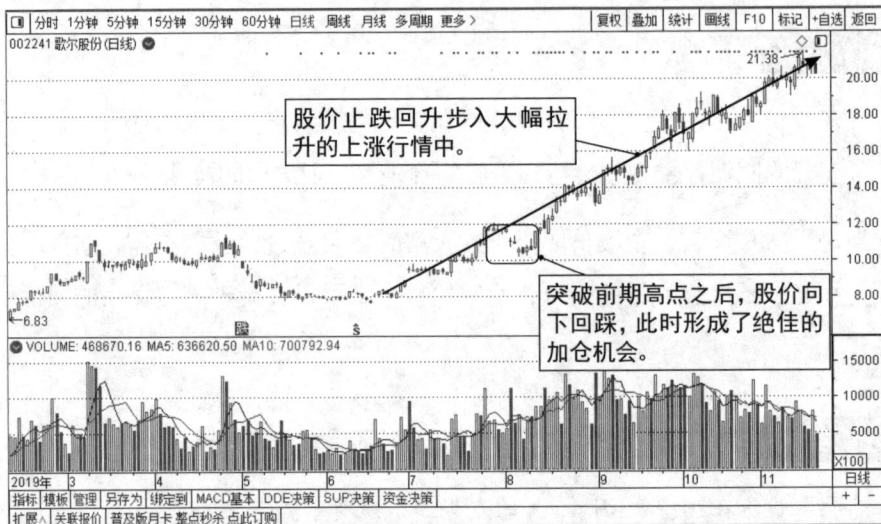

歌尔股份2019年2月至11月的走势

从图中可以看出，该股回调结束后再次放量拉升时，显示出该股新一轮上涨的开始，在拉升过程中，投资者可以逢低吸纳买入该股。之后该股突破前期高点，然后向下回踩进行了横盘整理，由此显示出加仓机会。

由此可见，在股价回调结束之后，该股获得了重新上涨的动力，短短时间，从8元左右快速上涨到最高的21.38元左右，涨幅超过167%。

NO.045
股价见顶之后量减价跌图谱

在股价见顶之后，一般而言，成交量会持续减少，股价会不断下跌，这显示了场内资金出逃以及市场热情逐步降低的状况。

一图展示

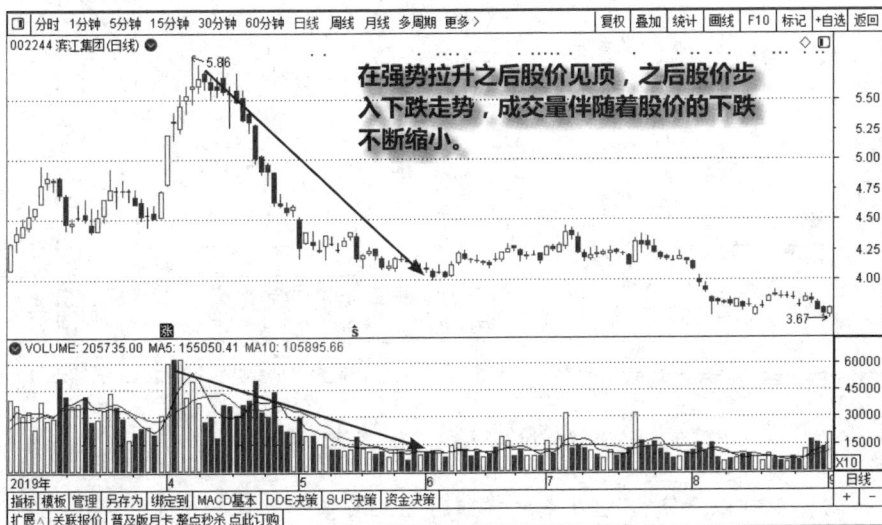

在强势拉升之后股价见顶，之后股价步
入下跌走势，成交量伴随着股价的下跌
不断缩小。

要点剖析

股价见顶之后为什么会出现量减价跌的走势特点呢？通常有以下原因。

◆ 股价见顶后，市场中的资金不断流出，市场抛压巨大，由此造成股价下跌
的状况。

◆ 随着股价的下跌，市场热情退却，成交量出现了快速萎缩的情况。

操盘精髓

在股价见顶之后，股价不断下跌，成交量不断萎缩，这些都是股价继续
看跌的信号，因此在这样的走势出现时，投资者应该及时卖出手中的筹码。

分析实例 西仪股份（002265）股价见顶之后量减价跌分析

西仪股份在2019年1月至4月的走势如下图所示。

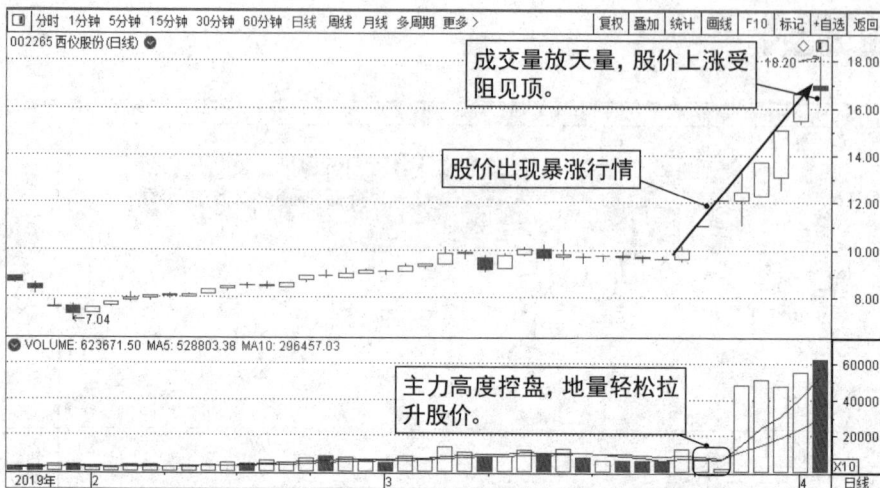

西仪股份2019年1月至4月的走势

从图中可以看出，主力通过前期的上涨和横盘整理后于3月下旬建仓完毕，而且高度控盘，在3月25日通过极度地量连续收出"一"字形K线，轻松将股价拉升出现暴涨行情。之后成交量出现天量成交继续拉高股价。

在4月2日，成交量继续放出天量，但是K线收出带长上影线的小阴星，显示出股价在高位上涨无力，由此显示股价见顶。其后市走势如下图所示。

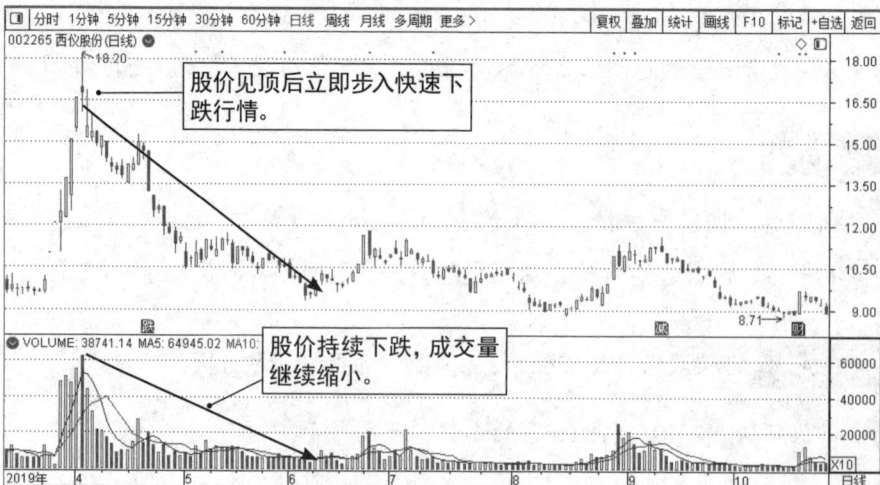

西仪股份2019年3月至10月的走势

从图中可以看出，该股在见顶之后进行了较大幅度的下跌，股价从18.20元左右跌到了10元左右，下跌幅度达到了45%左右。

该股在上涨后期放天量却上涨受阻，在高位收出带长上影线的小阴星，这已经很明显地发出了见顶信号。之后股价快速下跌，成交量不断缩小也显示出资金不断流出的状况，预示后市下跌。在股价以带长线影线的小阴星创出最高价后投资者就应该卖出股票，之后的量减价跌也发出了明显的看跌信号，由此投资者必须在高位及时卖出股票。

NO.046
下跌后期量减价跌图谱

在股价下跌的后期阶段，股价和成交量的关系一般是量减价跌，这是市场依旧处于弱势的标志。

一图展示

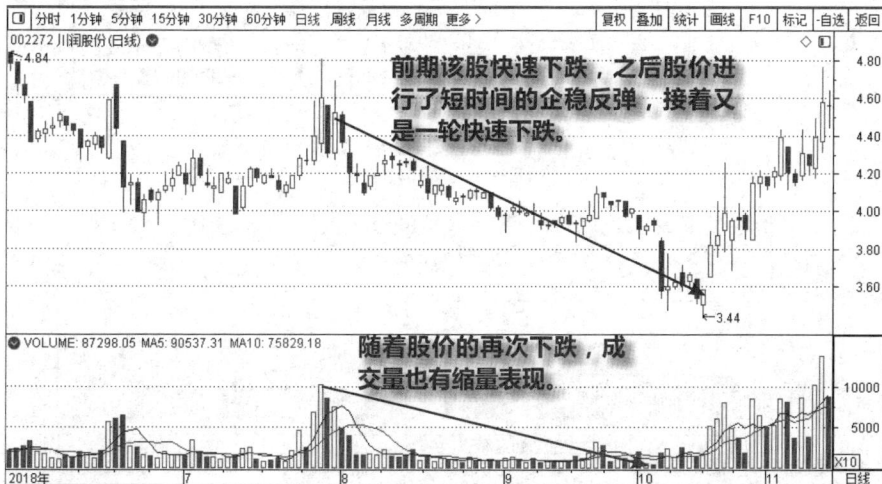

前期该股快速下跌，之后股价进行了短时间的企稳反弹，接着又是一轮快速下跌。

随着股价的再次下跌，成交量也有缩量表现。

要点剖析

下跌后期量减价跌走势的特殊市场意义有如下几点。

◆ 此情况依旧是股价下跌走势的表现。

◆ 在后期的下跌走势中，股价可能出现快速下跌，但是成交量并不会
出现明显缩量，原因在于成交量已经处于相对较小的位置。

◆ 成交量继续缩量，极有可能形成地量成交。

操盘精髓

下跌后期成交量继续缩小，股价继续看跌，这是股价下跌走势的继续，
可知市场依旧处于下跌的弱势阶段。但是，随着股价的继续走低，成交量不
断缩小，股价会更加接近底部，由此也就预示反弹行情可能出现。

因此，当成交量出现极低的量能时，中长线投资者可以趁机建仓。

分析实例　精艺股份（002295）下跌后期量减价跌分析

精艺股份在2018年6月至11月的走势如下图所示。

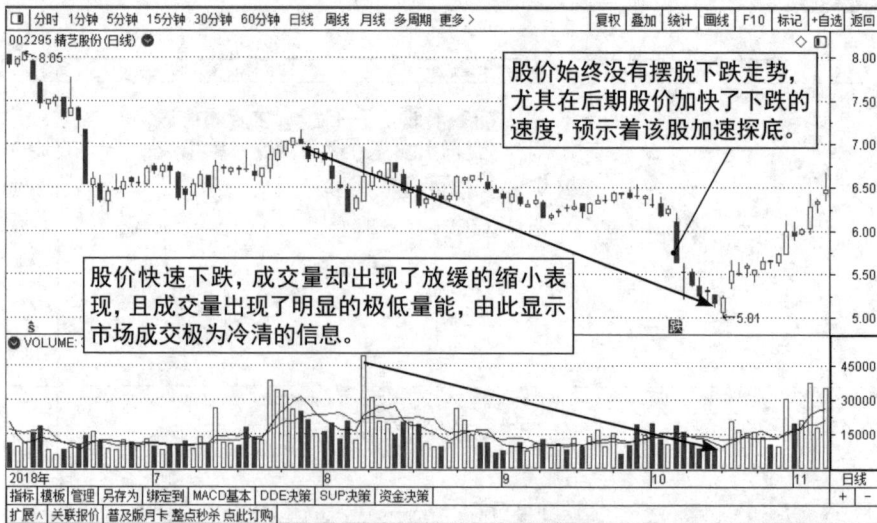

精艺股份2018年6月至11月的走势

从图中可以看出，股价在大幅下跌到2018年6月中旬跌势减缓，随后成交
量出现过一波放量反弹的行情，但是最终股价在7元的价位线反弹受阻后止

跌，随后继续下跌，尤其在10月股价快速杀跌，成交量已经缩无可缩，由此
预示市场底部将至。其后市走势如下图所示。

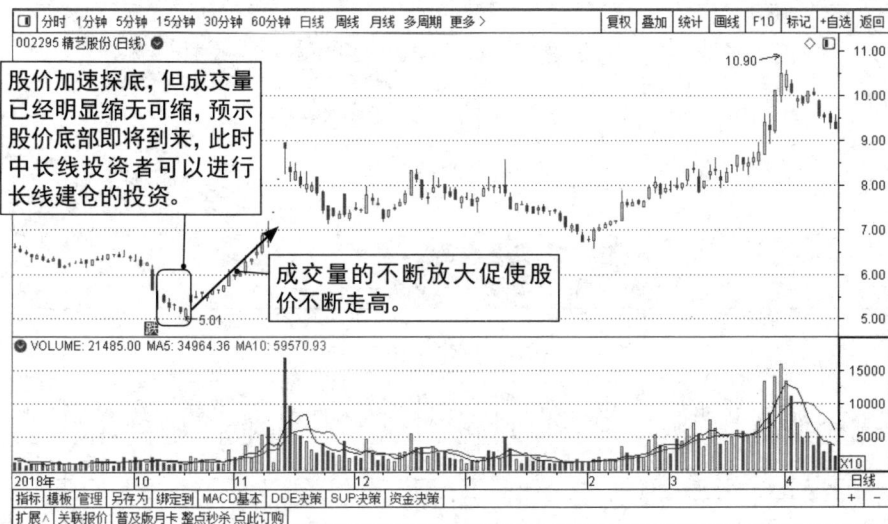

精艺股份2018年9月至2019年4月的走势

从图中可以看出，该股走势在下跌后期出现了量减价跌的走势特点，且
股价下跌速度较快，最终在2018年10月中旬创出5.01元的最低价后止跌。而
对应的成交量已经不能再出现大幅度的缩量了。

这样的走势表明市场能够卖出的筹码已经明显不足，由此预示着股价的
底部即将形成，中长线投资者可进行建仓操作。随后成交量缓慢拉升，成交
量不断放大，说明行情已经逆转，稳健的投资者可在股价回调时积极买入，
持股待涨。

NO.047
下跌开始量增价跌图谱

在股价见顶之后，主力资金没有及时出逃，所以在下跌开始阶段，成交量明显增
加，但是股价却出现下跌的走势特点。

一图展示

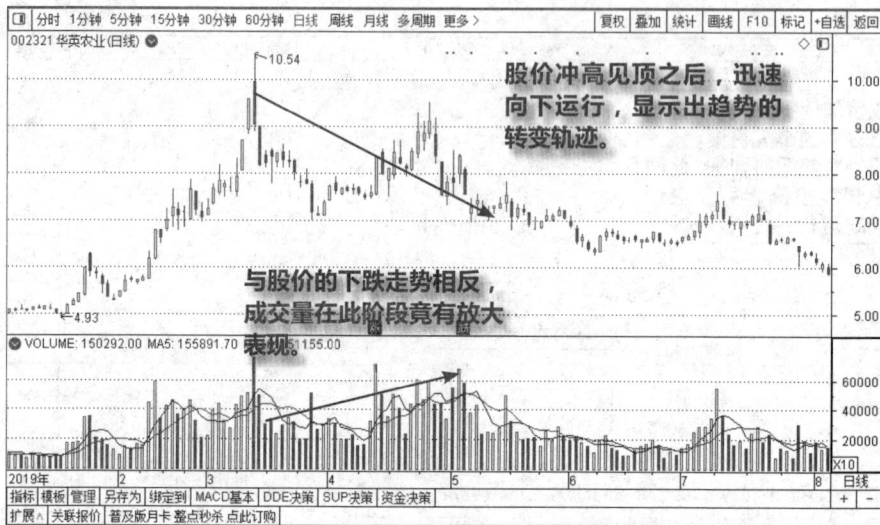

要点剖析

下跌开始量增价跌反映出以下信息。

◆ 股价见顶，主力前期出货不佳，所以在下跌开始时积极出逃，使得股价下跌，量能放大。

◆ 利空消息出现，主力不顾成本杀跌，成交量也会放大。

操盘精髓

无论是见顶之后的集中出货还是利空消息出现后的杀跌，当股价在高位出现量增价跌的走势特点时，投资者都需要提高警惕，最好出场观望。

分析实例 森源电气（002358）股价见顶量增价跌看跌分析

森源电气在2018年10月至2019年5月的走势如下图所示。从图中可以看出，见顶后股价下跌，成交量却明显比前期上涨时放大，显示主力在集中出货的信息，后市理应看跌。

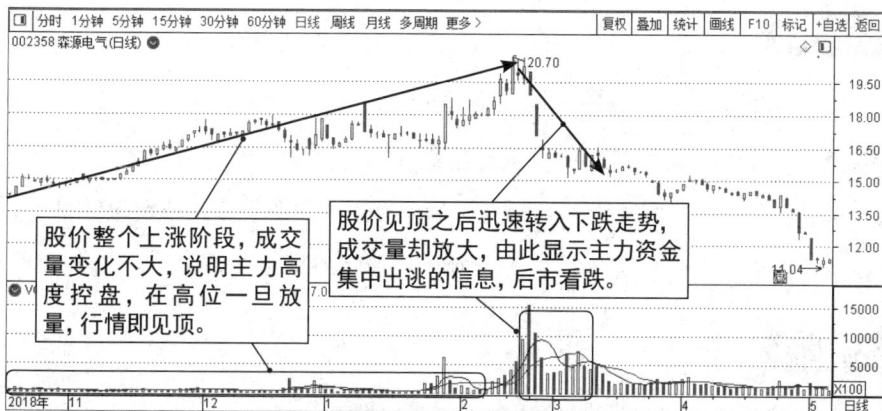

股价整个上涨阶段，成交量变化不大，说明主力高度控盘，在高位一旦放量，行情即见顶。

股价见顶之后迅速转入下跌走势，成交量却放大，由此显示主力资金集中出逃的信息，后市看跌。

森源电气2018年10月至2019年5月的走势

NO.048

下跌末期量增价跌图谱

在股价走势处于下跌的后期时，随着股价的下跌，市场风险得到了有效释放。由此吸引了新的资金介入，这些资金借助下跌快速建仓，以致出现股价下跌成交量放大的走势特点。

一图展示

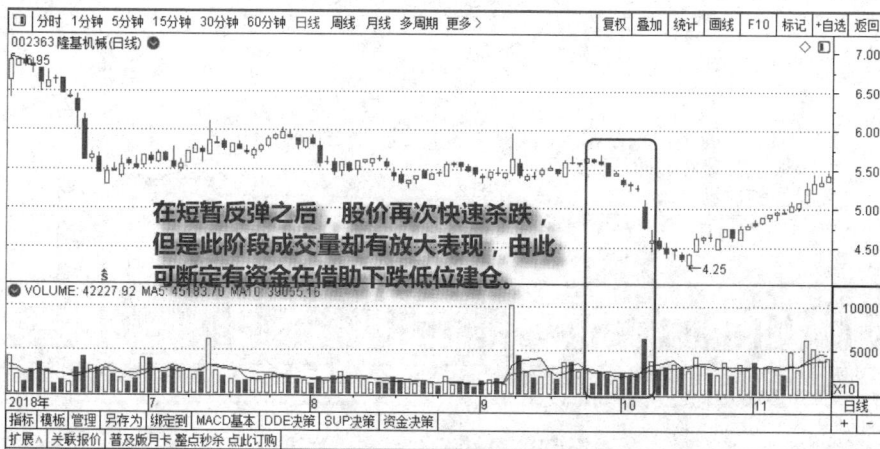

在短暂反弹之后，股价再次快速杀跌，但是此阶段成交量却有放大表现，由此可断定有资金在借助下跌低位建仓。

要点剖析

下跌末期量增价跌包含了以下 3 个信息。

◆ 股价依旧在向下运行，但是距离底部已经不远。

◆ 成交量在不断放大，可知有新的主力资金在股价下跌阶段勇敢接盘。

◆ 资金在大幅接盘体现出主力对于该股后市的认可态度。

操盘精髓

在走势处于下跌的末期时，股价下跌，成交量放大，这显示出了股价和成交量背离的关系，这种背离关系恰好反映出了市场资金的接盘行为，也说明了股价后市上涨可期。

当股价在长期下跌之后出现这样的背离走势特点时，投资者应该给予足够的重视，并在股价企稳上涨时果断买入股票。

分析实例 台海核电（002366）下跌末期量增价跌分析

台海核电在2018年7月至11月的走势如下图所示。

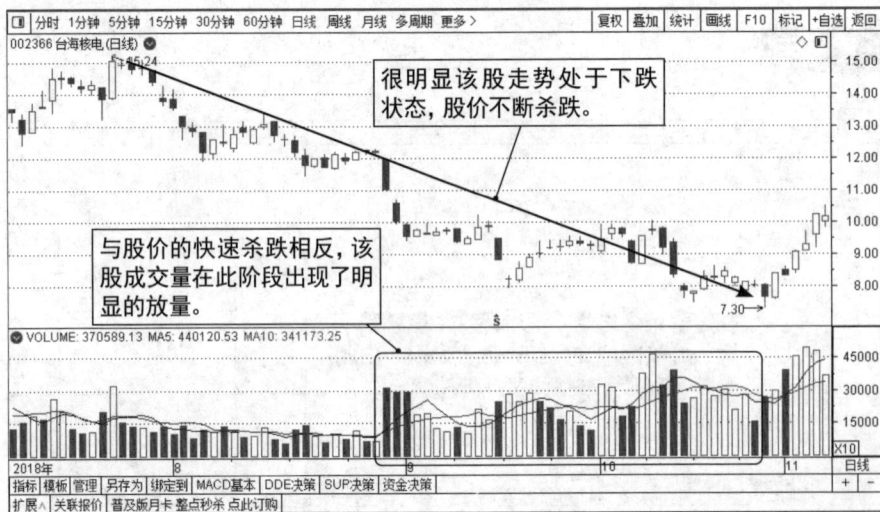

台海核电2018年7月至11月的走势

从图中可以看出，股价在反弹到15元价位线附近后，开始加速下跌。在此下跌阶段的后期，随着股价的不断下跌，成交量却表现出了明显的放大特点，预示市场资金将要建仓。其后市走势如下图所示。

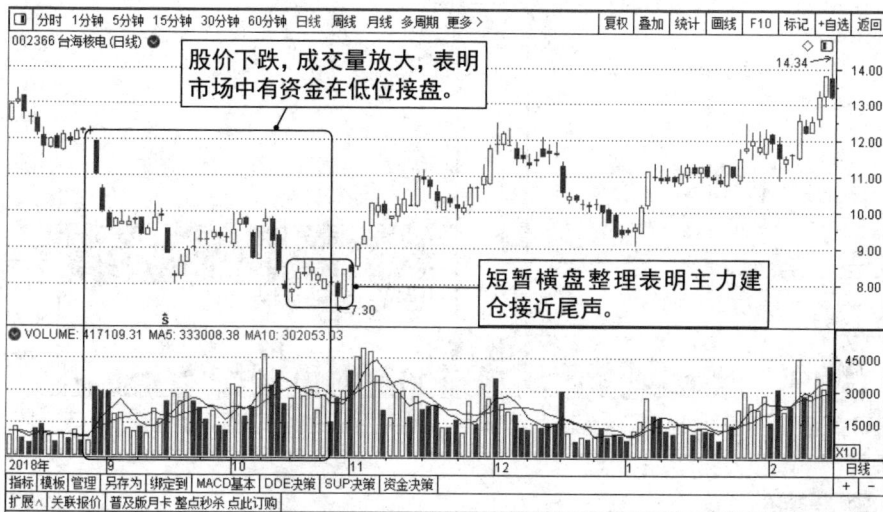

台海核电2018年8月至2019年2月的走势

从图中可以看出，该股在前期的下跌低位成交量明显放大，显示出有主力资金在低位接盘的信息，预示着该股后市的上涨。

在连续下跌之后，股价在2018年10月出现了短暂的横盘整理，由此可断定前期主力建仓接近尾声，之后一旦拉升股价，上涨行情即开启，投资者可逢低吸纳，积极买入做多。

NO.049
高位量增价平图谱

在股价上涨的高位区域，顶部会在投资者不知不觉中构筑，而高位量增价平的走势特征就是一种股价见顶信号。

一图展示

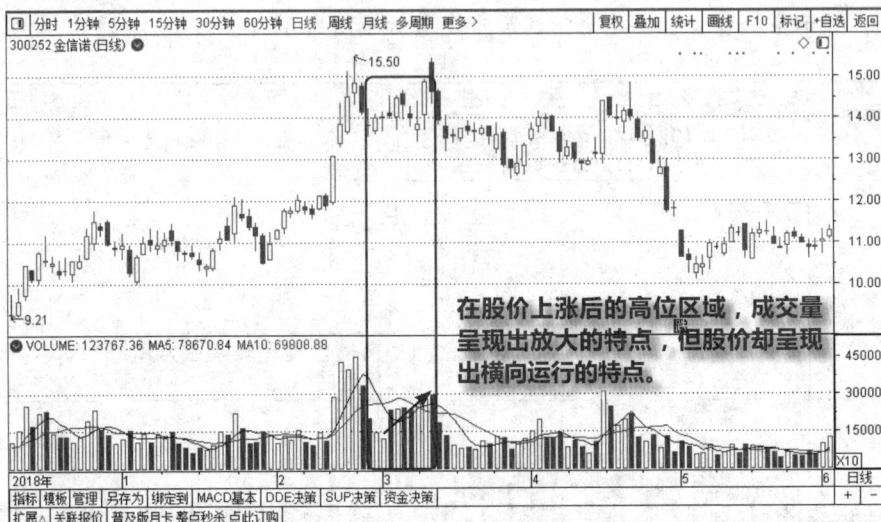

在股价上涨后的高位区域，成交量呈现出放大的特点，但股价却呈现出横向运行的特点。

要点剖析

股价高位区域的量增价平显示出的市场含义如下。

◆ 股价没有强势上攻，而是呈现出横向整理的走势特点，常言道，久盘必跌，由此显示出股价上涨无力的信息。

◆ 高位股价不上攻，成交量却有放大表现，由此判断主力在股价横向运行过程中偷偷抛售股票。

操盘精髓

在股价上涨的高位，股价呈现横向运行的特点，成交量反而放大，这种股价和成交量背离的关系显示出了主力在股价高位盘整出货的信息。投资者应该在股价高位逢高卖出股票以回避后市急速杀跌的风险。

分析实例　德威新材（300325）高位量增价平卖出分析

德威新材在2018年10月至2019年6月的走势如下图所示。

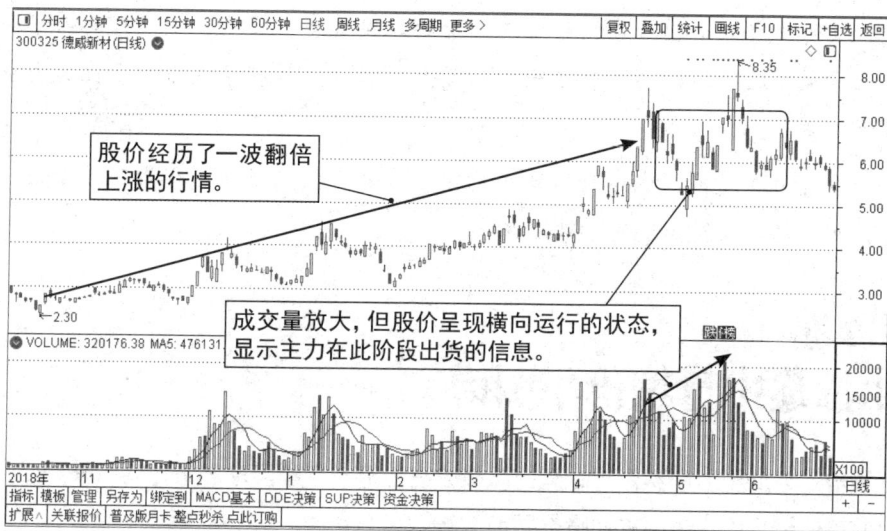

股价经历了一波翻倍上涨的行情。

成交量放大，但股价呈现横向运行的状态，显示主力在此阶段出货的信息。

德威新材2018年10月至2019年6月的走势

从图中可以看出，该股在前期拉升的过程中，股价常出现了翻倍行情，从最低的2.3元上涨到最高的8.35元，涨幅超过263%。在股价运行到高价位区域后出现横向运行的状态，但对应的成交量却在放大，实质上就是主力在高位出货的表现。其后市走势如下图所示。

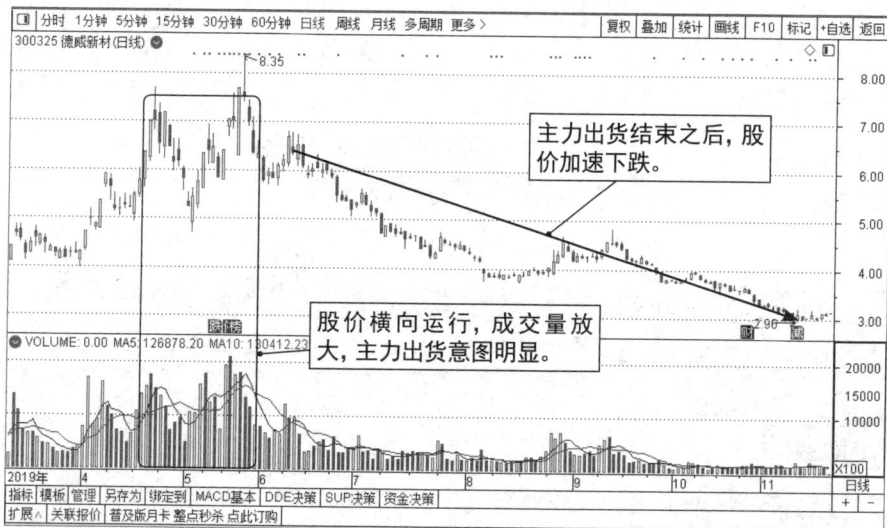

主力出货结束之后，股价加速下跌。

股价横向运行，成交量放大，主力出货意图明显。

德威新材2019年3月至11月的走势

从图中可以看出，在该股上涨之后的高位区域，股价在一段时间内横向运行，且在此阶段中，成交量出现了放大的特点，证明了主力在高位的出货行为。

当主力在股价横向运行阶段出货时，投资者就应该跟随主力积极卖出股票，回避之后可能出现的下跌现象。

NO.050
上涨途中量增价平图谱

在股价走势处于上涨状态时，有时股价会在上涨一定幅度之后进行横盘整理，并以此来重新蓄势，进而推动股价后市上涨。

一图展示

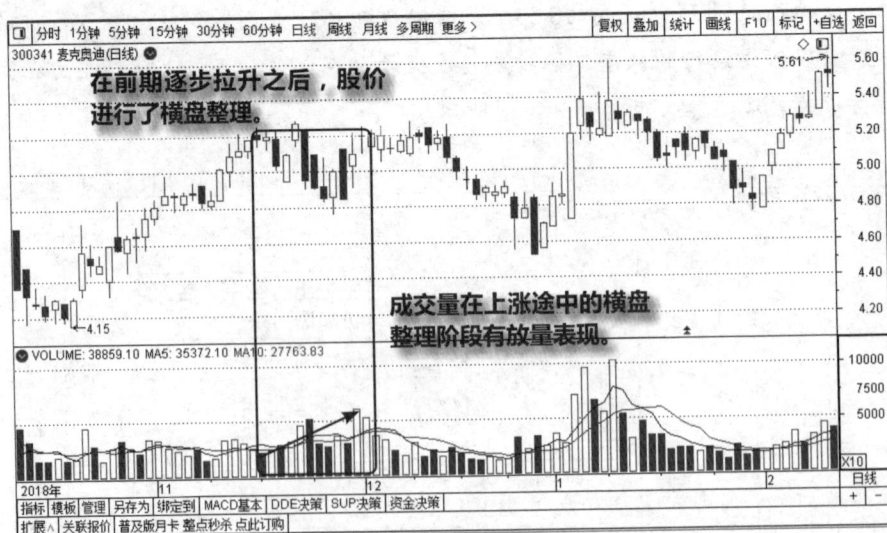

图中标注：
- 在前期逐步拉升之后，股价进行了横盘整理。
- 成交量在上涨途中的横盘整理阶段有放量表现。

要点剖析

上涨途中量增价平的主要内容有以下三点。

◆ 股价处于上涨途中，而不是处于大幅上涨之后的高位区域，同时股价呈现出横盘整理走势特点，保证没有大阴线的出现。

◆ 成交量与股价的横向运行相背离，在此阶段保持着良好的上升状态，即量能有所放大。

◆ 量增价平式的横向整理是主力在上涨中途的洗盘行为。

操盘精髓

在股价的上涨中途，放量的横向整理可以保持股价的上涨形态，同时可以进行有效的洗盘。

有时这种上涨中途的横向整理会进行很长一段时间，因此在横向整理的时候投资者不宜买入，应该在之后的放量向上突破时买入股票。

分析实例 绿盟科技（300369）上涨途中放量整理分析

绿盟科技在2018年11月至2019年7月的走势如下图所示。

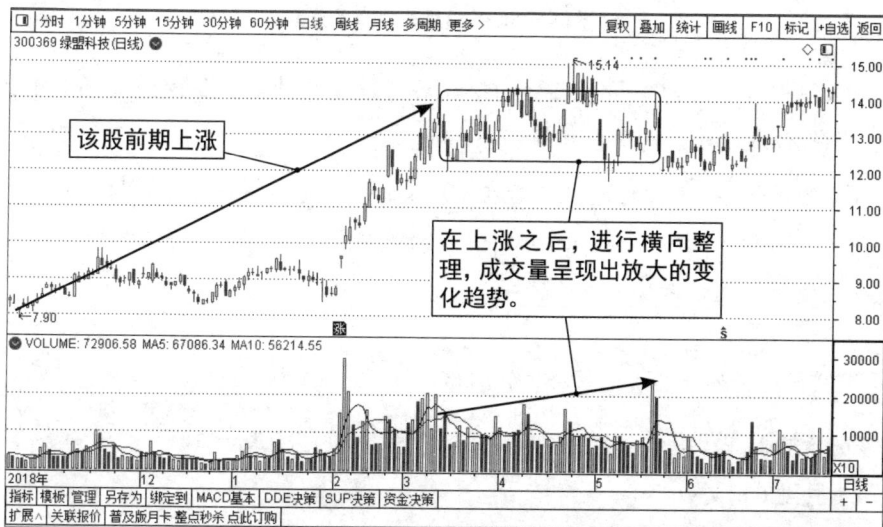

绿盟科技2018年11月至2019年7月的走势

从图中可以看出，尽管股价上涨幅度较大，但没有大跌，且量能放大，显示上涨形态保持良好。当股价大幅上涨到13元价位线附近时，该股出现了横向整理的走势特点，在这一横盘过程之中，股价运行形态保持良好，并且此阶段成交量逐步放大，显示出筹码在横盘阶段不断换手的信息。其后市走势如下图所示。

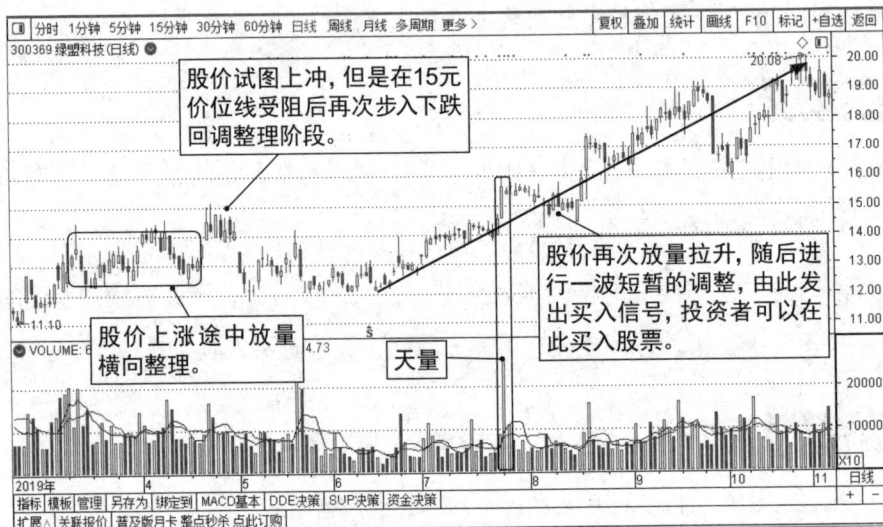

绿盟科技2019年3月至11月的走势

从图中可以看出，该股在横向整理后有过一波冲高，但是上冲幅度小，在15元价位线受阻后向下整理了一段时间。

该股最终在6月初止跌，随后在7月24日放天量拉高股价突破横盘整理的最高点，随后步入一个良好的持续上涨的走势中，在股价放量拉升向上突破横盘区域时，投资者就可以从容买入了。

要点提示 *上涨中途的横盘整理的好处*

在股价的上涨途中，主力往往会采取横盘整理的方式进行洗盘，这样的洗盘具有独到的好处：

第一，可以很好地保持股价的上涨形态；

第二，长时间的横向整理可以使得市场浮筹得到有效的清理；

第三，股价横向运行，使得盘外资金不敢轻易进场抢筹。

NO.051
下跌后期量缩价平图谱

下跌后期成交量萎缩，股价进入横向运行阶段，这样的走势显示出了股价拒绝下跌的信号，说明股价见底。

一图展示

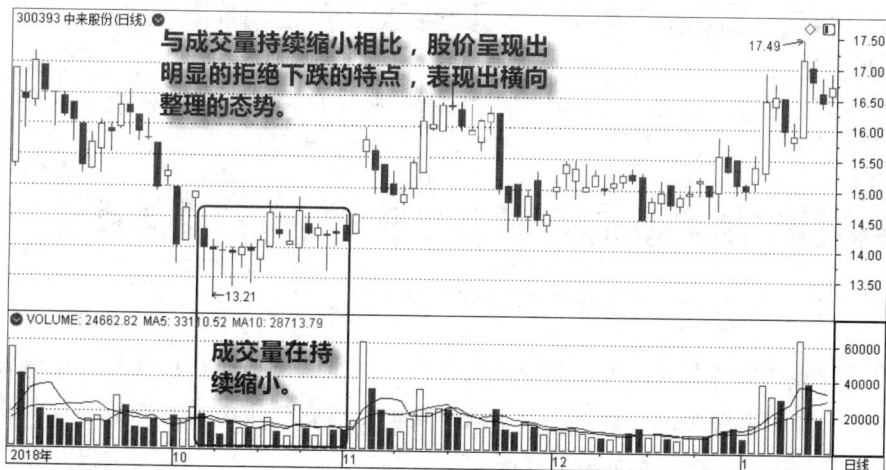

与成交量持续缩小相比，股价呈现出明显的拒绝下跌的特点，表现出横向整理的态势。

成交量在持续缩小。

要点剖析

　　下跌后期量能逐步缩小证明市场抛压继续释放，但是股价已经出现了止跌迹象，由此可知市场下跌空间极度有限，预示着股价即将见底。缩量的持续还很可能造成地量成交，由此也说明股价更加接近底部。

操盘精髓

　　股价已经出现止跌欲望，即将呈现出横向运行态势，但是成交量却继续缩小，这显示出市场抛压继续减小的信息，预示着股价的见底。这样的走势出现后，投资者应该密切关注股价之后的放量拉升痕迹，因为这就是一个明确的买入信号。

分析实例 九强生物（300406）下跌后期量缩价平分析

九强生物在2018年8月至11月的走势如下图所示。

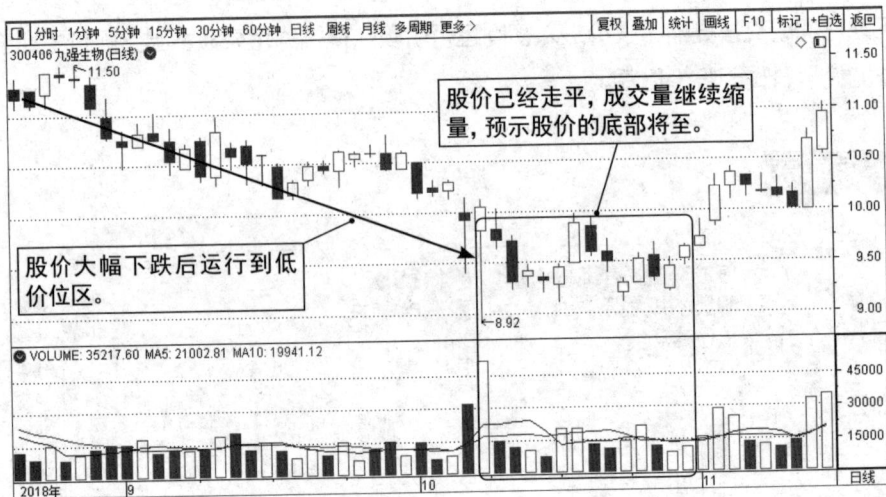

股价已经走平，成交量继续缩量，预示股价的底部将至。

股价大幅下跌后运行到低价位区。

九强生物2018年8月至11月的走势

从图中可以看出，股价大幅下跌后期，成交量很小，在巨量创出最低价后，股价走平横盘，成交量持续下跌，这些都显示了市场下跌空间有限，预示股价反转。其后市走势如下图所示。

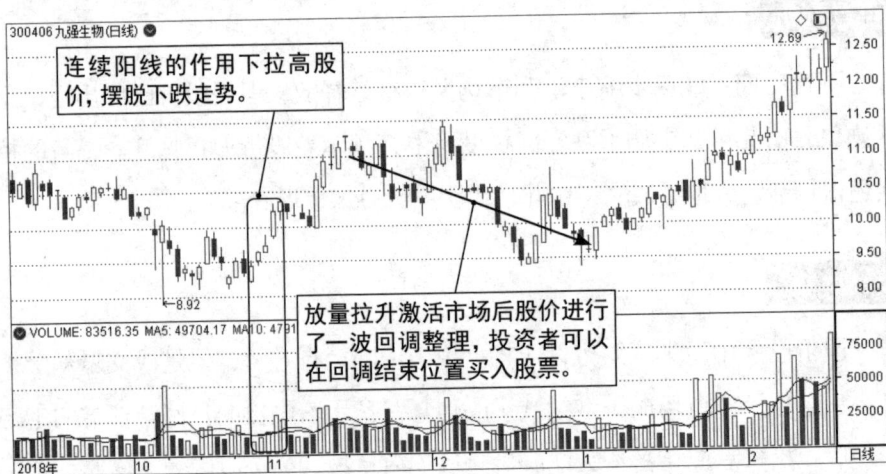

连续阳线的作用下拉高股价，摆脱下跌走势。

放量拉升激活市场后股价进行了一波回调整理，投资者可以在回调结束位置买入股票。

九强生物2018年9月至2019年2月的走势

　　从图中可以看出，该股2018年10月底在连续阳线的作用下放量拉升，并逐步摆脱下跌走势，当该股放大量强势拉升时，表明市场在彻底走强。此时投资者可考虑买入股票，之后的回踩低位也是绝好的买入机会。

　　在回踩之后，该股继续上涨，且上涨速度逐步加快，走出一波良好的快速拉升行情。

NO.052
上涨途中量缩价平图谱

在股价的上涨途中，股价可能出现横盘整理，在这样的走势特征中成交量还可能表现出逐渐缩小的特点。

一图展示

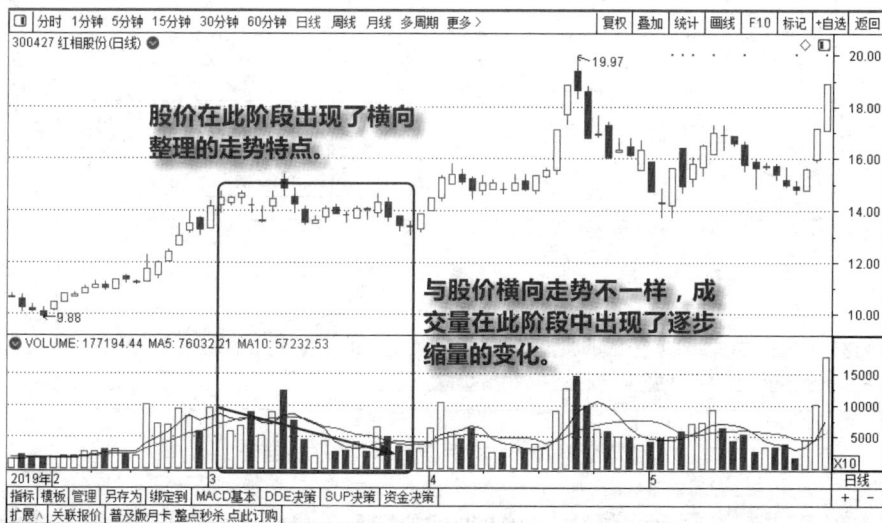

要点剖析

　　上涨途中量缩价平的走势反映出以下信息。

　　◆　本质上还是股价在上涨途中的横盘整理走势。

◆ 成交量的缩小显示了市场中浮动筹码减少的信息。

操盘精髓

既然上涨途中的缩量横向运行是一种蓄势整理走势，那么股价后市依旧可以上涨，所以投资者要以做多的心态面对。

当成交量急剧缩量时，投资者可以试探性买入股票；当股价再次上涨，成交量大幅放出时，投资者应该再次加仓买入。

分析实例 金雷股份（300443）上涨途中量缩价平横盘整理分析

金雷股份在2018年10月至2019年1月的走势如下图所示。

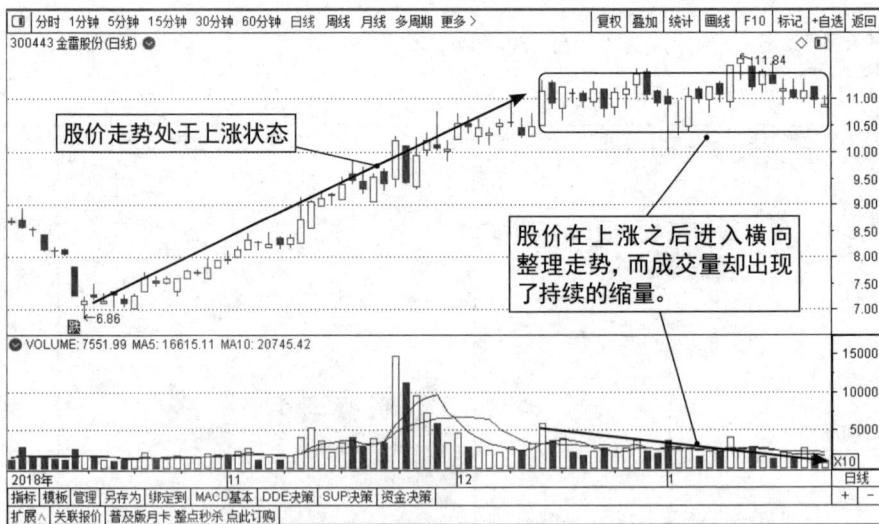

金雷股份2018年10月至2019年1月的走势

从图中可以看出，该股在2018年10月22日创出6.86元的最低价后企稳回升步入上涨行情，整个上涨趋势良好。

经过两个多月的时间，股价上涨到11元价位线后涨速减缓，并出现横向整理的形态，对应的成交量却出现逐步缩量的形态，是明显的上涨途中量缩价平，显示出股价的横向整理状态，预示股价后市可能继续上涨。其后市走势如下图所示。

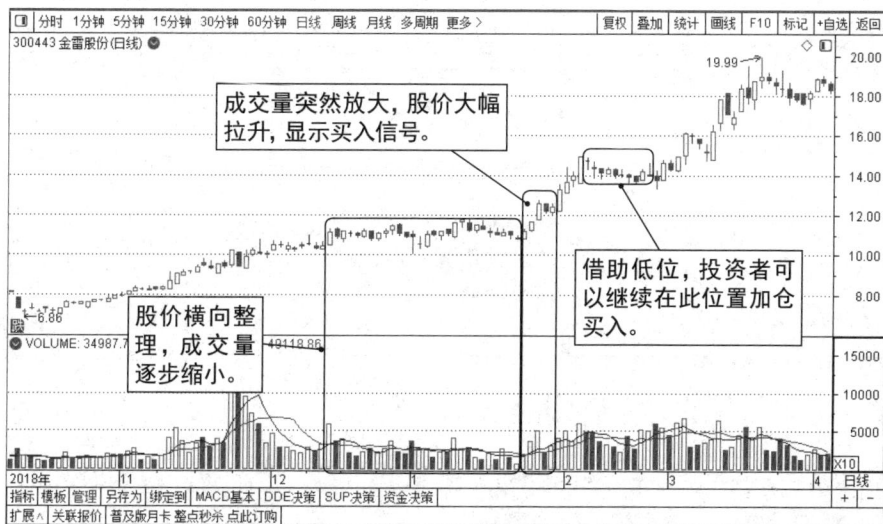

成交量突然放大，股价大幅拉升，显示买入信号。

借助低位，投资者可以继续在此位置加仓买入。

股价横向整理，成交量逐步缩小。

金雷股份2018年10月至2019年4月的走势

从图中可以看出，该股从2019年1月24日开始连续3根跳空的阳线报收拉高股价突破横盘整理，成交量出现突然放大，说明行情继续上涨，投资者可根据这一信号进行买入操作。

之后股价上涨一段时间后有过一波明显的微幅回调整理行情，投资者依旧可以在回调低位加仓买入。

但是由于股价从最低的6.86元上涨到此时14元左右，涨幅已经超过104%，所以投资者只能短期持有，一旦有主力出货的痕迹就要立即出局。

NO.053
高位量缩价平图谱

在股价上涨之后的高位区域，成交量可能会出现缩量变化，但股价并没有出现明显下跌的走势特点。

一图展示

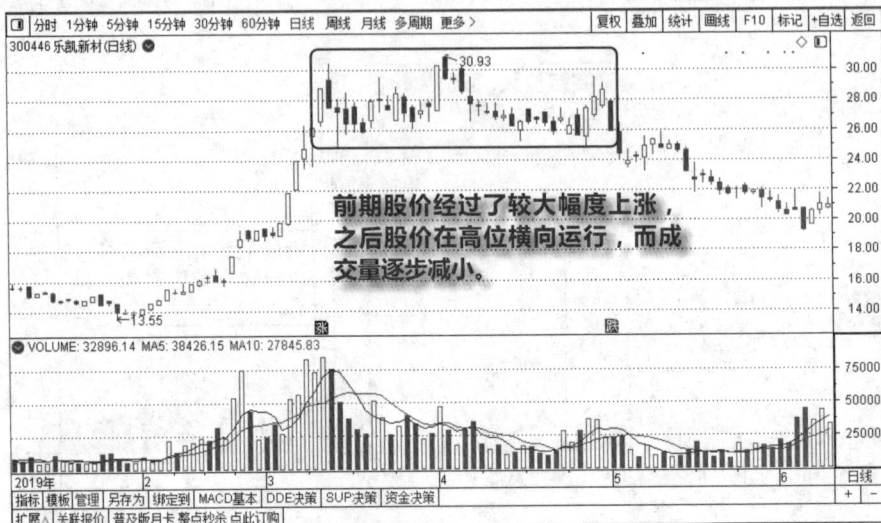

300446 乐凯新材(日线)

前期股价经过了较大幅度上涨，之后股价在高位横向运行，而成交量逐步减小。

VOLUME: 32896.14 MA5: 38426.15 MA10: 27845.83

要点剖析

　　股价在高位运行，成交量缩小，股价保持横向运行的态势，这样的量价关系反映了以下的市场意义。

◆ 股价横向运行，成交量不断缩小，显示量能不能有效配合股价上攻的弱点，由此可知股价上涨有较大压力。

◆ 既然上行有压力，但股价并没有出现大跌行情，显示了主力在此护盘出货的信息。

操盘精髓

　　股价上涨的高位区域，成交量不断缩小，而股价横向运行，这样的走势信息说明主力在此位置悄然出货。当主力出货接近尾声时，股价就会快速下跌，所以投资者应该在没有大跌之前卖出股票。

分析实例　中国卫星（600118）高位量缩价平见顶分析

中国卫星在2018年11月至2019年4月的走势如下图所示。

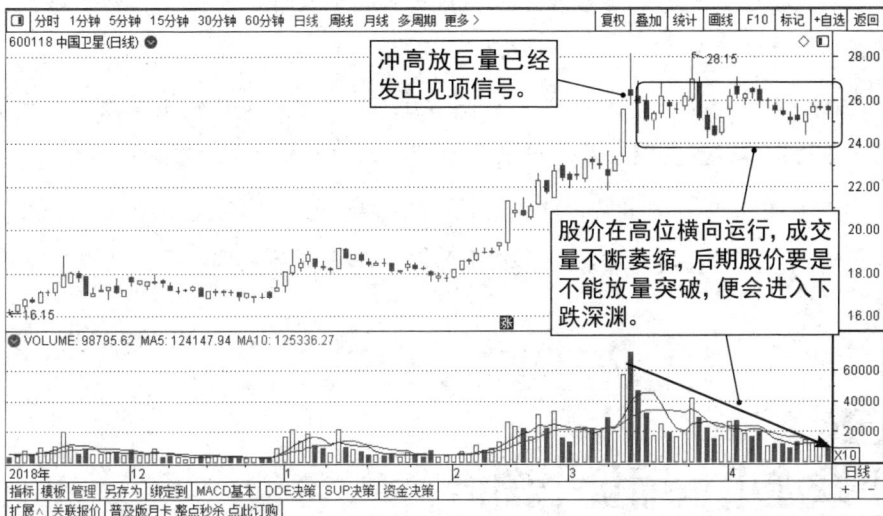

冲高放巨量已经发出见顶信号。

股价在高位横向运行,成交量不断萎缩,后期股价要是不能放量突破,便会进入下跌深渊。

中国卫星2018年11月至2019年4月的走势

从图中可以看出,该股前期已经出现了一轮大幅上涨行情,股价2019年3月中旬在高价位区域出现了明显的放巨量冲高的走势特点,之后股价横向运行,成交量不断缩小。其后市走势如下图所示。

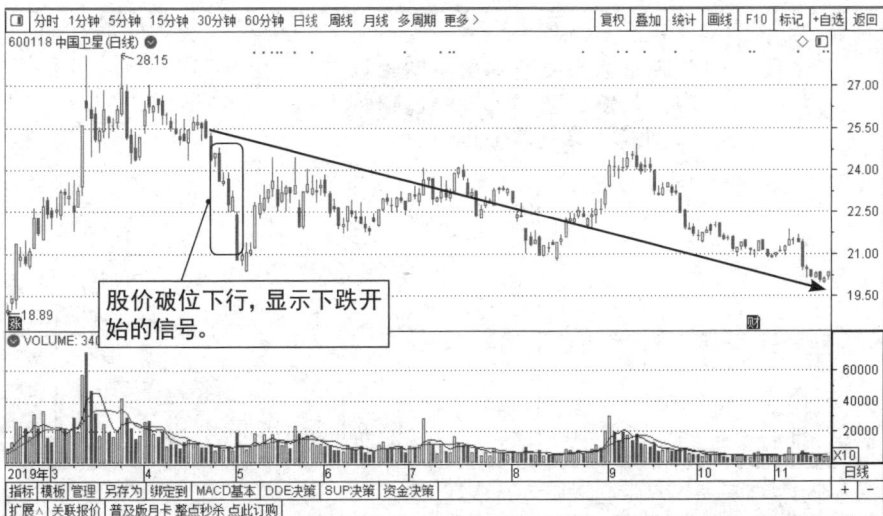

股价破位下行,显示下跌开始的信号。

中国卫星2019年2月至11月的走势

从图中可以看出，该股在相对高位区域展开了缩量的横向运行，此时已经表明股价上涨无力、资金在不断出逃，谨慎的投资者就应该抛售筹码，锁定利润，落袋为安。

在2019年4月25日，股价开盘后一路狂跌，当日以大阴线报收跌破横盘整理下方的支撑位置，随后股价继续下跌，由此拉开之后的下跌走势。

从上面这个案例可知，股价在高价位区出现缩量横盘的迹象，是可靠的行情见顶信号，投资者就应该卖出股票，防止之后出现的下跌走势造成的损失。

NO.054
下跌途中量缩价平图谱

在股价走势处于下跌状态时，股价有时会出现盘整走势特点，而盘整对应的成交量变化可能出现持续缩量。

一图展示

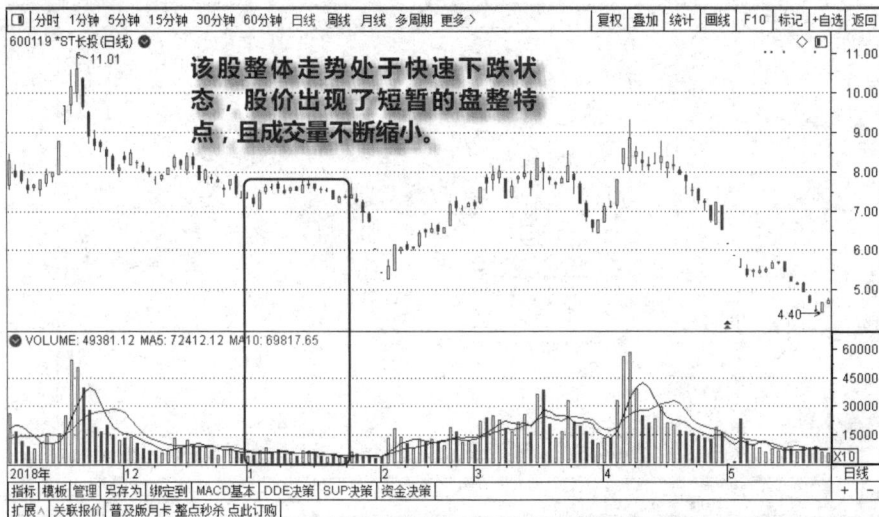

该股整体走势处于快速下跌状态，股价出现了短暂的盘整特点，且成交量不断缩小。

要点剖析

本质上是股价的暂时修正，这样的修正只是下跌趋势中的暂时止跌。

成交量的不断缩小证明市场资金在流出，同时也表明由于下方承接盘少，致使成交量不断缩小。

操盘精髓

不断缩量的盘整依旧是一个看跌信号，同时这样的缩量盘整阶段不会持续太长时间，因此当出现这样的走势特点时，持有股票的投资者就应该及时卖出股票。

分析实例 大龙地产（600159）下跌途中量缩价平看跌分析

大龙地产在2019年4月至7月的走势如下图所示。

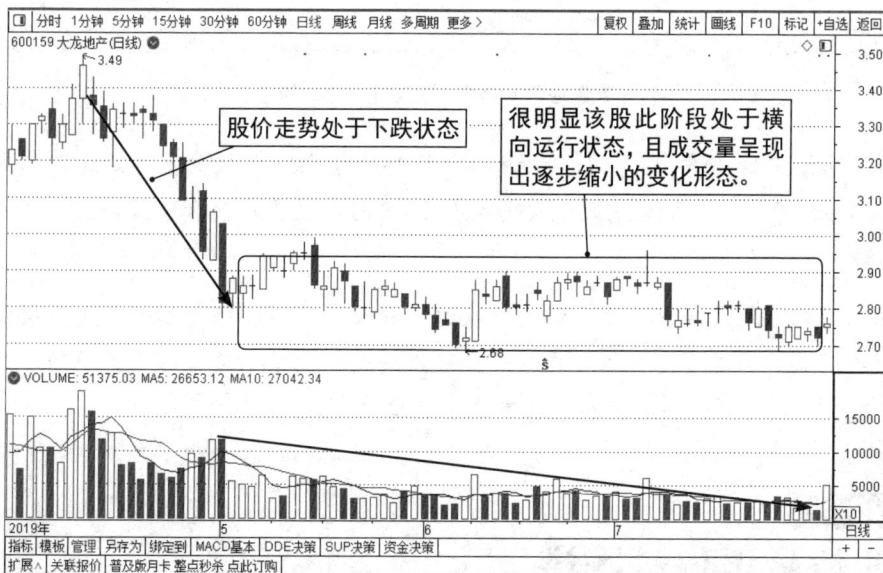

大龙地产2019年4月至7月的走势

从图中可以看出，该股在2019年4月11日创出3.49元的最高价后见顶回落，经历了一波快速杀跌的走势。在5月初股价止跌，随后进入横向整理走势之中。在此阶段中，成交量呈现出不断缩量的变化形态，这样的走势特征预示着股价后市走势不容乐观。其后市走势如下图所示。

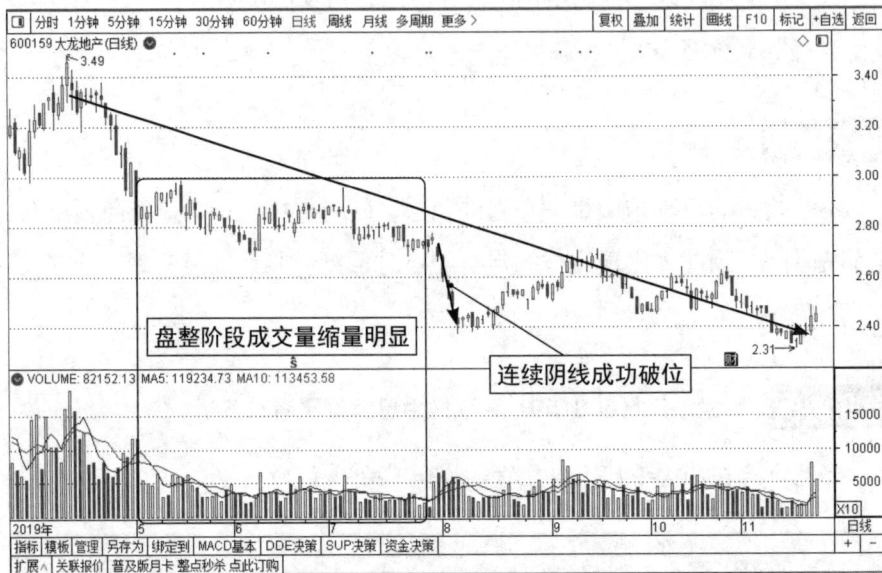

大龙地产2019年4月至11月的走势

从图中可以看出，该股在长达3个月的盘整阶段成交量始终呈现出明显的缩量现象。在7月底8月初，K线在连续5日阴线报收跌破盘整区域后，该股继续下跌的走势。

由此可见，当股价处于盘整阶段时，成交量的不断缩量已经表明没有量能的支撑，所以股价也不可能在此位置止跌企稳，预示股价后市下跌的可能性极大，投资者应该在此位置择高卖出股票。

NO.055
低位量平价涨图谱

在股价下跌的低位区域，前面的下跌使得市场风险得到了有效释放，也就是说市场继续下跌的空间有限，此时只要有资金介入，股价便会很容易上涨。

一图展示

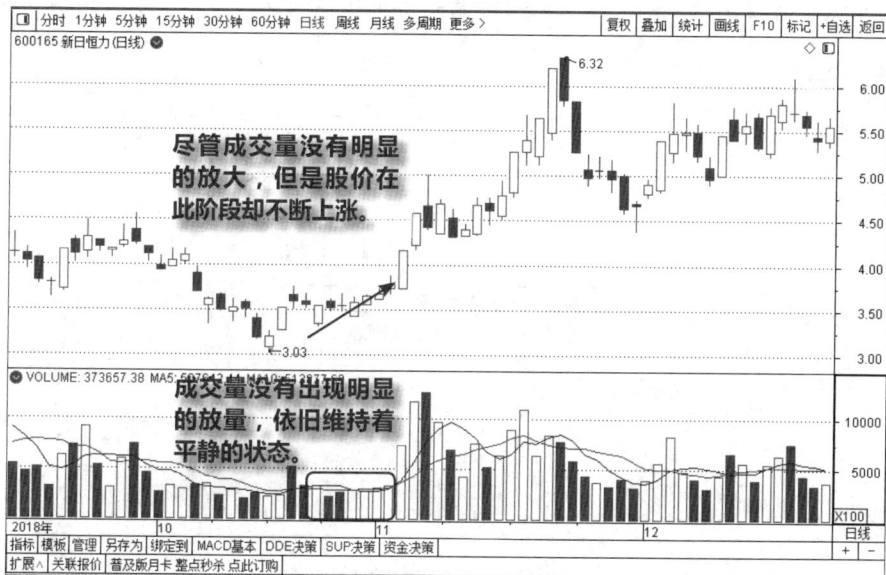

要点剖析

低位量平价涨包含了以下信息。

◆ 股价的上涨表明有资金在逐步推动股价向上运行。

◆ 与股价的上涨不同，成交量却没有出现明显的变化，由此可知资金进场的动作隐蔽且资金量较小。

◆ 量平而价涨，显示出股价已经处于底部、少量资金就可推升股价的信息。

操盘精髓

股价低位出现的量平价涨走势特点说明前期的下跌已经使股价处于底部区域，此时只要有少量资金介入就能推动股价上涨。

当这样的走势特点出现时，投资者可知股价已经处于底部，同时一部分市场资金已经开始了抄底，所以投资者应该快速介入。

分析实例 瑞茂通（600180）低位量平价涨买入操作分析

瑞茂通在2018年8月至2019年1月的走势如下图所示。

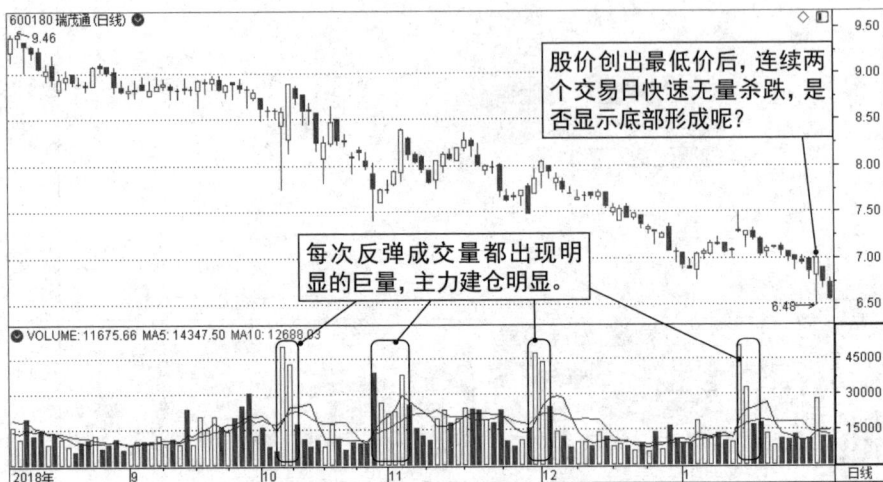

股价创出最低价后，连续两个交易日快速无量杀跌，是否显示底部形成呢？

每次反弹成交量都出现明显的巨量，主力建仓明显。

瑞茂通2018年8月至2019年1月的走势

从图中可以看出，股价经历了一波震荡下跌的走势，其中每次短暂的反弹，都伴随着成交量的明显放大，反弹结束后股价继续下跌，成交量急速缩小，表明主力在下跌过程中借助反弹减仓。

在2019年1月29日，股价低开后快速下跌创出6.48元的最低价后开始缓慢拉升，在尾盘成交量突然放大快速强势拉升股价，当日收出带长下影线的阳线。随后两个交易日连续出现开盘后一路下跌的快速杀跌行情，使得股价直线向下，但是成交量却明显的缩量，是否预示股价会见底呢？其后市走势如下图所示。

从图中可以看出，该股在经过一轮快速下跌之后果真形成了底部，之后股价出现明显的上涨，摆脱了下跌趋势，但是成交量却出现量平形态，说明在前期的下跌过程中，主力已经完成建仓操作，此时只需要一点资金便可以推动股价上涨。

当股价放量拉升，且突破前期高点之后，这些走势特点都很明显地发出了买入信号，由此投资者应该在突破之后的回调低位买入该股。

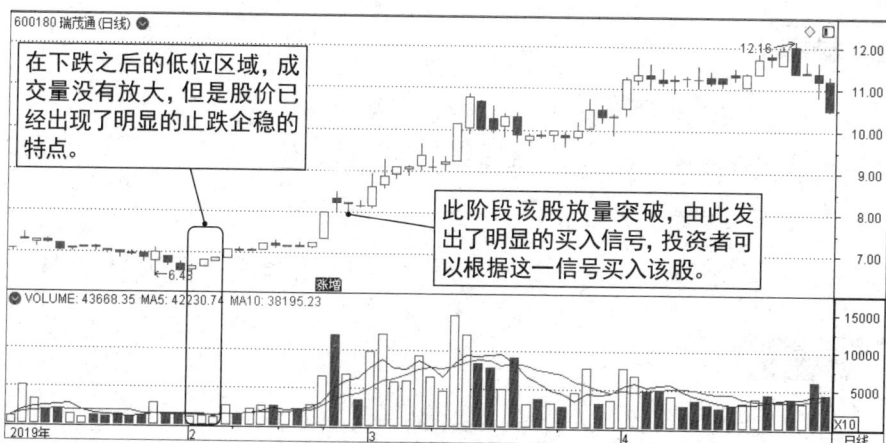

在下跌之后的低位区域，成交量没有放大，但是股价已经出现了明显的止跌企稳的特点。

此阶段该股放量突破，由此发出了明显的买入信号，投资者可以根据这一信号买入该股。

瑞茂通2019年1月至4月的走势

NO.056
上涨中途量平价涨图谱

在股价的上涨中期，由于前期的放量拉升，主力已经收集了足够多的市场筹码，因此之后的拉升就不会出现继续放量的情况了，有时甚至会有缩量的表现。

一图展示

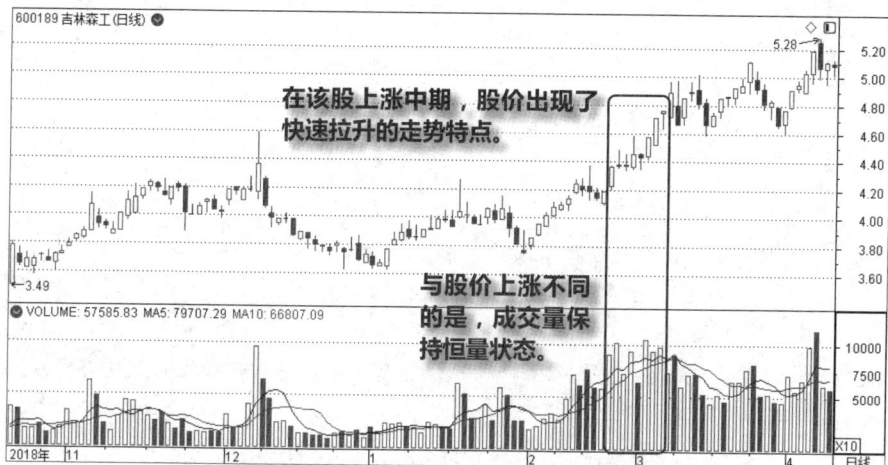

在该股上涨中期，股价出现了快速拉升的走势特点。

与股价上涨不同的是，成交量保持恒量状态。

要点剖析

上涨中途量平价涨走势透露出了以下几点信息。

◆ 股价持续上涨，呈现出加速拉升的走势特点。

◆ 成交量的恒量显示出了主力的高度控盘状态。

◆ 恒量上涨表明市场完全在主力的控制下，由此股价后市继续看涨。

操盘精髓

当股价步入上涨的中后期时，股价的上涨速度会加快，同时成交量也可能出现恒量成交的状态，这样的量平价涨的走势显示出主力的高度控盘优势。

当量平价涨现象出现时，可知市场主力筹码控制程度极高，由此预示股价后市继续看涨，持有股票的投资者可以继续持有，没有买入的投资者可以考虑买入股票。

分析实例 富奥股份（000030）上涨中途量平价涨分析

富奥股份在2018年10月至2019年3月的走势如下图所示。

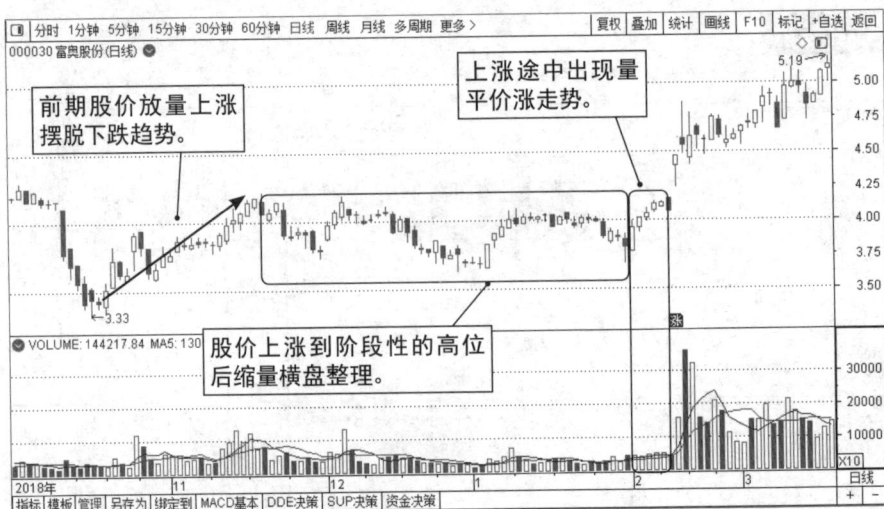

富奥股份2018年10月至2019年3月的走势

从图中可以看出，该股在2018年10月中旬创出3.33元的最低价后止跌，随后股价放量拉升摆脱下跌走势。但是此轮上涨在4.25元价位线附近时便滞涨，随后股价经历了近3个月的横盘整理。

在2019年2月初，股价连续5个交易日阳线报收逐步拉高股价，但是对应的成交量却始终保持在同一水平线上，该股出现了明显的上涨途中的量平价涨的走势特点，这显示了主力的高度控盘状态，后市看涨。其后市走势如下图所示。

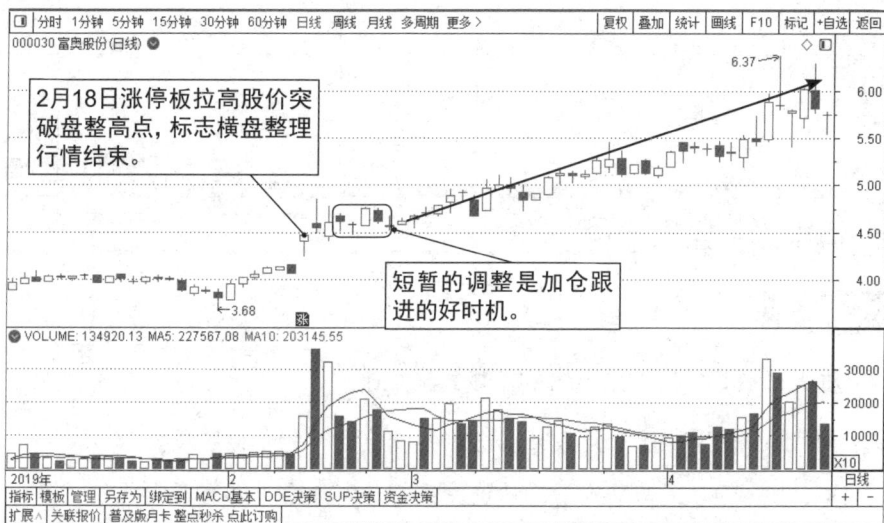

富奥股份2019年1月至4月的走势

从图中可以看出，该股在2019年2月18日以涨停板收出吊颈线K线，突破盘整高点，由此断定主力横盘整理洗盘结束，股价新一轮上涨行情已经来临，持有股票的投资者可以继续持有，甚至可以在低位加仓，没有买入股票的投资者可以适时进场。

NO.057
量平价平图谱

量平价平指的是股价横向运行，成交量也保持恒量的状态。

一图展示

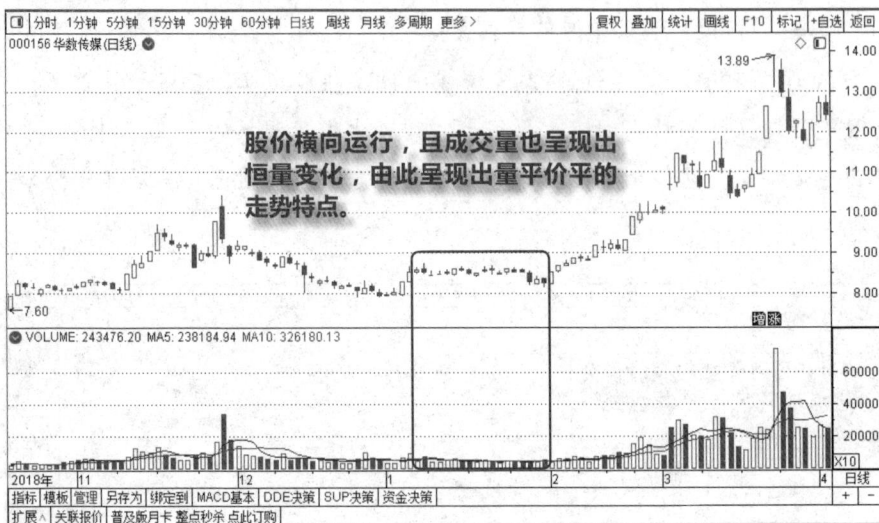

股价横向运行，且成交量也呈现出
恒量变化，由此呈现出量平价平的
走势特点。

要点剖析

量平价平的量价关系蕴含的市场意义如下。

◆ 量平价平的量价关系可以出现在股价运行的任何阶段。

◆ 一般而言，量平价平的量价关系对于实际操作没有多大的作用。

第 5 章
突破分时图量价关系

在股票的各种技术指标中，分时图与K线图有着同等重要的作用。通过对分时图中显示出来的量价关系进行分析，可以对后市短线及中线的操作提供有效的依据，进而影响投资者的决策。

NO.058
分时图成交量直观图谱

分时图成交量直观图谱是指某只股票每分钟的成交量走势图，而且同时用柱状图展示。

一图展示

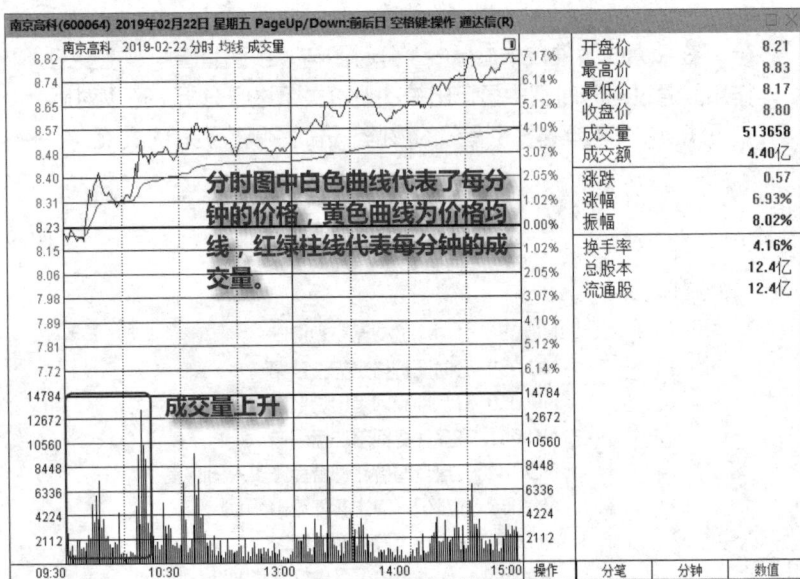

分时图中白色曲线代表了每分钟的价格，黄色曲线为价格均线，红绿柱线代表每分钟的成交量。

成交量上升

要点剖析

股价的变化必定伴随着成交量的变化，无论成交量密集、成交量突然放量还是成交量突然萎缩，都必须依据股价所处的阶段位置加以判断。

操盘精髓

不同的分时成交量有不同的操盘技巧。

◆ **吸货型**：分时图中的成交量呈逐步放大的形态，当股价到达一个高点时，主力会暂停吸货，此时成交量走势会有所回落。整个吸货过程，分时成交量呈现出尖角波的走势。

◆ **对倒型**：全天成交量萎靡，甚至出现交易空白。当成交量突然放量时，会吸引投资者买入或卖出，而股票价格却呈现下跌或上涨的反向趋势。

◆ **拉升型**：在最短的时间内，出现全天最大的成交量，且远远大于全天其他时间段的成交量，此时常常出现涨停板。

◆ **出货型**：成交量在股价的高位密集，甚至会出现不断放量的情况，这时需要警惕主力出货。

分析实例 国投资本（600061）分时成交量走势分析

国投资本在2019年2月22日的分时成交量的走势如下图所示。

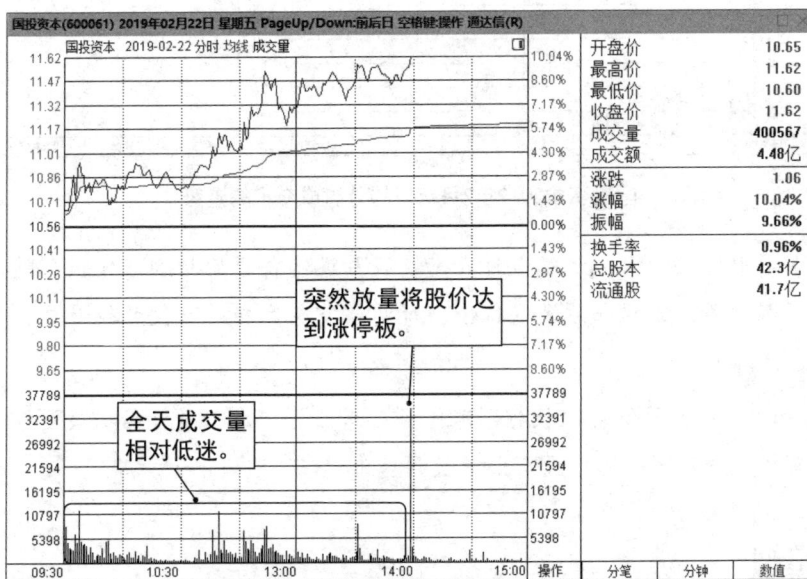

国投资本2019年2月22日的分时成交量的走势

从图中可以看出，国投资本在2019年2月22日全天的成交量走势低迷，股价出现缓慢拉升的走势。在下午开盘后，股价出现明显的震荡拉高走势，成交量变化不大。

在13:58成交量突然放巨量，出现全天的最大成交量，短时间内股价快速达到涨停板，呈现典型的拉升型走势。在出现大涨走势之后第二个交易日的走势如下图所示。

国投资本2019年2月25日的分时成交量的走势

从图中可以看出，该股当日开盘就放量跳空将股价打到涨停板，随后股价打开涨停板，出现一波震荡行情，说明多空势力在此阶段的较量中，多方暂时占优。

在10:50左右股价再次被打到涨停板后封涨停，成交量开始极度萎缩，几乎没有成交，表明市场中没有太多获利盘出逃。

NO.059
分时图价格走势直观图谱

分时图价格走势直观图是指某只股价每分钟的股价走势图，它由两条曲线组成，一条为成交价走势曲线，另一条较平缓的为平均价走势曲线。

一图展示

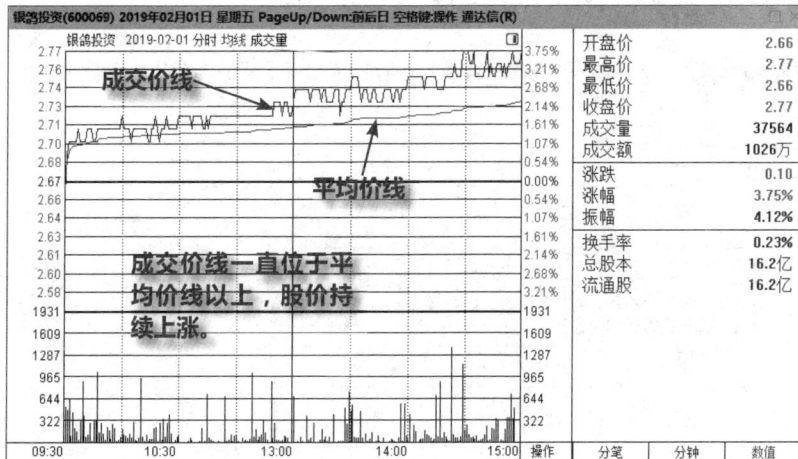

要点剖析

　　成交价线与平均价线的位置关系具有一定的指导意义，不过还需要结合K线图来判断后市的走势。

操盘精髓

　　在分时图价格走势直观图中，成交价线与平均价线的位置不同，有不同的市场意义，如下所示。

◆ **当成交价线位于平均价线之上时**：如果当天的成交价线始终位于平均价线之上，说明全天走势较强，且股价在短期内仍然有向上运行的能量。

◆ **当成交价线位于平均价线之下时**：如果当天的成交价线始终位于平均价线之下，说明走势较弱，短期内股价可能继续向下运行。

◆ **成交价线与平均价线相交**：说明市场中多空双方的力量趋于平衡，如果出现在股价的上涨过程中或出现在股价大幅下跌之后，可视为一种反转信号。

分析实例 中船科技（600072）分时图价格走势分析

中船科技在2019年2月20日的分时走势如下图所示。

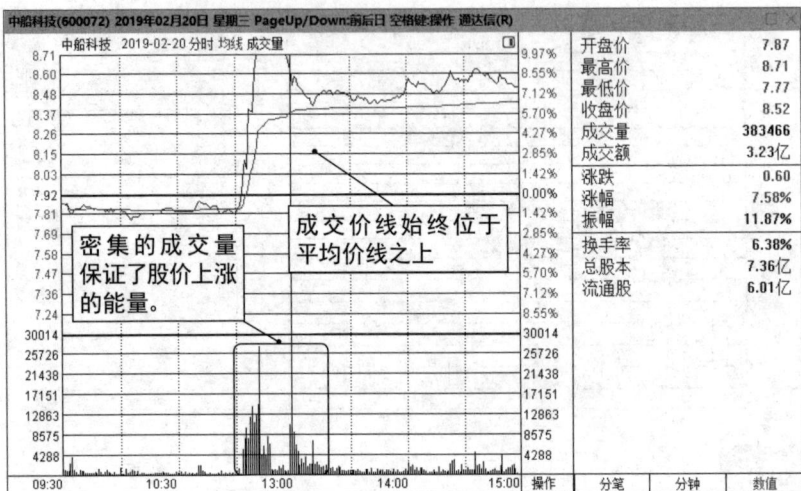

中船科技2019年2月20日的分时走势

从图中可以看出，该股当天从开盘到收盘，成交价线一直位于平均价线之上，且股价始终向上运行，同时成交量密集放量拉升股价后，开始缩量保持股价在高位，强势走势一目了然，预计后市将持续强势向上。中船科技2019年1月至4月的日线走势如下图所示。

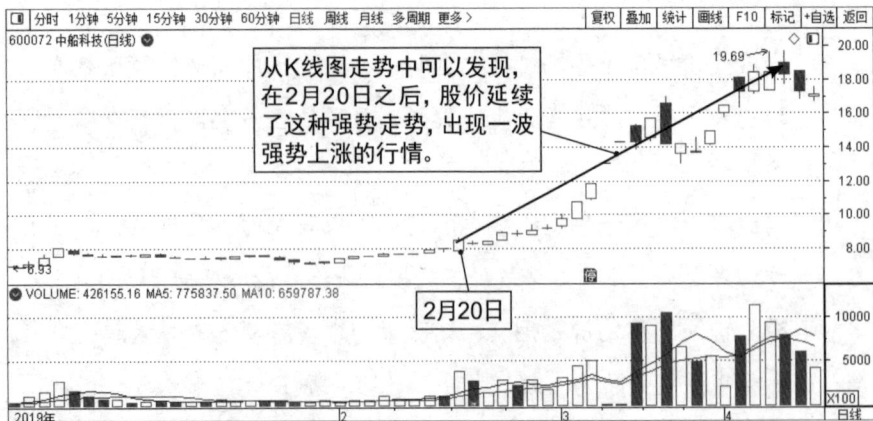

中船科技2019年1月至4月的走势

NO.060
开盘冲高回落出货图谱

从分时走势来看，股价的异常变化多数出现在开盘后半小时左右，或收盘前半小时左右。如果分时走势在开盘后半小时左右急速走高，随后回落，股价持续下跌。当这种走势出现在股价高位时，则需要警惕主力出货。

一图展示

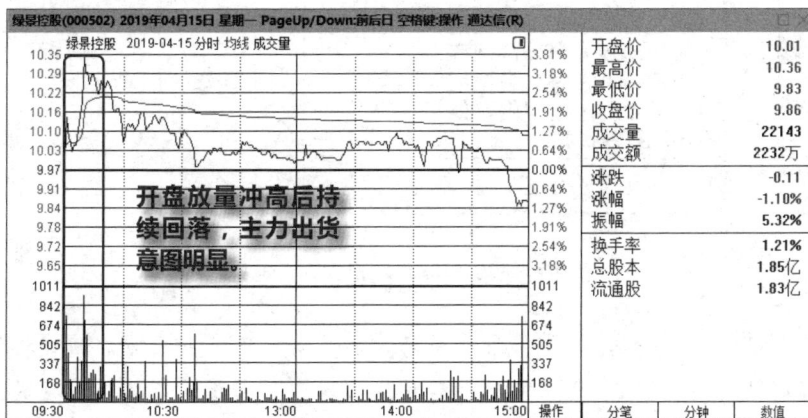

开盘放量冲高后持续回落，主力出货意图明显。

要点剖析

判断开盘后半小时左右出现冲高回落是主力试盘还是主力拉高出货，关键在于股价此时处于高位还是上涨的初期，以及成交量的变化情况。

操盘精髓

股价在经历连续上涨一段时间后，当早盘冲高，盘中开始回落时，往往意味着主力在拉升股价出货，吸引散户接盘，出现这种情况就需要注意以下几点。

◆ 股价经过大幅度上涨，在高位出现冲高回落的走势特点，且在回落后并没有继续向上的情况下，投资者就要果断出局，不要对后市抱有什么幻想。

◆ 如果此时伴随着成交量的突然放量，预示短期内很可能出现杀跌的现象，投资者可在收盘前卖出。

分析实例 民生控股（000416）开盘冲高回落出货走势分析

民生控股2019年4月22日的分时走势如下图所示。

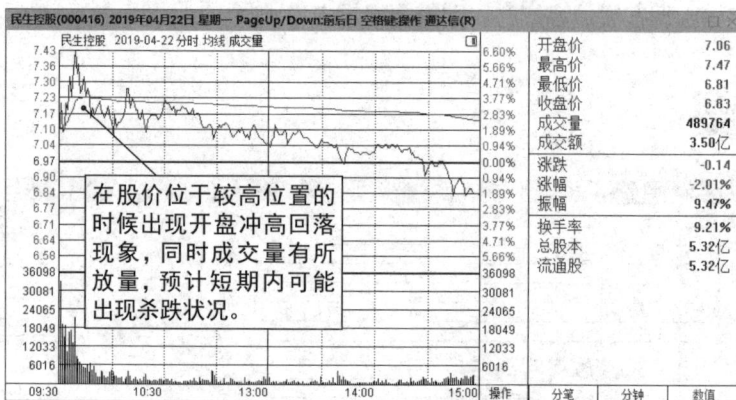

民生控股2019年4月22日的分时走势

从图中可以看到，该股当日跳空高开出现放量中高的走势，短短几分钟的时间，股价出现6.6%的涨幅。随后股价出现中高回落的走势，同时成交量出现明显的缩量，预计短期内股价可能出现快速杀跌的走势。

下面观察次日的分时走势，如下图所示。

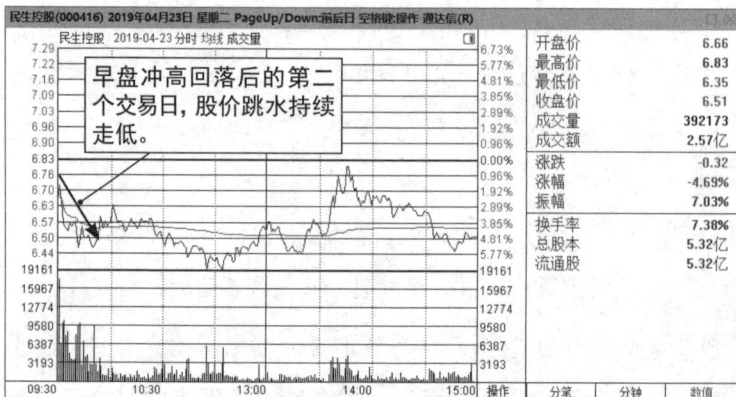

民生控股2019年4月23日的分时走势

从图中可以看到，在第二个交易日股价开盘就出现跳水，虽然盘中有过一段拉升，但是当日最终还是以4.69%的跌幅拉低股价阴线报收。

要点提示 *放量冲高回落*

股价在开盘后半小时内出现冲高回落的走势特点，不仅可能出现在股价的高位区，还可能出现在股价见顶后反转向下的过程中。如果出现在股价见顶反转的过程中，则股价继续下行的可能性极大，且跌幅也比较大。

NO.061
开盘冲高回落洗盘图谱

从分时走势来看，如果分时走势在开盘后半小时左右急速走高，随后开始回落，股价持续下跌，且这种走势出现在股价低位，股价见底之后或企稳回升的时候，则可能是主力在洗盘。

一图展示

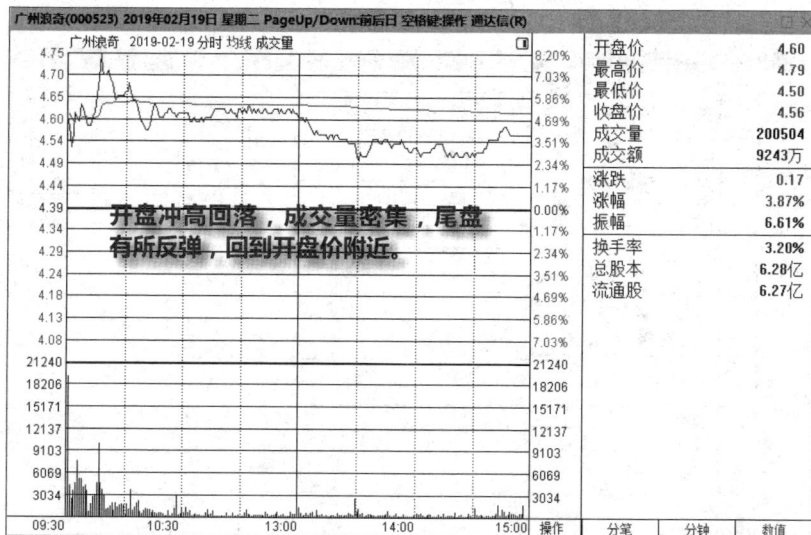

开盘冲高回落，成交量密集，尾盘有所反弹，回到开盘价附近。

要点剖析

股价在开盘后冲高，可能伴随成交量的放量，也可能出现成交量没有明显变化的情况下。当成交量放量拉升后，股价开始回落，说明股价上涨受到的压力转大。此时，不能判断是否是洗盘，必须结合 K 线走势进行分析。

操盘精髓

股价开盘冲高回落洗盘图谱的操盘技巧如下。

- ◆ 如果在股价上涨的初期出现冲高回落的走势，很可能是主力在试盘。如果股价震荡的过程中成交量平稳，并且股价在第二天再次走强，投资者可以果断入场买进。

- ◆ 如果在股价震荡的过程中出现了大量的抛盘迹象，那么接下来主力将会进入洗盘阶段，此时投资者就不要急于入场，应等待主力洗盘结束后再考虑买进。

分析实例 京汉股份（000615）开盘冲高回落洗盘走势分析

京汉股份2019年1月25日的分时走势如下图所示。

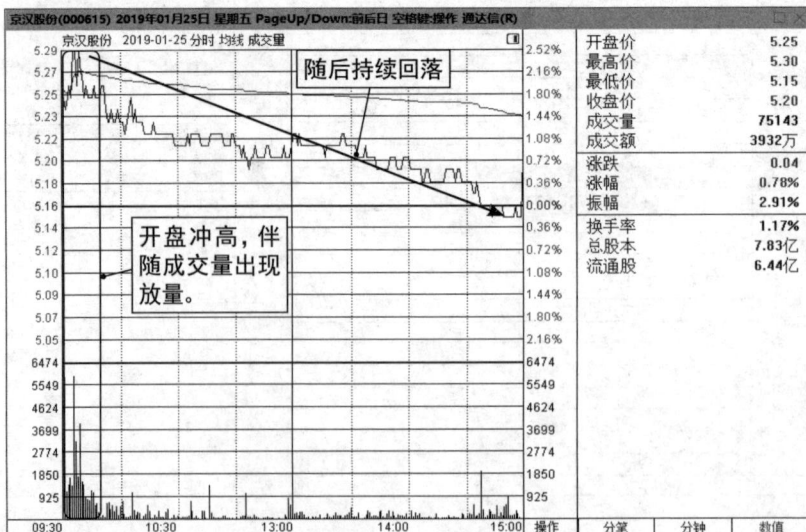

京汉股份2019年1月25日的分时走势

如图所示，在2019年1月25日京汉股份在开盘后半小时内涨幅达2.52%，同时伴有成交量的放量，但是很快股价冲高回落，从图中可以看出股价全天呈向下运行的走势特点。

在股价的下跌过程中依然伴随着成交量的偶尔放量，但对应的时间股价并没有明显变化，存在主力洗盘的可能性。

再观察下图所示K线图走势，从图中可以看出冲高回落迹象正出现在股价的低位，且当天K线出现实体很小的小阴线形态，主力洗盘意图明显，短时间内股价进入上行通道。

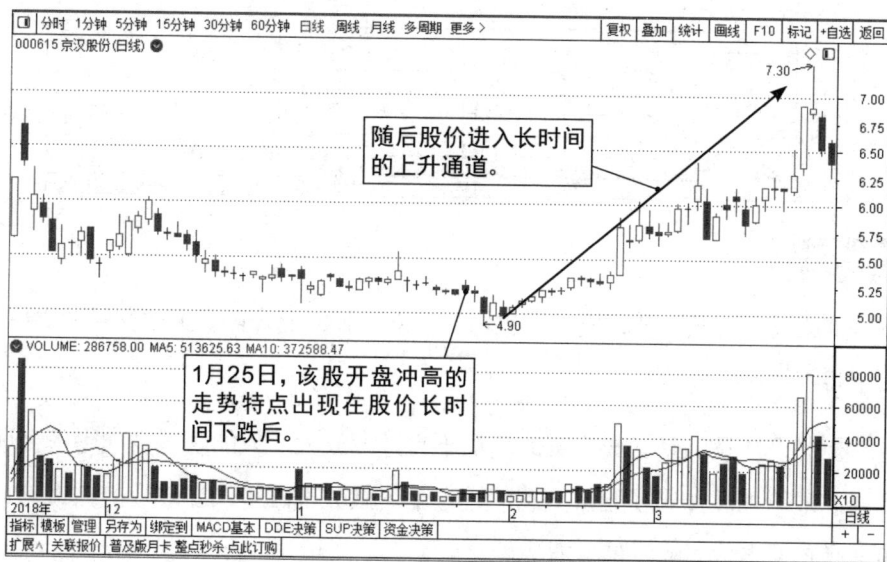

京汉股份2018年11月至2019年3月的K线走势

NO.062
开盘量增价涨配合良好买入图谱

开盘量增价涨配合良好指在股价连续向上运行的过程中，成交量也不断增长，每一次股价的拉升，会伴随着成交量的放量。

一图展示

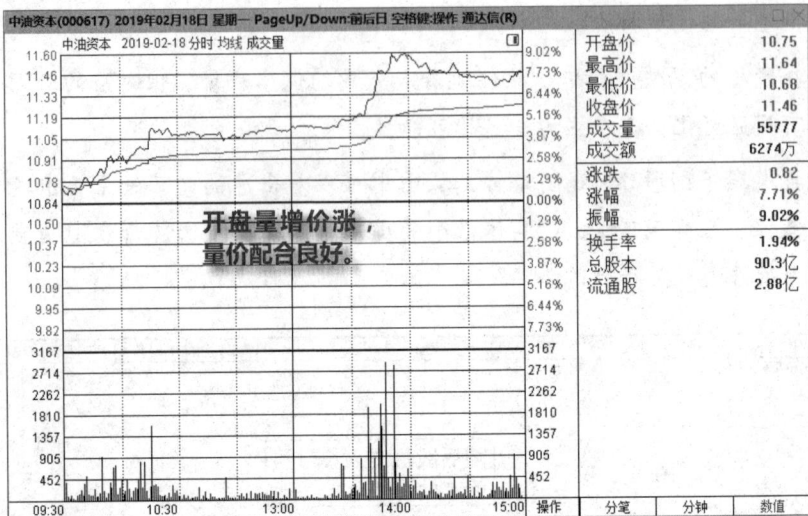

中油资本(000617) 2019年02月18日 星期一 — PageUp/Down:前后日 空格键:操作 通达信(R)

开盘量增价涨，
量价配合良好。

开盘价	10.75
最高价	11.64
最低价	10.68
收盘价	11.46
成交量	55777
成交额	6274万
涨跌	0.82
涨幅	7.71%
振幅	9.02%
换手率	1.94%
总股本	90.3亿
流通股	2.88亿

要点剖析

如果股价逐渐上升，成交量也增加，说明股价上升得到了成交量的支撑，后市将继续看好。

但必须注意的是，成交量的增幅不宜过度放大，只能以适当的比率合理且温和地增加。如果在股价上涨的过程中突然放出巨量，冲破当前的格局，可能是短期出货，或者是主力洗盘。

操盘精髓

出现量增价涨也有几种情况，不同的情况有不同的操盘技巧，具体如下所示。

◆ 在股价见底之后，出现量增价涨的情况，说明多方已控制盘面开始进攻。若股价企稳回升，投资者可伺机买入做多，当成交量不断向上突破时，往往股价也会出现新高。

◆ 股价见底之后再上涨一段时间，代表股价正处于回升行情中，此时若出现量增价涨的情况，代表多方势力正在不断向上突破阻力位的压力，股价继续上涨的可能性大，此时可考虑适当加仓。

◆ 在股价上涨较长时间后，在相当高位出现成交量暴增现象，接着成交量迅速萎缩，股价却在略微创高后迅速拉升，则表示可能到了主力大幅度洗盘或出货的阶段，此时投资者可退出观望。

◆ 当股价见顶之后，在下跌初期出现量增价涨情况，则可能是短期反弹的表现，当多方势力在反弹中能量耗尽时，股价依然会继续向下运行。

◆ 当股价处于长时间下跌之后，在股价即将见底的阶段，也可能出现量增价涨的情况，此时的走势极容易与见顶反转行情中的反弹走势混淆。为了分辨其中差异，投资者可以结合一段时间内K线图的走势加以判断，当股价的底部完全出现时，代表趋势将由空转多，投资者可适当买入做多。

分析实例 格力电器（000651）开盘量增价涨走势分析

格力电器2019年1月4日的分时走势如下图所示。

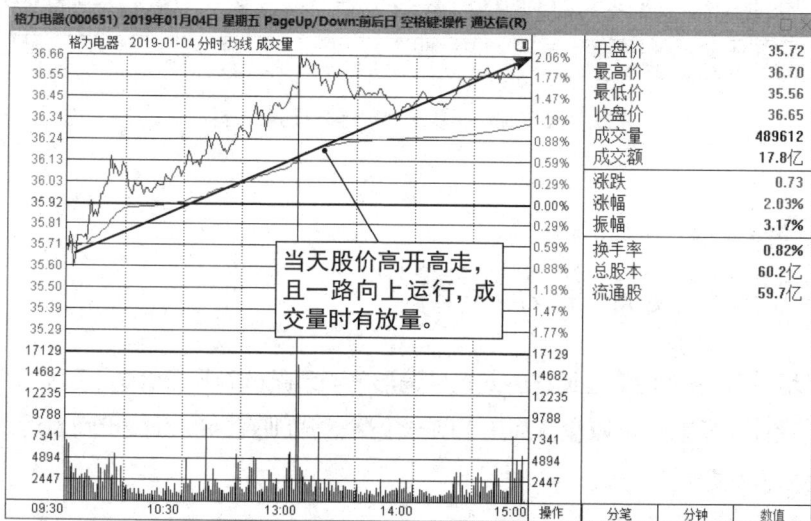

格力电器2019年1月4日的分时走势

从图中可以看出，格力电器以微弱的跌幅开盘，全天走势均在开盘价之上，同时，成交量时有放量，股价的每次拉升都伴随着成交量的放量。出现这种量增价涨的情况，股价有继续上涨的可能性。

结合该阶段股价所处的位置，如下图所示，股价在2018年12月25日创出35.35元的最低价后，该股出现了横盘整理走势，表示多空方势力均衡。随后在2019年1月4日出现量增价涨的情况，打破横向整理的格局，表明多方势力占据上风，股价将从此进入上涨行情中。

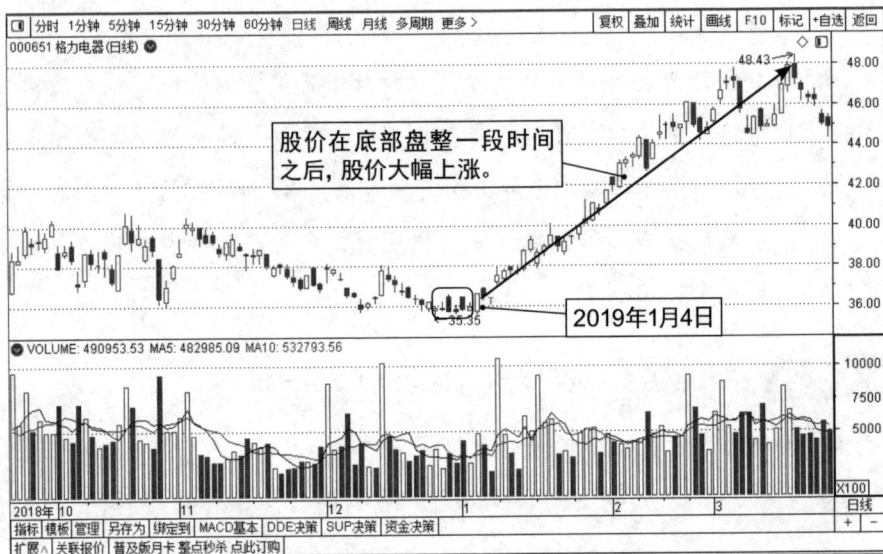

格力电器2018年9月至2019年3月的K线走势

NO.063
放量低开高走买入图谱

放量低开高走买入走势图描述的是这种情形：当天股价的开盘价低于前一个交易日的收盘价，但股价的收盘价却高于前一个交易日的收盘价，在股价向上运行时，成交量有明显放量。

一图展示

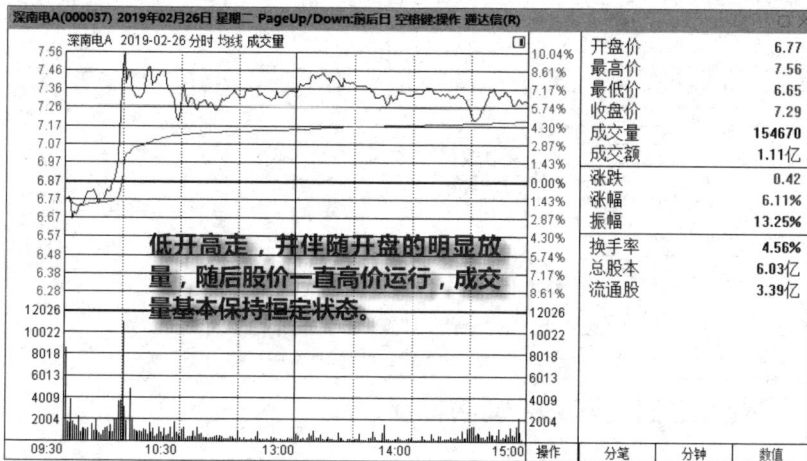

要点剖析

分时走势出现放量低开高走特点可能有两个原因，一是受到主力操控的影响，另一种可能是受到基本面的影响。如果是第一种情况，则需要谨防主力洗盘或出货。

操盘精髓

判断主力是洗盘还是出货，可以参考以下依据。

◆ 如果在股价见底回升时，或者在股价上涨的初期出现放量低开高走的情况，主力洗盘的可能性较大，在短暂回调之后，股价仍可能沿着上升通道继续向上运行。此时投资者可以在回调时买入或加仓。

◆ 如果在股价的高位区出现放量低开高走的情况，则主力故意拉升股价的意图明显，出货的可能性较大，若前一个交易日分时走势波动较大，则建议投资者在拉高后迅速退出。

分析实例　恒顺醋业（600305）放量低开高走走势分析

恒顺醋业2019年1月4日的分时走势如下图所示。

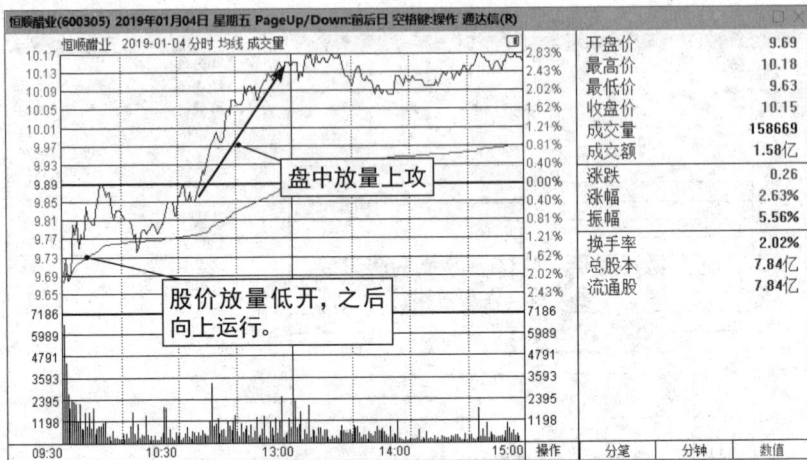

恒顺醋业2019年1月4日的分时走势

从图中可以看出，2019年1月4日，股价以2%左右的跌幅开盘，随后股价向上运行，并在10:42左右突破前一个交易日的收盘价，随着成交量恒定放量，股价继续呈直线拉升，最终以2.63%的涨幅收盘。

结合该股的K线图走势，如下图所示，股价在相对低位区出现低开高走，随后股价出现回调迹象，空方势力消耗殆尽，股价继续向上运行。

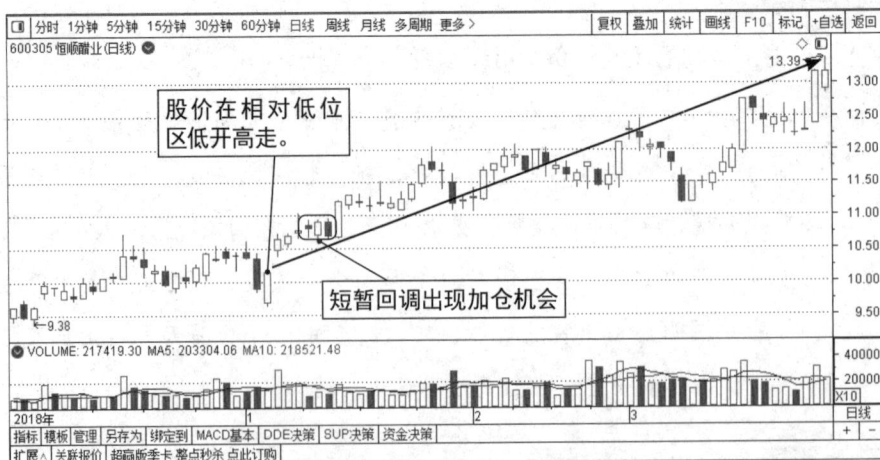

恒顺醋业2018年12月至2019年3月的K线走势

NO.064
盘中放量拉升看涨图谱

盘中放量拉升走势图展示的情形是：全天成交量平稳或低迷，但是在盘中突然放量，同时股价迅速拉升，如果每次放量伴随着股价拉升，则分时走势将呈阶梯状向上运行。

一图展示

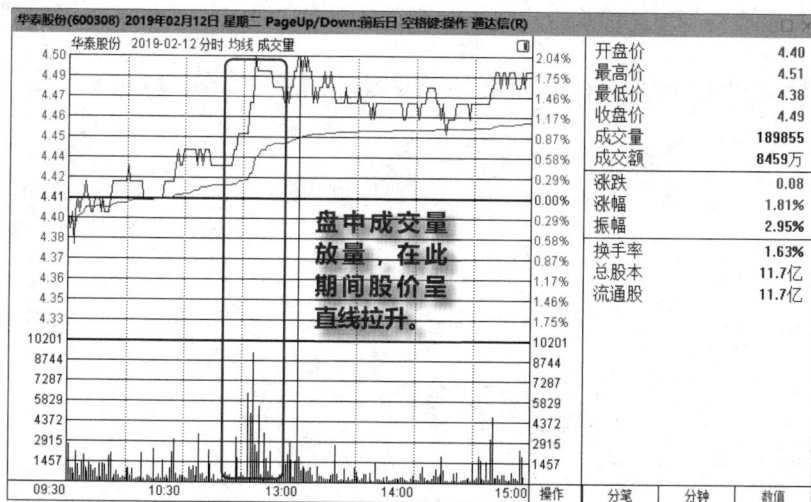

要点剖析

当盘中出现放量拉升的走势特点，通常是股价在快速拉升时出现了跟风情况，说明买盘意愿较大，此时投资者需观察近几个交易日的走势状况再进行分析。

操盘精髓

盘中放量有 3 种可能，如下所示。

◆ 当股价长期处于低位时，突然出现盘中放量，则很可能是多空双方势力已开始发生对调，多方吸引资金介入，后市走强的可能性较大。

◆ 如果股价在高位横盘中突然在盘中放量拉升，且成交量放巨量时，主力拉高出货的意图明显，此时投资者应尽量退出观望。

◆ 如果在股价上涨一段时间后盘中阶段突然出现放量，且最近几个交易日并没有明显变化，则可判断股价受基本面利好消息的影响，出现短暂跟风行情，此时投资者切勿贸然加仓。

分析实例 西南证券（600369）盘中放量拉升走势分析

西南证券2018年10月19日的分时走势如下图所示。

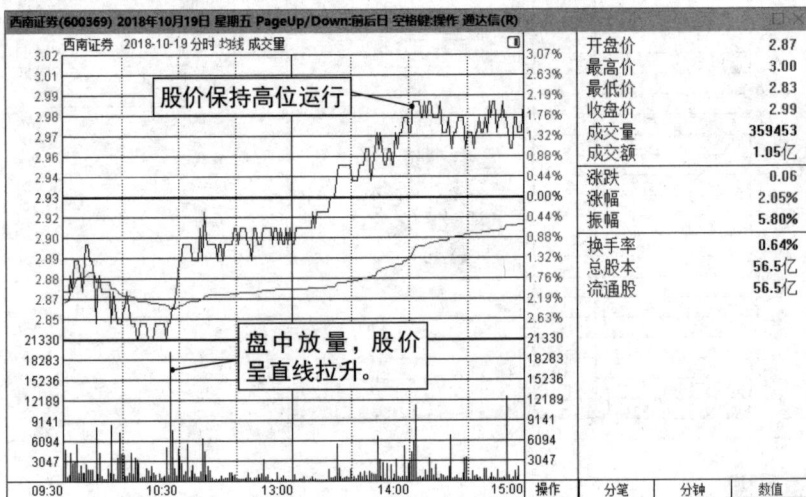

西南证券2018年10月19日的分时走势

从图中可以看出，2018年10月19日，股价小幅低开，在短暂上冲后开始回落，此时成交量温和放大变化。在10:30左右，成交量突然放出巨量将股价直线拉升，随后股价呈现阶梯式上涨，最终以2.05%的涨幅收盘。

结合第二个交易日的分时走势加以判断，如下图所示，在第二个交易日，股价跳空高开后快速被拉升，在10:36左右放量涨停，随后股价在涨停板始终未被打开，股价上涨非常强势。

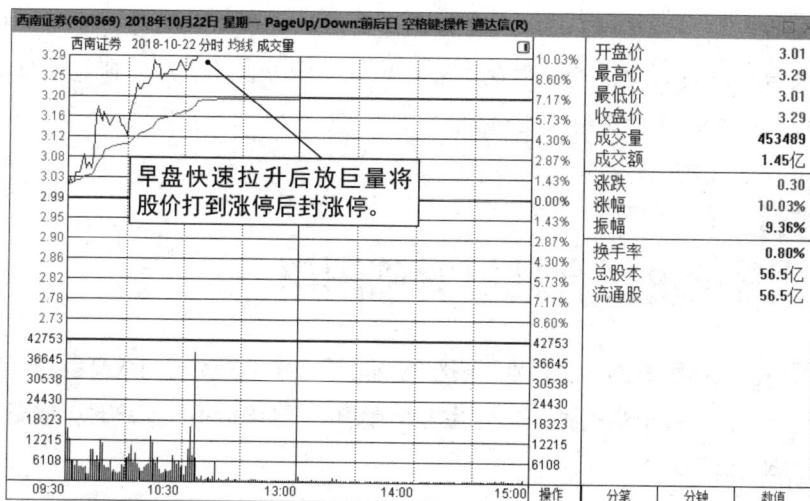

西南证券2018年10月22日的分时走势

下面再来看看对应的K线图走势。以下展示的是西南证券2018年9月至2019年3月的走势图。

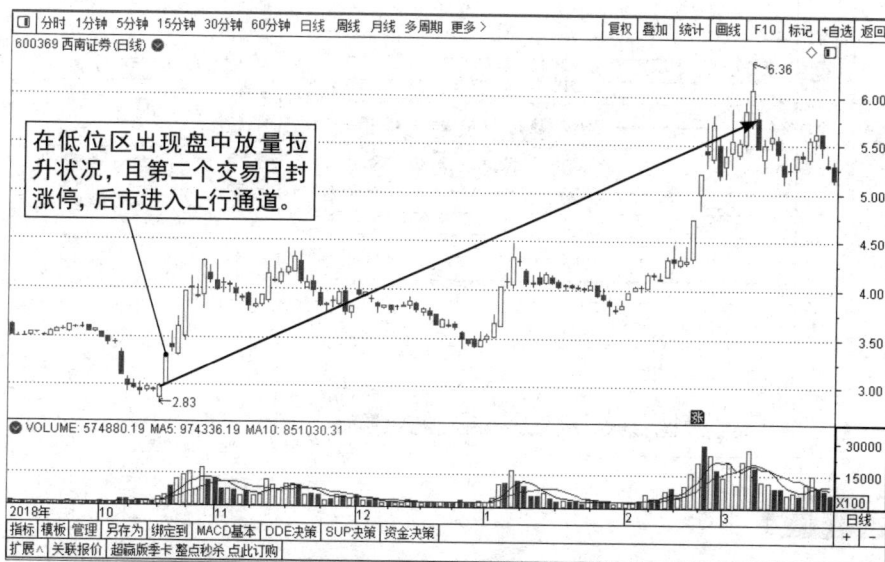

西南证券2018年9月至2019年3月的K线走势

从图中可以看出，2018年10月19日出现盘中放量拉升情况时，股价正位于阶段的底部，当日以2.83元的价格创出最低价，第二个交易日继续以封涨停的大阳线拉高股价，多方控盘迹象明显，且实力强大。后期可能进入上升行情中，投资者可考虑买入或加仓。

NO.065
分时图量价配合良好看涨图谱

分时图量价配合良好的看涨走势图演示的情形是：股价的走势与成交量的走势基本保持一致。当股价横盘时，成交量基本无变化，当股价不断攀高时，成交量也呈直线向上运行。

一图展示

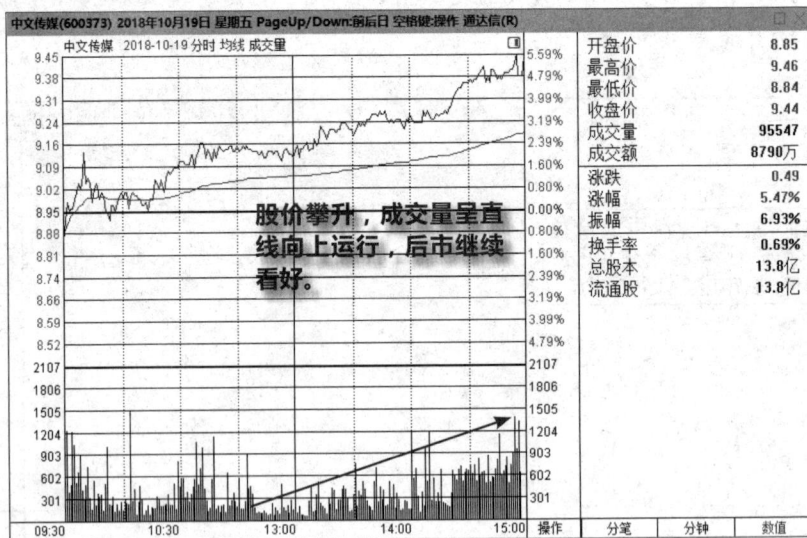

股价攀升，成交量呈直线向上运行，后市继续看好。

要点剖析

量价配合良好的走势一般出现在股价的底部或上涨的初期，很少出现在股价的高位，随着成交量的不断增长，股价也不断攀升，说明市场中干扰因素较小，多方能稳固控盘，股价上行的压力并不大。

操盘精髓

当某只股票在低位出现量价配合良好的走势时，可参考近几个交易日的
分时走势，如果持续保持良好态势，说明股价的底部已形成。后市将有一段
回升行情，此时投资者可考虑买入或加仓。

如果近几个交易日的走势并不明朗，说明股价还可能再次触底，此时投
资者最好继续观望。

分析实例　宝钛股份（600456）量价配合良好的走势分析

宝钛股份2019年1月4日的分时走势如下图所示。

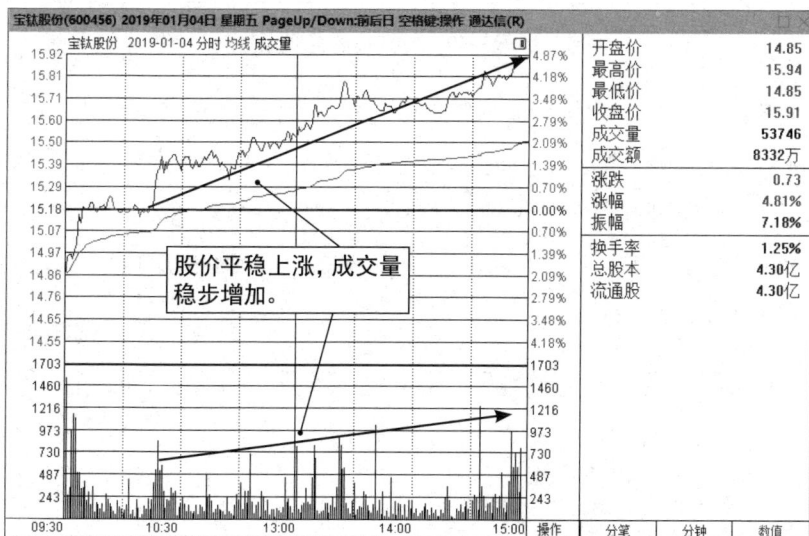

宝钛股份2019年1月4日的分时走势

从图中可以看出，2019年1月4日当天，股价小幅低开，伴随着成交量的
不断放大，股价平稳向上运行，尤其在股价突破上个交易日的收盘价后，每
一次的上涨都伴随着放量，量价配合良好。

继续观察第二个交易日的分时走势加以判断，如下图所示。

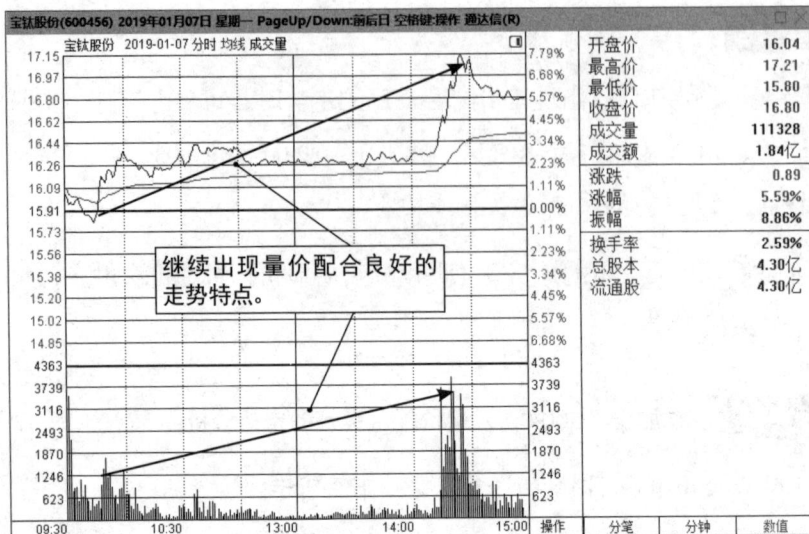

宝钛股份2019年1月7日的分时走势

从上图中可以看到，第二个交易日该股小幅高开股价有所回落，但是很快股价被放量拉升，随后股价走出阶梯式上涨，成交量也出现阶梯式的放量增长，当日出现明显的量增价涨良好态势，多方控盘的可能性较大。

下面结合K线图来进行分析。如下图所示为宝钛股份2018年10月至2019年3月的K线走势。

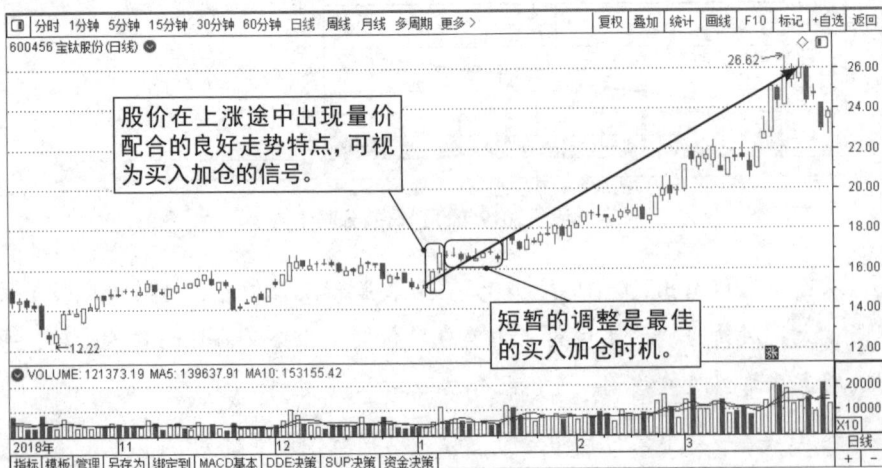

宝钛股份2018年10月至2019年3月的K线走势

从上图不难发现，股价短时间上涨之后，在上涨途中连续两个交易日出现量价配合良好的走势特点，发出后市继续拉升的看涨信号。投资者可在此后的回调整理阶段考虑买入或加仓。

NO.066
尾盘杀跌看跌图谱

尾盘杀跌走势图描述的情形是：在收盘前半小时内股价突然快速向下，同时成交量明显放量。

一图展示

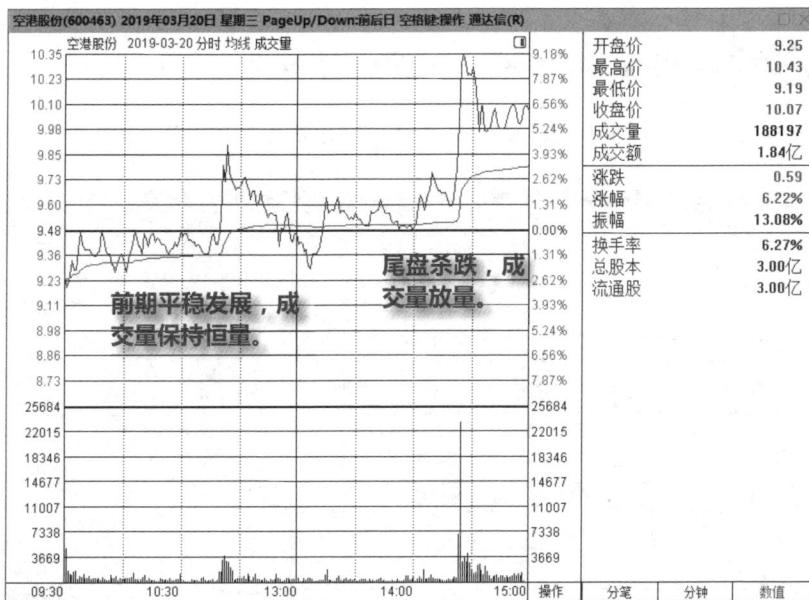

要点剖析

出现尾盘杀跌的情况主要是因为在上涨后期或者追风过程中，主力拉升无力，出现反手打压的现象，后市可能进入盘整阶段或者转入下行市场。

操盘精髓

出现尾盘杀跌现象有两种情况，如下所示。

◆ 当近几个交易日，股价走势平稳，几乎出现横盘运行的情况时，出现了尾盘杀跌的走势特点，说明多方势力可能已经消耗殆尽，空方势力开始抬头，短时间内股价继续下跌的可能性较大。

◆ 当近几个交易日股价呈上涨趋势，且处于上涨阶段的初期时，突然出现尾盘杀跌的走势特点，说明跟风盘较重，主力故意打压洗盘，后市可能进入横盘整理的阶段。

为了规避风险，一旦出现尾盘杀跌的走势特点，投资者最好退出观望，等行情明了之后再做打算。

分析实例 深粮控股（000019）尾盘杀跌走势分析

深粮控股2019年3月20日的分时走势如下图所示。

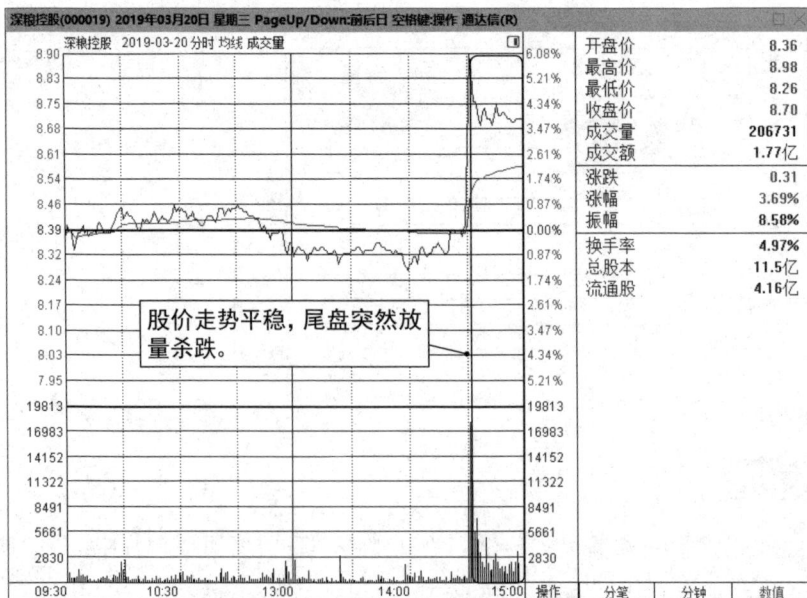

深粮控股2019年3月20日的分时走势

从图中可以看出，2019年3月20日，股价沿着前一个交易日的收盘价平稳窄幅波动运行，成交量变化明显，但股价并无明显变化，说明多空方势力正在做最后较量。

收盘前，股价突然放量拉高后快速杀跌，在杀跌过程中也伴随着成交量的放量，最终该股当日以3.69%的涨幅收盘，预计短时间内股价将向下运行。

如下图所示为第二个交易日股价的走势情况。

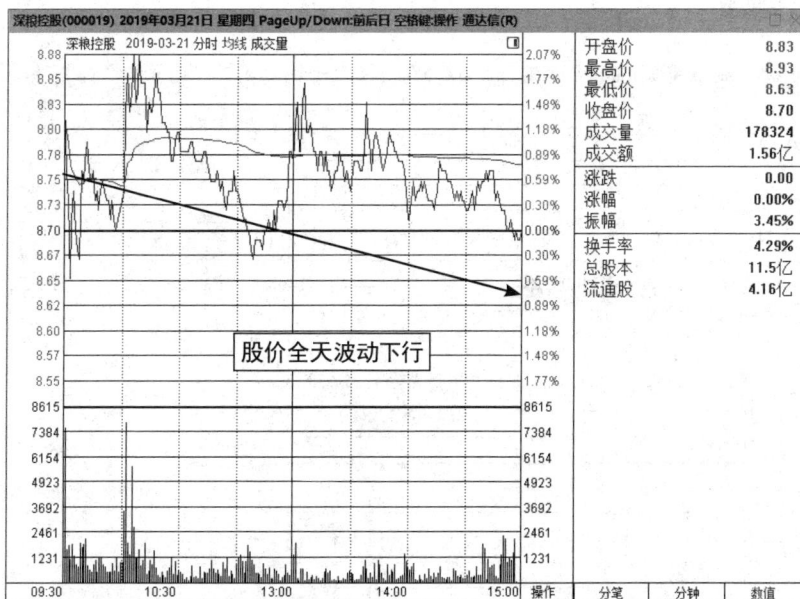

深粮控股2019年3月21日的分时走势

从图中可以看出，2019年3月21日，股价高开后快速下滑，当天出现大幅震荡变化的行情，但是震荡的整体重心下移，当日以上个交易日的收盘价阴线报收。

结合上个交易日的尾盘杀跌行情，说明该股多方势力可能已经消耗殆尽，空方势力开始抬头，短时间内股价继续下跌的可能性较大。投资者最好离场观望。

NO.067
尾盘拉升看涨图谱

尾盘拉升即股价在收盘前突然快速上涨，在分时图中对应时间的成交价曲线几乎呈直线向上，整个过程在收盘前 30 分钟左右完成。

一图展示

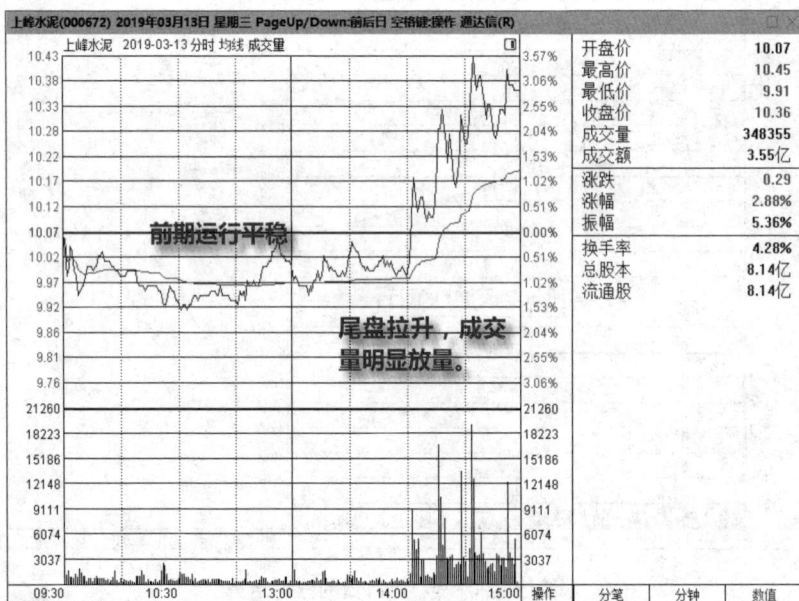

要点剖析

尾盘拉升的走势可能潜藏着巨大的介入机会，但需要考虑到以下几个细节，进行综合判断。

◆ 如果尾盘拉升且拉升幅度并不大，成交量也没有明显变化，说明主力拉升股价的意图并不明显，后市可能存在风险。

◆ 如果尾盘拉升后出现大量卖盘，由于股价处于相对性高位会吸引更多卖单。主力若是想全天将股价维持在高位，就必须获得更多筹码。此时就会出现数量巨大的成交数额。

◆ 如果尾盘拉升涨幅较大，在高价位的大单并不多，那么尾盘拉升时的超大单很可能是主力的诱多行为所致。

操盘精髓

尾盘拉升有两层含义，如果出现在股价阶段底部或横盘整理时期，尾盘拉升预示着新一轮上涨即将来临。另外，如果出现在股价的阶段顶部，则尾盘拉升为不祥之兆，谨防主力诱多出货，后市将大幅度下跌，此时投资者宜在高位卖出为妙。

分析实例 紫光学大（000526）尾盘拉升走势分析

紫光学大2019年6月18日的分时走势如下图所示。

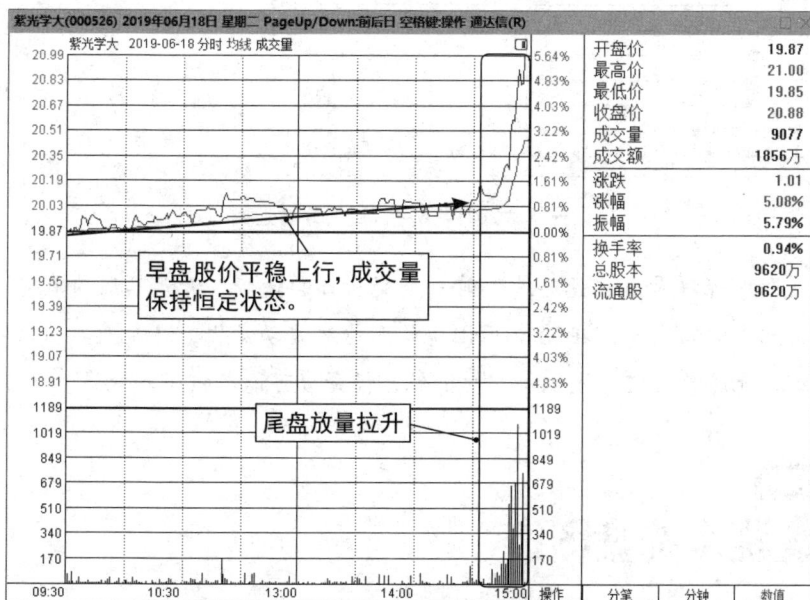

紫光学大2019年6月18日的分时走势

从图中可以看出该股开盘后全天在上个交易日的收盘价上方平稳变化，

在14:40后，该股出现突然放量拉升的行情，短短20分钟的时间将股价快速拉高，当日以5.08%的涨幅收出大阳线。主力在尾盘放量拉升股价，且拉升幅度较大，预计短时间内可能持续强势劲头。

如下图所示为第二个交易日的分时走势。

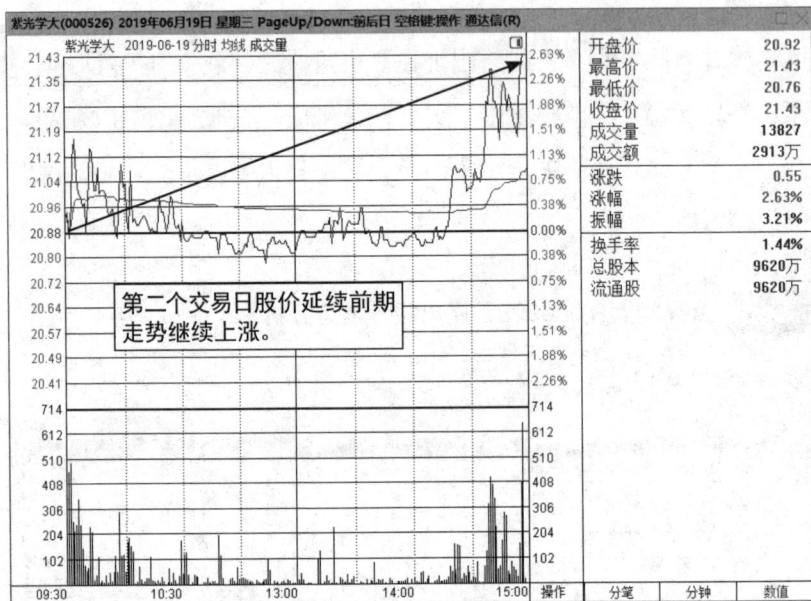

紫光学大2019年6月19日的分时走势

从图中可以看出该股延续了前一个交易日的强势，开盘后股价在前一日收盘价上方波动变化，在10:30后围绕收盘价线波动变化，在尾盘再次拉高股价，结合此时的价格位置位于相对低位，投资者可以积极买入做多。

NO.068
尾盘跳水洗盘图谱

尾盘跳水洗盘与尾盘杀跌的走势有些相似，都是在收盘前半小时内股价出现急速下挫的行情。

一图展示

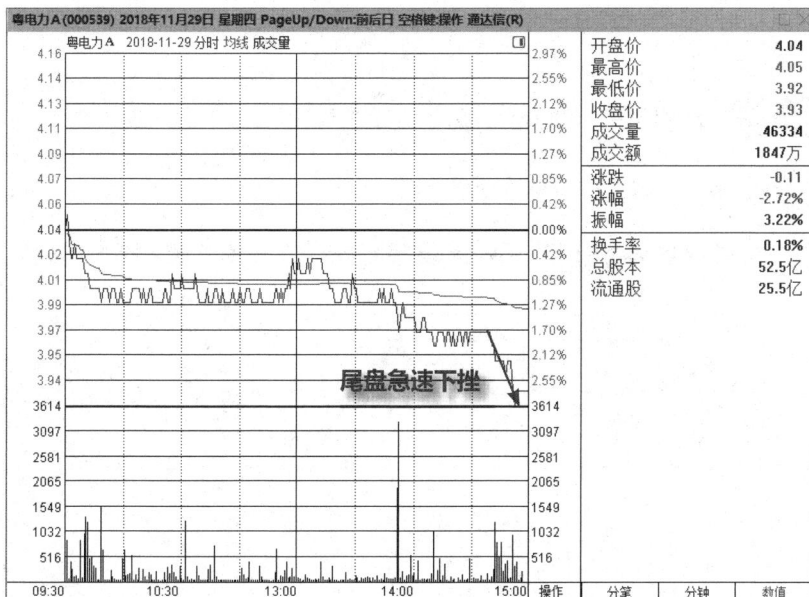

要点剖析

尾盘跳水一般发生在 14:30 之后，特别是收盘前 10 分钟。在多空势力较量的阶段，双方僵持不下，如果采用尾盘进行杀跌，可起到四两拨千斤的作用。

操盘精髓

尾盘跳水完成的时间极短，此情况在不同的阶段有不同的意义，具体如下所示。

◆ 涨势末期出现尾盘杀跌现象，说明在追高乏力的情况下，空方获得了机会，所以在尾盘反手打压。

◆ 在高位整理结束时出现尾盘杀跌现象，可断定多空方势力已经分出高下，空方占据优势，股价将转入下行市。

◆ 在底部长期横盘之后出现尾盘跳水现象，说明多方有意打压股价以获取更多的低价筹码，股价后市将进入上行市。

◆ 在上涨或下跌的过程中，突然出现尾盘跳水现象，可能是在阻力位
或支撑位遭到突破，股价即将改变运行方向。

分析实例 华媒控股（000607）尾盘跳水走势分析

华媒控股2018年12月6日的分时走势如下图所示。

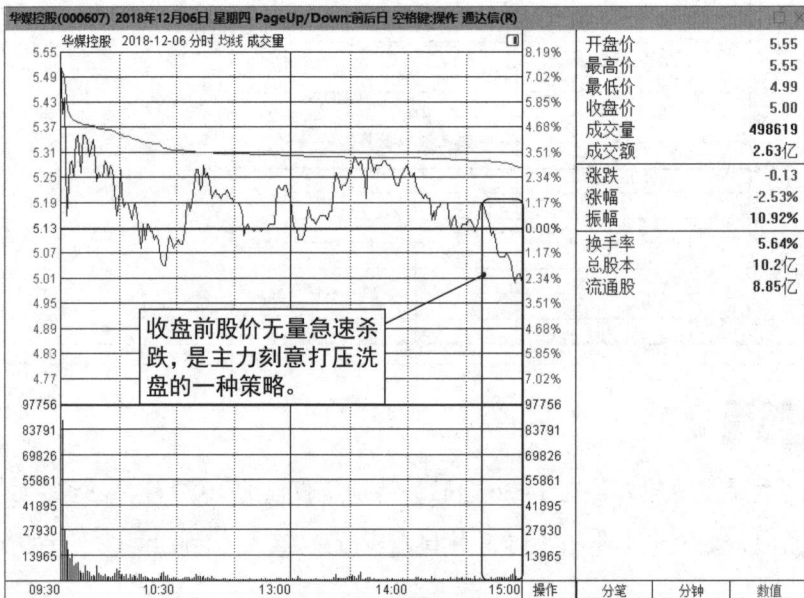

华媒控股2018年12月6日的分时走势

从图中可以看出，该股放量高开后快速下跌，随后该股进入一个宽幅的
波动变化趋势中，整体跌幅不大。在收盘前20分钟内，股价突然呈直线下跌
走势，最终以2.53%的跌幅收盘，出现典型的尾盘跳水现象。

结合该股所处的位置判断，如下图所示。

从图中可以看到，尾盘跳水发生在股价上涨初期的位置。股价在2018年
10月中旬创出3.27元的最低价后开启上涨行情。在12月，股价运行到5元价位
线后上涨受阻，在12月6日出现尾盘跳水的大阴线，次日股价继续跳空下跌收
阴，说明市场中的浮筹过多，阻碍主力继续上涨，股价短期内将出现回调下

跌的走势，但这是主力洗盘的一种手段，目的是为后市拉升做准备，因此投资者可密切关注，一旦洗盘结束，重启上涨行情时即可积极买进，持股待涨。

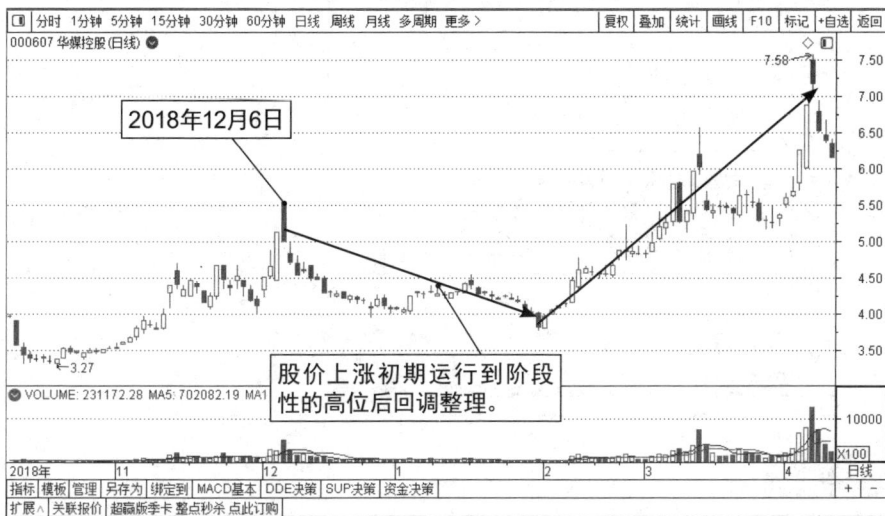

华媒控股2018年10月至2019年4月的K线走势

要点提示 *尾盘跳水洗盘的注意事项*

在尾盘跳水的过程中，特别是最后5分钟可以观察各项指标，以便判别次日的技术走势，作出是否持仓至下一交易日的决定。这就要求先定义K线的不同阶段，因为涨势或跌势中以及盘整中的尾盘，其次日开盘的情形会大不相同，趋势标准以10日均线的上扬或下跌为依据。

NO.069
尾盘跳水看跌图谱

从形态上来看，尾盘跳水洗盘和尾盘跳水看跌走势并没有明显的差异，但是尾盘跳水看跌走势完成的时间可能要早一些，过程可能要长一些，一般会出现在收盘前半小时左右。

一图展示

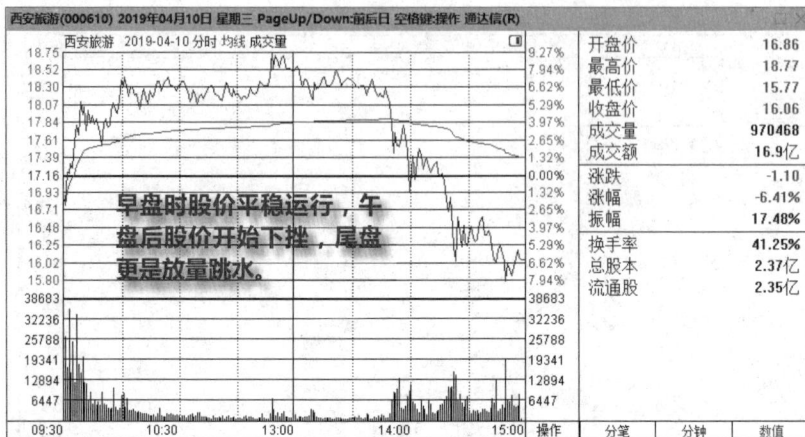

早盘时股价平稳运行，午盘后股价开始下挫，尾盘更是放量跳水。

操盘精髓

在股价运行到高位，或者在股价下跌的初期，一旦出现尾盘跳水的情况，投资者最好立刻退出观望，避免损失。

分析实例 茂化实华（000637）尾盘跳水看跌走势分析

茂化实华2019年4月26日的分时走势如下图所示。

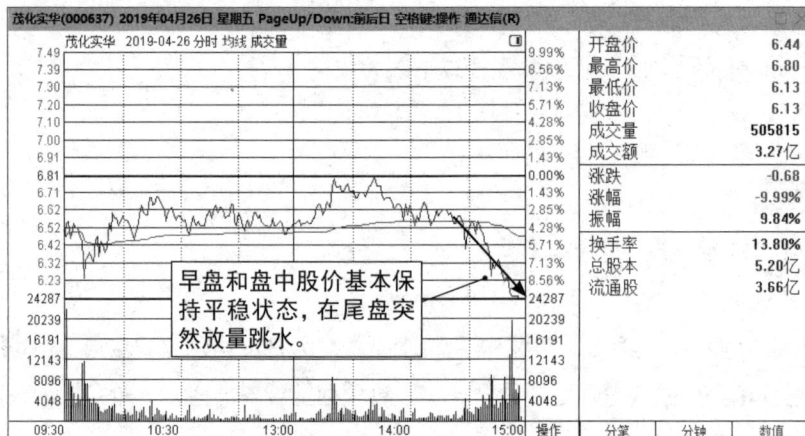

早盘和盘中股价基本保持平稳状态，在尾盘突然放量跳水。

茂化实华2019年4月26日的分时走势

当股价在下跌的初期出现如上图所示的跳水迹象，且成交量有明显的密集放量，说明多方势力已经消耗殆尽，短时间内难以扭转弱势行情。

如下图所示为第二个交易日的分时走势。

第二个交易日，股价继续向下运行，更加确认行情弱势，说明上涨行情即将结束。

茂化实华2019年4月29日的分时走势

从图中可以看到，该股当日放量跳空低开后快速下跌，虽然最终在10:30出现止跌后股价有所回升，但是整个回升中无量配合，最终股价在13:30开始下跌，当日以9.95%的跌停板价收出大阴线，继续延续上个交易日的弱势走势。投资者在股价的高价位区如果遇到这种走势，则是主力出货的信号，此时投资者应积极抛售出局，落袋为安。

NO.070
早盘单笔打压图谱

早盘单笔打压指股价在早盘时出现明显的下挫，同时成交量有明显放量，在成交量柱状图中形成较长的单根柱线，远远高于全天其他时间段的成交量。

一图展示

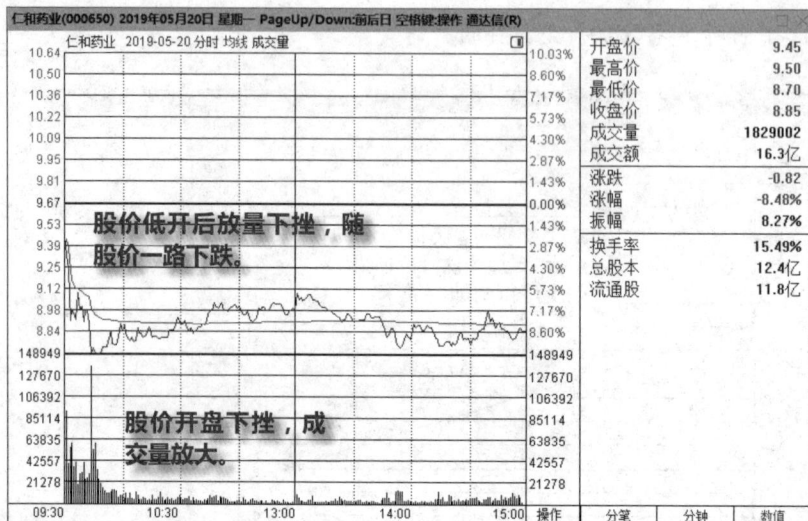

仁和药业(000650) 2019年05月20日 星期一 — PageUp/Down:前后日 空格键:操作 通达信(R)

开盘价	9.45
最高价	9.50
最低价	8.70
收盘价	8.85
成交量	1829002
成交额	16.3亿
涨跌	-0.82
涨幅	-8.48%
振幅	8.27%
换手率	15.49%
总股本	12.4亿
流通股	11.8亿

股价低开后放量下挫，随股价一路下跌。

股价开盘下挫，成交量放大。

要点剖析

早盘单笔打压应视为主力操作行为，由于它形成时间短、力量大，通常不会造成大量的跟风盘。

操盘精髓

早盘单根打压一般会加剧股价目前的运行情况。在上涨过程中出现早盘打压迹象可能是因为主力在震仓。如果在下跌过程中出现早盘打压的迹象，则应谨防跌势加剧。

要点提示 *整理阶段出现早盘单笔打压*

在股价整理阶段出现早盘单笔打压股价的现象时，如果随后股价向上或向下突破横向整理的箱体，则后市可能继续向突破方向运行。如果在单笔打压之后，股价并没有有效地突破横向整理的箱体，则表示主力试盘失败，市场仍存在一些不确定的因素，未来一段时间内，股价的横向整理状态将持续。

分析实例 襄阳轴承（000678）开盘冲高回落试盘走势分析

襄阳轴承2019年4月18日的分时走势如下图所示。

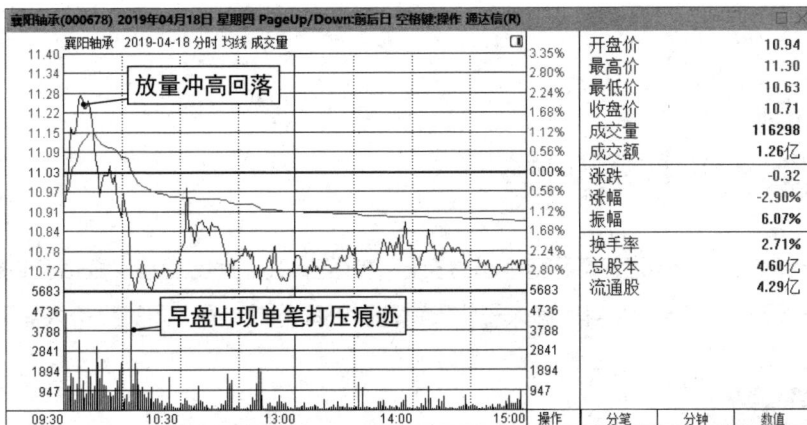

襄阳轴承2019年4月18日的分时走势

从图中可以看出，该股小幅低开，成交量放量冲高创出当天的最高价，随后股价快速冲高回落，并且成交量密集放量。在开盘后半个小时左右，伴随成交量放出单笔巨量，股价被迅速压低至当天最低价，出现典型的早盘单笔打压走势特点。结合该股近一段时间的K线走势图，如下图所示。

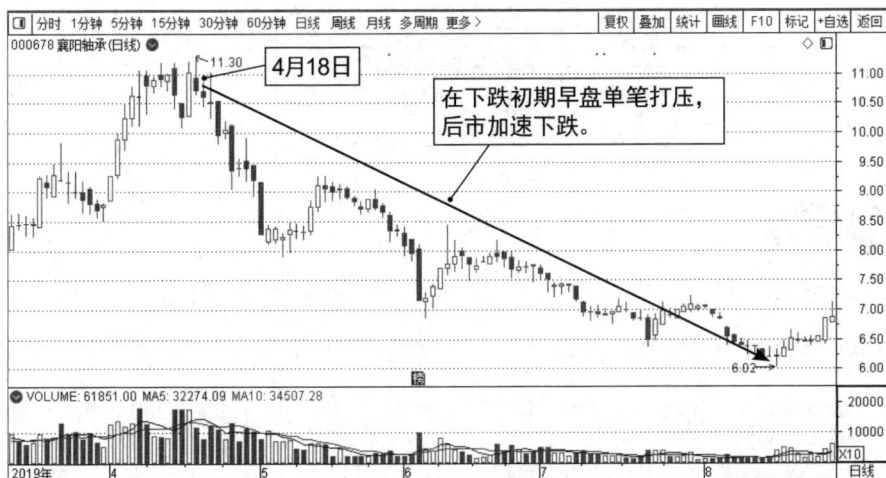

襄阳轴承2019年3月至8月的K线走势

从图中可以看到，股价在4月18日上涨到股价的高价位区创出11.3元的最高价见顶，此时出现早盘单笔打压痕迹，短线加剧下跌的可能性较大，投资者可考虑在此时卖出股票。从后市的走势来看，该股从11.3元下跌到6.02元，跌幅接近50%。

NO.071
尾盘单笔打压图谱

尾盘单笔打压多出现在收盘前半小时左右，成交量突然放出巨量，在成交量柱状图中表现为单根大量，且远远大于全天其他时间段的成交量，同时股价大幅下挫。

一图展示

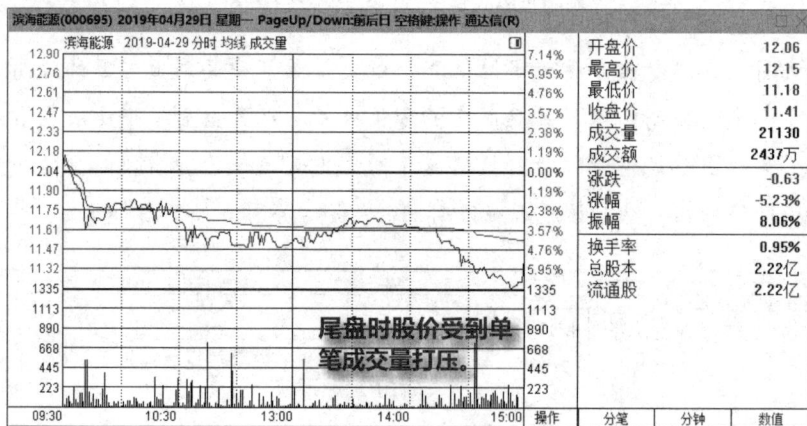

尾盘时股价受到单笔成交量打压。

要点剖析

尾盘单笔打压一般为主力试盘所致，如果股价前期走势低迷，突然出现放量打压迹象，可能代表空方势力正在做最后努力，股价短线可能大幅下跌。

在实践中，如果尾盘打压出现在上涨后的高位，有两种可能：第一种可能是主力出货所致；第二种可能是主力再次抬拉股价前的洗盘行为，主力通过对尾盘的打压使前期获利的投资者出局，以减轻获利盘的压力。

操盘精髓

当某只股票出现尾盘单笔打压的情形时，为了帮助我们更好地了解资金的动向，确定后市操作的方案，可借助分时区间统计数据来查看，如下所示。

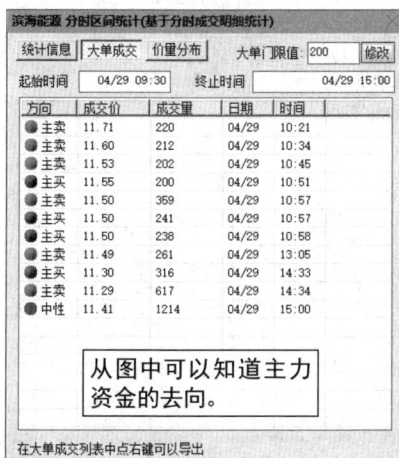

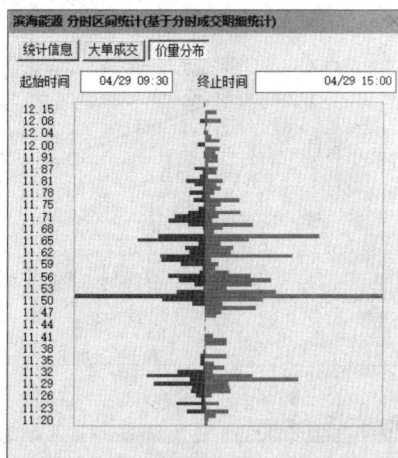

分析实例 中核科技（000777）尾盘单笔打压见顶分析

中核科技2019年4月15日的分时走势如下图所示。

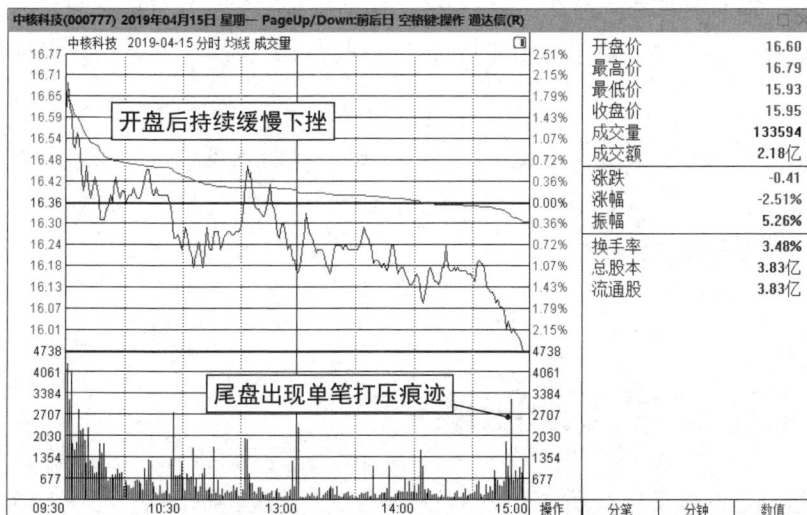

中核科技2019年4月15日的分时走势

从图中可以看出，该股放量高开后价格一路下跌，在尾盘出现单笔打压股价跳水的现象，股价当日以2.51%的跌幅大阴线报收拉低股价。

结合K线图进行分析，如下图所示。

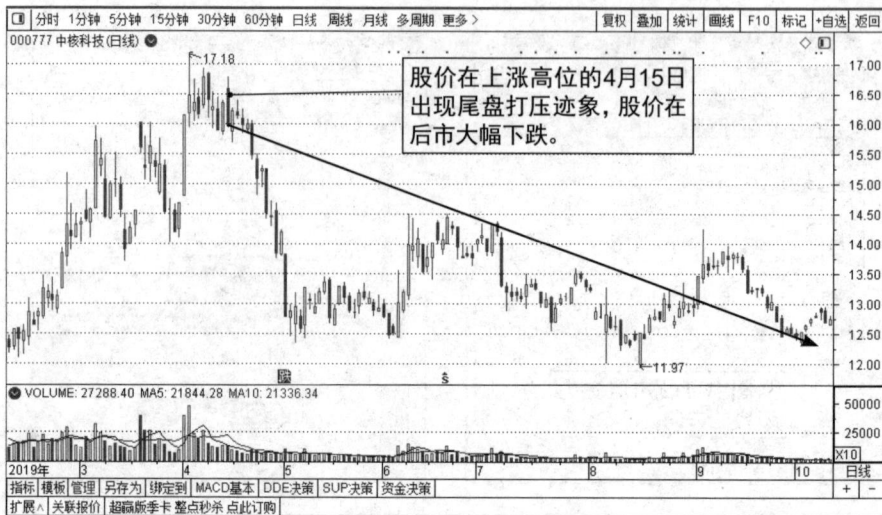

中核科技2019年2月至10月的K线走势

从图中可以看到，该股在4月上涨到高价位区，4月2日创出17.18元的最高价后，股价出现高位滞涨。随后在4月15日出现尾盘单笔打压股价大阴线报收拉低股价的走势，是主力出货所致，说明行情见顶，投资者此时应该立即抛售出局。

从后市的走势来看，该股在4月15日后出现急速下跌行情，短短几个交易日的时间，股价就从17.18元下跌到13元左右，跌幅巨大。随后该股进入长时间大幅震荡缓跌的走势中。

NO.072
分时图 W 底形态图谱

分时图中的 W 底又称为双重底，即当天股价出现两次明显低点，且两次低点几乎位于同一水平线上，连接两点可构成股价的支撑线。

一图展示

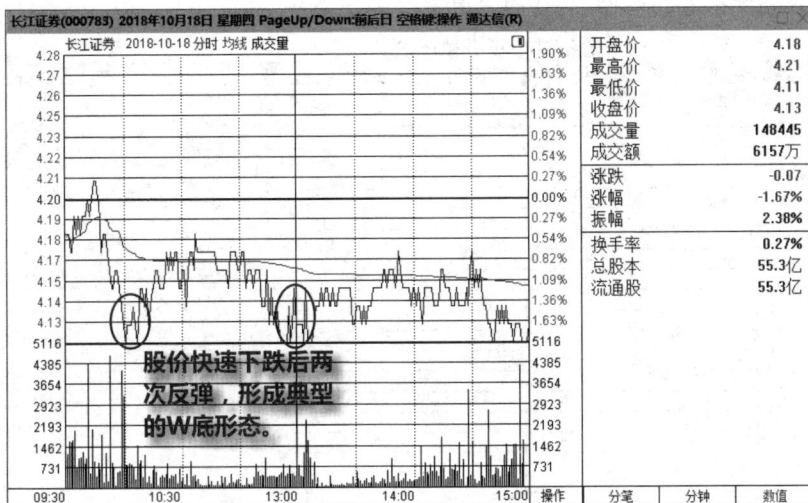

长江证券(000783) 2018年10月18日 星期四 PageUp/Down:前后日 空格键:操作 通达信(R)

开盘价	4.18
最高价	4.21
最低价	4.11
收盘价	4.13
成交量	148445
成交额	6157万
涨跌	-0.07
涨幅	-1.67%
振幅	2.38%
换手率	0.27%
总股本	55.3亿
流通股	55.3亿

股价快速下跌后两次反弹，形成典型的W底形态。

要点剖析

W底形态一般出现在股价下跌行情的末期，而判断是否形成W底需要依据以下两个特征。

◆ 两个低价支撑点位置相当，且整个股价走势中，股价的变动与成交量的变动走向一致。

◆ 在W底形成的过程中，如果股价从第二个支撑点反弹后，第三次出现回跌，其跌幅不得超过第二次跌幅的1/3，尔后立刻反弹，创出新的高点。只有在这种情况下，才能确认W底已经形成，否则股价可能仍处于低价调整期。

操盘精髓

W底是明显的见底反转信号，只要正确判断形成W底，短期内股价可能转入上行通道，就是买入信号。

分析实例 泰合健康（000790）分时图W底形态分析

泰合健康2019年1月30日的分时走势如下图所示。

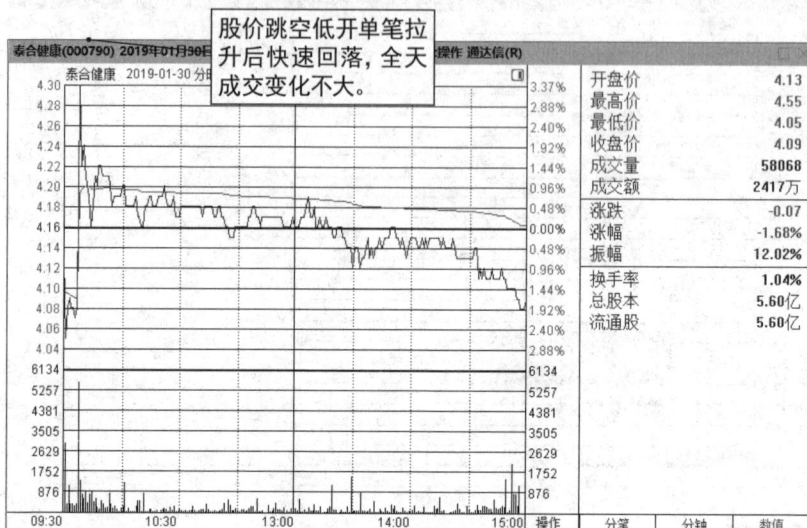

泰合健康2019年1月30日的分时走势

从图中可以看出，泰合健康在2019年1月30日跳空低开后快速冲高回落，之后股价一直下跌，当日以1.68%的跌幅拉低股价收出带长上影线的阴线。

如下图所示为第二个交易日的分时走势。

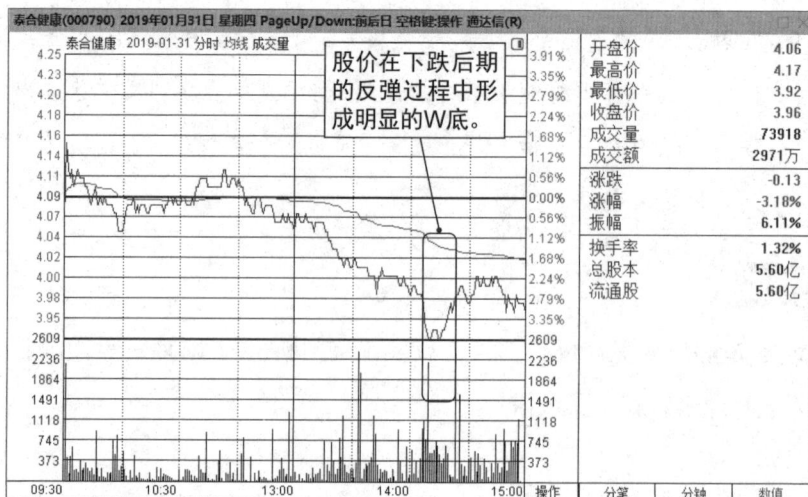

泰合健康2019年1月31日的分时走势

从图中可以看到，该股小幅高开后一路震荡下跌，在14:10左右该股出现明显的W底形态，并创出当日的最低价，可将其视为反转信号。

由此判断股价在大跌之后可能有所回升，短线看涨，此时投资者可适当买入或加仓。

结合泰合健康的K线走势图进行论证，如下图所示。

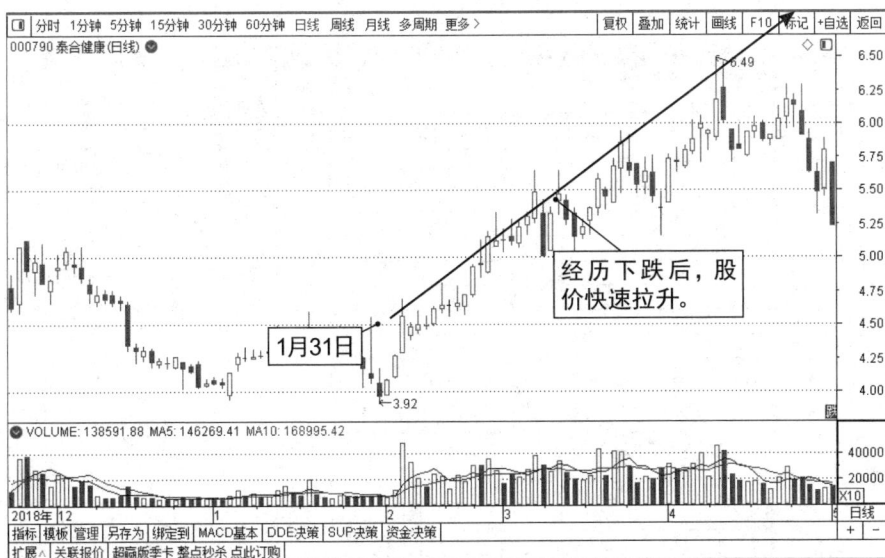

泰合健康2018年11月至2019年5月的K线走势

从图中可以看到，该股在2019年1月31日阴线报收创出3.92元的最低价后连续3根跳空的阳线拉高股价摆脱下跌趋势，随后该股行情反转走出一波可观的翻倍上涨行情。

要点提示 *W底形态中的成交量*

出现W底形态，不仅在股价上涨过程中有成交量的放大，在下跌过程中成交量也会出现明显缩量。只有具备这两个基本特征，成交量与股价良好配合，才能断定市场走势已经企稳，后市有一轮上涨行情。

NO.073

分时图 V 形底形态图谱

分时图 V 形底形态即股价在运行过程中突然快速下跌，随后在短时间内又快速拉升，在分时走势形成一个明显的字母"V"。

一图展示

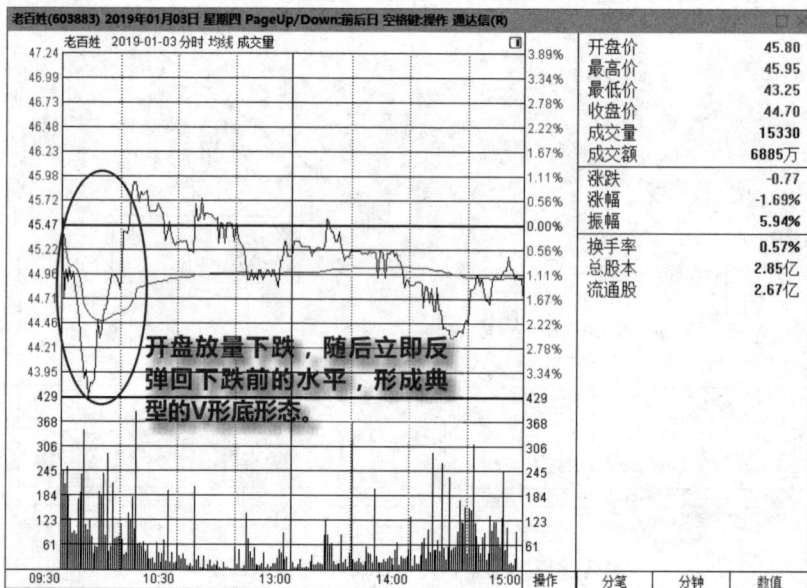

开盘放量下跌，随后立即反弹回下跌前的水平，形成典型的V形底形态。

要点剖析

V 形底形态往往出现在价格上下波动之后，在股价的底部形成一个明显的低点，此低点构成股价的支撑位。

V 形底的两个高点连线形成阻力位，一旦有效突破阻力位，股价的走势将发生逆转。V 形底形态一般具备以下 4 个特征。

◆ V形底一般出现在股价急速下跌之后。

◆ 在股价下跌的末期出现V形底，说明空方势力殆尽，这时做多方力量开始发力，如果基本面没有利空消息，股价会迅速向上拉升，进入幅度较大的上行轨道中。

◆ V形底反转启动速度很快，在底部停留的时间极短，除非有不明朗的基本面消息，否则股价将在1～2小时内向上突破阻力位。

◆ V形反转在形成时成交量要明显放大，价量配合良好，特别是在形成前后，成交量应该有明显变化。

操盘精髓

V形底是势力较强的反转形态，如果在股价大幅下跌之后，一旦确定V形底成立，投资者就可放心买入或加仓。

分析实例 元祖股份（603886）分时图V形底形态分析

元祖股份2018年10月12日的分时走势如下图所示。

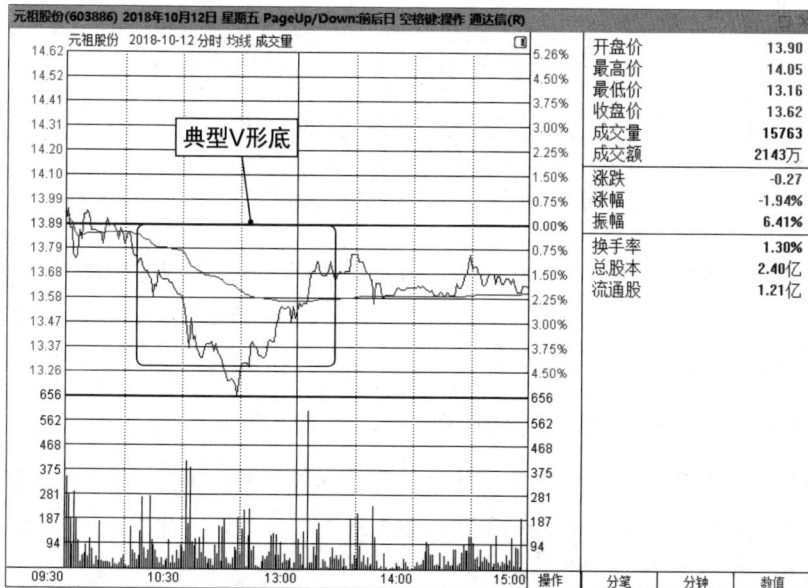

元祖股份2018年10月12日的分时走势

从图中可以看出，当天开盘后短暂横向震荡波动后出现快速下跌行情，在11:00左右创出当日的最低价13.16元后止跌，随后该股快速反弹至接近前期的下跌开始位置，形成典型的V形底形态。

随后该股继续横向震荡波动变化直至收盘，当日以1.94%的跌幅收出带长下影线的阴线。

下面来看第二个交易日的分时图，如下图所示。

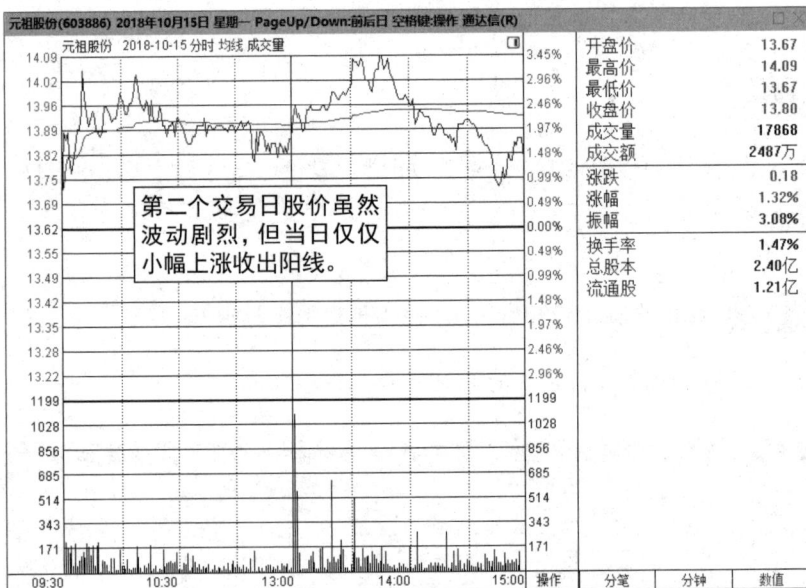

元祖股份2018年10月15日的分时走势

从图中可以看出，该股当日高开高走后进入大幅震荡波动的行情，但是受到市场中做多氛围的影响，该股当日最终以1.32%的涨幅阳线报收，更显示了行情可能见底。

结合元祖股份的K线走势图进行论证，如下图所示。

从图中可以看出，该股前期经历了一波大幅下跌的行情，2018年10月12日的V形底分时图形态出现在股价大幅度下跌之后，当日创出的最低价是历史的新低价。

次日股价小幅上涨阳线报收，在市场前景不明朗的情况下，该股后市出现短暂的横盘整理阶段，此时为激进投资者最好的买入时机。

当股价再次向上突破，转而进入上涨行情，此时稳健的投资者就要逢低吸纳，积极买入做多。

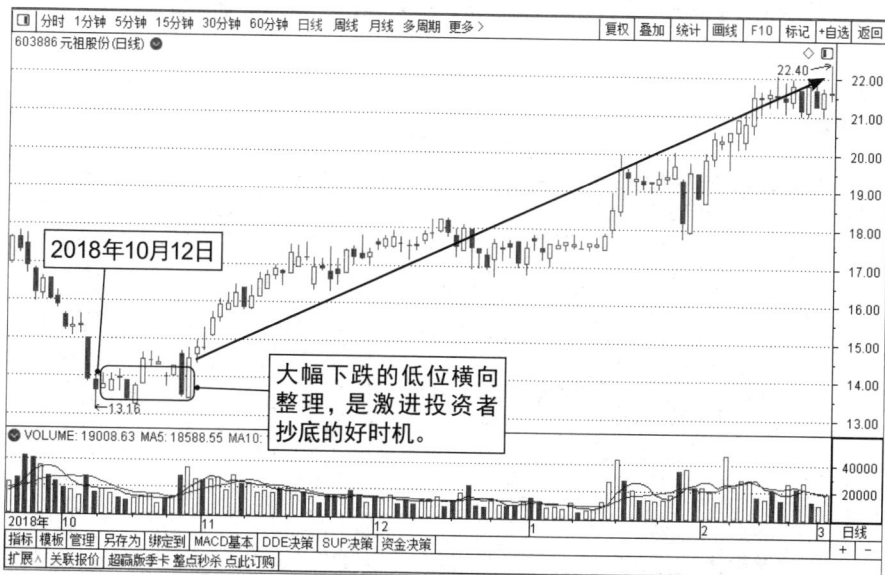

元祖股份2018年9月至2019年3月的K线走势

要点提示 *V形底形态的实践操作技巧*

V形底形态出现后的横向波动阶段为较好的介入时机，既安全又有效，此时可结合均线加以判断，股价第二次突破20日均线为较好的短线介入点。

同时股价横向波动的相对位置也十分重要，如在前期高点之上横盘，预示主力有极强的控盘能力，向上动力强；如在前期高点附近上下波动，则向上动力相对较弱。此外横盘持续时间也十分重要，一般而言，横盘越久，向上力度也越小。

NO.074
分时图 M 顶形态图谱

分时图中的 M 顶形态与 W 底形态是相对应的，即当天股价出现两次高点，且两次高点几乎位于同一水平线上，连接两个高点就构成了股价的阻碍线。

一图展示

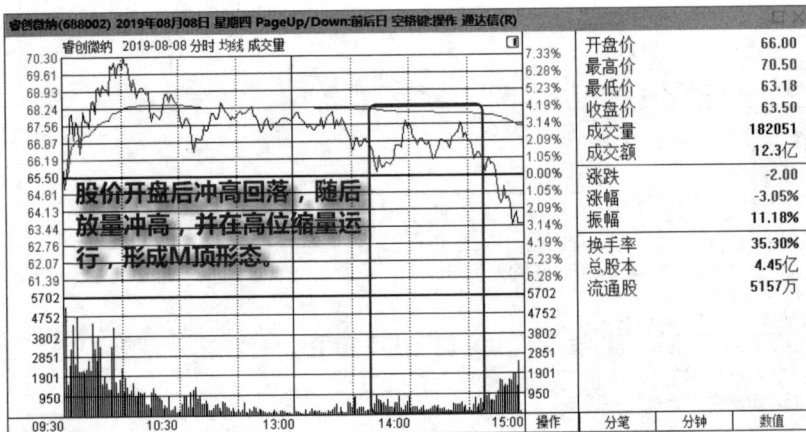

睿创微纳(688002) 2019年08月08日 星期四 PageUp/Down:前后日 空格键:操作 通达信(R)

睿创微纳 2019-08-08 分时线 均线 成交量

开盘价	66.00
最高价	70.50
最低价	63.18
收盘价	63.50
成交量	182051
成交额	12.3亿
涨跌	-2.00
涨幅	-3.05%
振幅	11.18%
换手率	35.30%
总股本	4.45亿
流通股	5157万

股价开盘后冲高回落，随后放量冲高，并在高位缩量运行，形成M顶形态。

要点剖析

M 顶又称双重顶，它一般具有以下特征。

◆ M顶的两个高点不一定在同一高度，第二个顶点可能比第一个顶点稍微高一些，一般相差3%以内。这代表在回落过程中有残余多方势力试图进一步试探高点，但由于成交量不配合，主力不能持续拉升股价，导致股价的必然回调。

◆ M顶形成两个高点的过程中有明显的成交量放量，这两个高点的成交量在全天的成交量中比较突出，在成交量柱状图中形成两个高峰。但第二个高峰的成交量较第一个显著收缩，代表市场中多方力量在减弱。如果同比反而放大，M顶形态则有失败的可能。

操盘精髓

M顶正式确定后可视为卖出信号，投资者可根据以下依据进行判断。

◆ M顶形态的形成，需要股价正式跌破颈线支撑线。所谓正式跌破颈线支撑是指股票收盘价在两次回落创下的连线之下，此时投资者应及时退出。

◆ 如果第一个高点出现后，股价跌到一个相对低点的位置时，整体形状近似圆形，但这个圆顶尚未完成向下的突破，成交量却呈现出不规则的变动，股价止跌再度上升到第一个顶点附近时，可视为见顶信号，投资者应考虑暂时将股票卖出。

分析实例 波导股份（600130）分时图M顶形态分析

波导股份2019年3月25日的分时走势如下图所示。

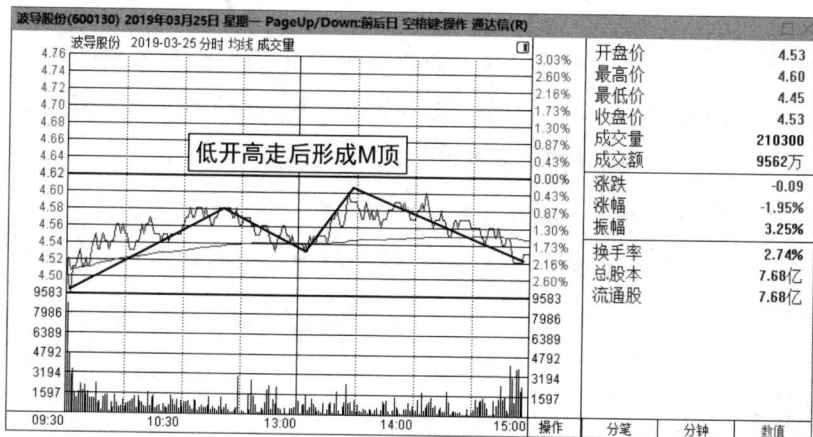

波导股份2019年3月25日的分时走势

从图中可以看出股价开盘后低开高走，当天该股出现两次高点，在第一次高点之后有所回落，且第一次高点的成交量大于第二次高点形成时的成交量，最后股价向下跌破回落的低点，形成典型的M顶形态。

结合K线图走势进行分析，如下图所示。

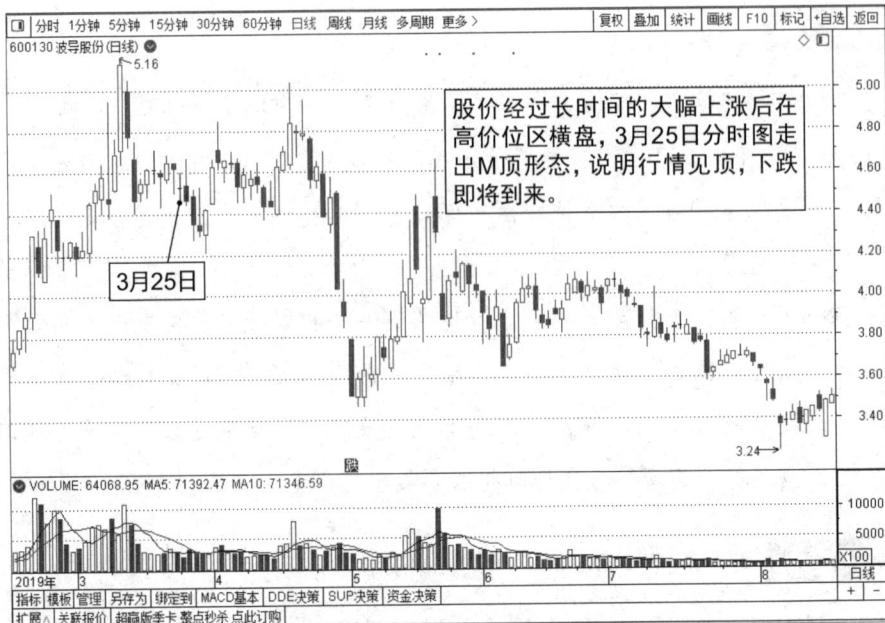

股价经过长时间的大幅上涨后在高价位区横盘，3月25日分时图走出M顶形态，说明行情见顶，下跌即将到来。

3月25日

波导股份2019年2月至8月的K线走势

从图中可以看到，该股大幅上涨后在2019年3月运行到股价的高价位区域，在创出5.16元的最高价后，该股K线连续两日以大阴线报收拉低股价，随后该股步入一个横线整理的滞涨行情中。

期间的3月25日的分时图走出M顶形态，更加坚定了股价已经见顶，后市将迎来下跌，此时投资者可逢高卖出，离场观望，规避后市大幅下跌带来的投资损失。

NO.075
分时图倒 V 顶形态图谱

分时图倒 V 形顶形态与 V 形底形态相对应，即股价在运行中突然快速拉升，随后又在短时间内快速下挫。

一图展示

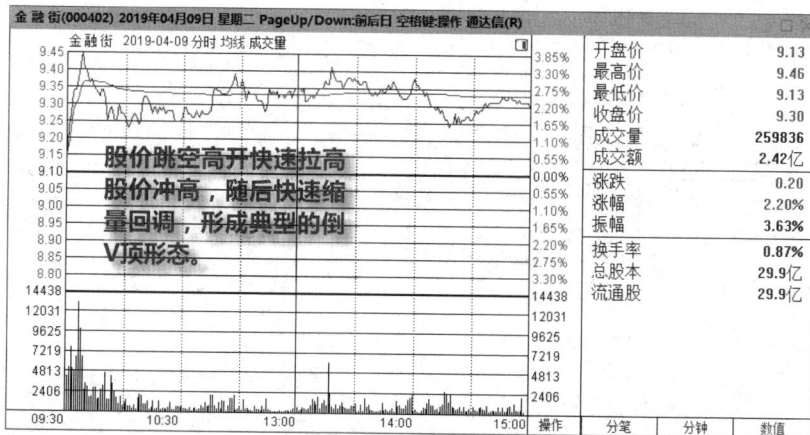

金融街(000402) 2019年04月09日 星期二 PageUp/Down:前后日 空格键:操作 通达信(R)

		开盘价	9.13
		最高价	9.46
		最低价	9.13
		收盘价	9.30
		成交量	259836
		成交额	2.42亿
		涨跌	0.20
		涨幅	2.20%
		振幅	3.63%
		换手率	0.87%
		总股本	29.9亿
		流通股	29.9亿

股价跳空高开快速拉高 股价冲高，随后快速缩量回调，形成典型的倒V顶形态。

要点剖析

在形成倒 V 顶形态的过程中，股价的涨势很凶猛，且跌势也很迅速，整个过程完成的时间极短。倒 V 顶形成一般具备以下条件。

◆ 在股价反转之前，几乎呈直线运行，很少进行调整，当支撑线被向下突破时，股价就会反向运行，且反向运行的能量较大。

◆ 通常倒V顶是受到一些突如其来的因素影响而形成的，一旦股价快速拉升并随后回落时，可以关注基本面的变化，帮助判断到后市的发展趋势。

操盘精髓

倒 V 顶是杀伤力极强的见顶信号，投资者可参考以下技巧进行操作。

◆ 当确定倒v形顶的出现时，投资者要在短时间内卖出，如果反应过慢很可能跌幅已过半才出手，就会造成严重的经济损失。

◆ 倒V顶没有明确的买卖点，通常出现在股价高价区，股价大幅拉升之后，放量滞涨，回落初期则通常是长阴杀跌，出现此种信号，投资者应果断离场。

分析实例 中兵红箭（000519）分时图倒V顶形态分析

中兵红箭2019年9月10日的分时走势如下图所示。

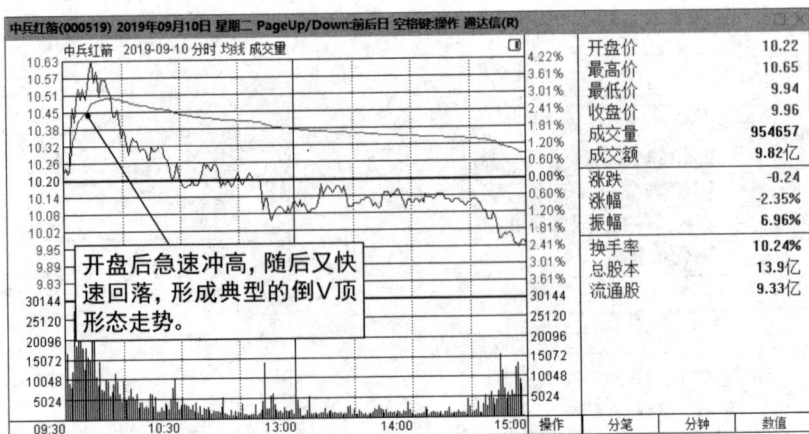

中兵红箭2019年9月10日的分时走势

从图中可以看出，股价在开盘后迅速拉升，形成一个高点，随后反转向下，同时伴随成交量的明显变化，形成典型的倒V形顶。

此时结合K线走势分析，如下图所示。从图中可以看到，股价在大幅上涨后在2019年9月运行到高价位区，在9月2日创出10.78元的最高价后出现高位横盘整理的走势。所以在9月10日分时图出现典型的倒V形顶形态，可确定为见顶信号，投资者应及时离场。

从后市的走势来看，在9月11日，股价即跌破横盘走势，随后股价一路下跌，开启了深幅下跌行情。

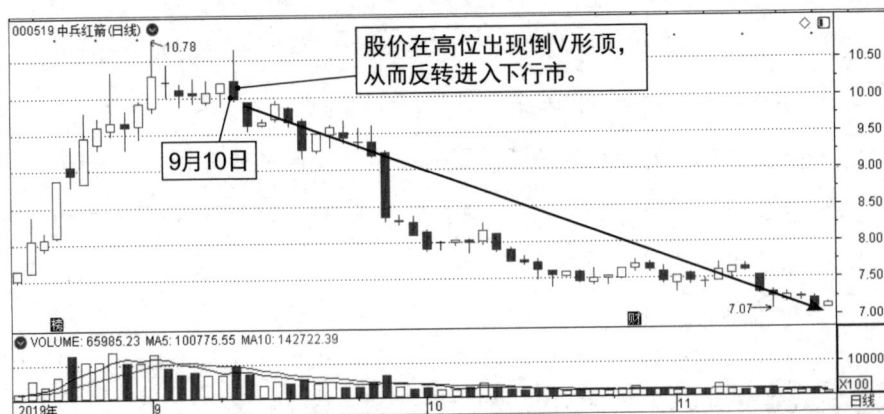

中兵红箭2019年8月至11月的K线走势

第 **6** 章

突破分时图均价线

分时图中有一根极其重要的指示线，即均价线，它刻画了股价全天的平均价格走势，对于股价的全天走势变化有重要的研究价值。本章将从分时图均价线的直观图开始，逐步分析均价线对于股价走势变化的不同影响，并借助分析指导实战操作。

分时图均价线刻画了股价在全天的平均价格走势，能够很好地反映股价的强弱走势特点，因此抓住均价线的变化以及对股价的影响，我们可以很好地在分时图中找到买卖点。

NO.076
分时图均价线直观图图谱

打开任何一种股票分析软件，接着打开股票单日的分时图，通常黄色的那条曲线就是分时图中的均价线。

一图展示

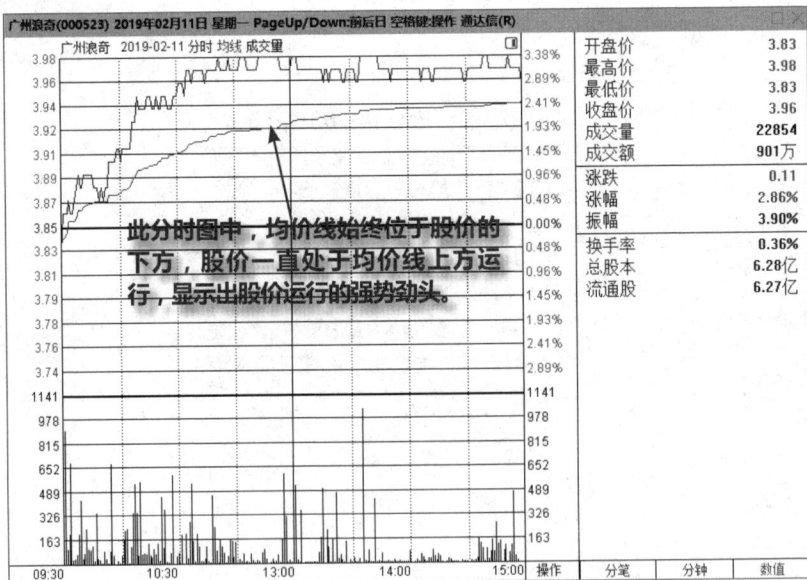

此分时图中，均价线始终位于股价的下方，股价一直处于均价线上方运行，显示出股价运行的强势劲头。

要点剖析

均价线包含的市场意义及其作用如下。

◆ 分时图均价线是出现在股票的分时图的一条曲线，它运行变化的曲折幅度远远小于股价在分时图中的运行轨迹。

◆ 分时图均价线对于股价有支撑作用，当股价运行在均价线之上时，均价线对于股价的下跌起到支撑作用。

◆ 分时图均价线对于股价有压制作用，当股价运行在均价线之下时，均价线对于股价的上涨起到向下的压制作用。

NO.077
分时图均价线支撑作用图谱

正如前面所说，在分时图中，当股价处于均价线之上时，股价的每一次下跌都会受到均价线的有力支撑。得到均价线的有力支撑之后，股价可能会发生反转，即重新步入上涨走势之中，这也是均价线对于股价的支撑作用的直观表现。

一图展示

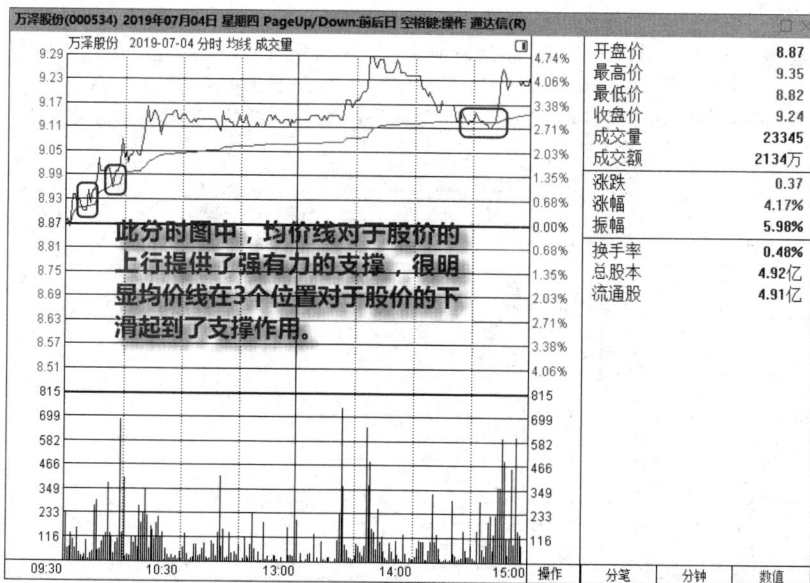

万泽股份(000534) 2019年07月04日 星期四 PageUp/Down:前后日 空格键:操作 通达信(R)

万泽股份 2019-07-04 分时 均线 成交量

开盘价	8.87
最高价	9.35
最低价	8.82
收盘价	9.24
成交量	23345
成交额	2134万
涨跌	0.37
涨幅	4.17%
振幅	5.98%
换手率	0.48%
总股本	4.92亿
流通股	4.91亿

此分时图中，均价线对于股价的上行提供了强有力的支撑，很明显均价线在3个位置对于股价的下滑起到了支撑作用。

要点剖析

分时图均价线支撑作用的市场意义有以下 3 点。

◆ 均价线的支撑作用通常发生在股价滑落到的区域均价线附近。

◆ 当股价向下滑落到了均价线位置时，股价已经接近平均价位，由此获得均价线的支撑。

◆ 在均价线支撑股价向上的同时，成交量应放大配合股价的上涨。

操盘精髓

借助均价线对于股价的支撑作用，投资者可以很容易地抓住股价的买入点，当股价回调至分时图均价线附近时，投资者就可以考虑买入股票。但是有效的支撑必须要有量能的配合，由此看来，支撑位置放量也是重要的前提条件之一。

分析实例　启迪古汉（000590）均价线支撑买入操作分析

启迪古汉2019年2月19日的分时走势如下图所示。

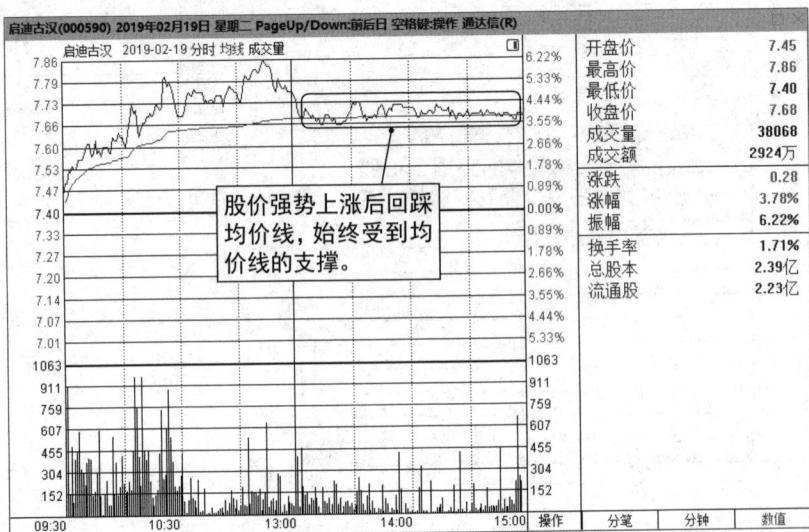

启迪古汉2019年2月19日的分时走势

从图中可以看出，该股在当天的分时图中前期呈现出强势拉升态势，在下午开盘后，股价回踩均价线后始终受到均价线的支撑，同时成交量出现了明显的放量，由此发出了支撑位置的买入信号。

对应该股日线走势，投资者可以更加肯定这样的买入操作，如下图所示。

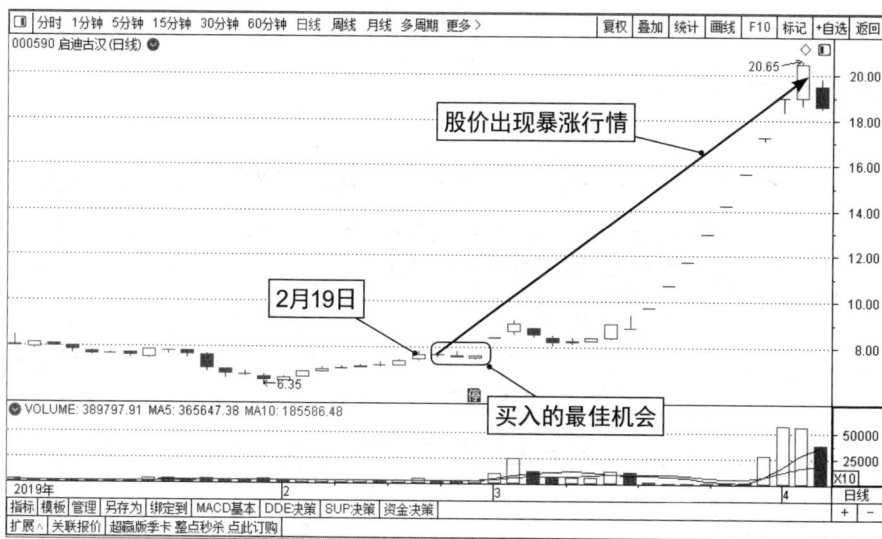

启迪古汉2019年1月至4月的K线走势

从图中可以看出，股价大幅下跌后于2019年1月30日创出6.35元的最低价后企稳回升开启上涨行情。

在2月19日，股价已处于前期下跌的高点，此时出现的放量上涨拉升股价后回踩均价线并始终受到均价线的支撑，这就是主力明显的护盘行为，是可靠的买入信号。

综合分析两张图可知，当日K线图显示出股价强势上攻的迹象时，分时图很好地印证了这一点，因此投资者完全可以在之后分时图中的均价线支撑位置买入股票。

之后该股继续上涨，股价从8元左右上涨到了20.55元上下，上涨幅度达156%。

NO.078
分时图均价线压制图谱

在股价的分时图中，当股价运行于均价线下方时，股价的每一次上涨会受到均价线的压制。

一图展示

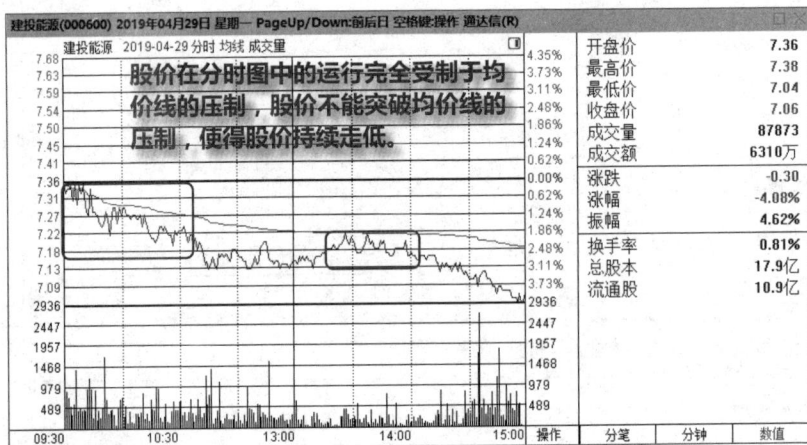

股价在分时图中的运行完全受制于均价线的压制，股价不能突破均价线的压制，使得股价持续走低。

开盘价	7.36
最高价	7.38
最低价	7.04
收盘价	7.06
成交量	87873
成交额	6310万
涨跌	-0.30
涨幅	-4.08%
振幅	4.62%
换手率	0.81%
总股本	17.9亿
流通股	10.9亿

要点剖析

分时图均价线压制的具体内容有以下两点。

◆ 股价受制于分时图均价线，不能有效突破分时图均价线，由此展现出均价线的压制作用。

◆ 成交量在每一次压制向下的时候都会有所放大，可见是无法突破之后的杀跌状态。

操盘精髓

股价在分时图中的每一次上涨会受到均价线的向下压制，且每一次股价无法突破均价线的压制，由此可见股价全天运行于均价线之下，处于弱势走势中，所以投资者应该在均价线附近卖出股票。

分析实例 中油资本（000617）均价线压制卖出操作分析

中油资本2019年3月22日的分时走势如下图所示。

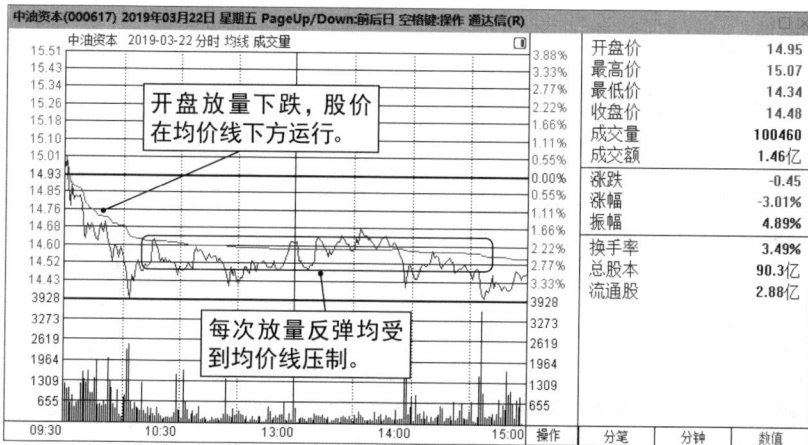

中油资本2019年3月22日的分时走势

从图中可以看出，该股开盘后放量下跌，股价始终在均价线下方运行，10:00左右该股止跌出现反弹，但是每次放量反弹均受到均价线的压制，由此看出全天股价的弱势向下。下面观察当日对应的K线图位置，如下图所示。

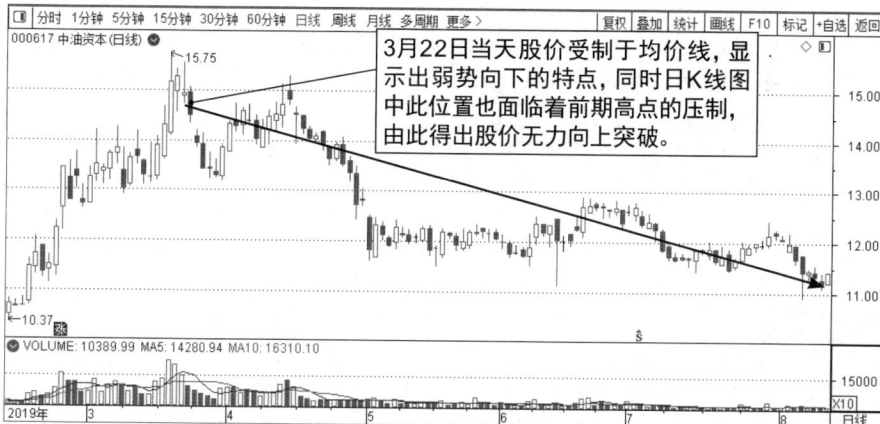

中油资本2019年2月至8月的走势

从图中可以看出，该股前期大幅上涨到高价位区，在创出15.75元的最高价后滞涨，在日K线图中受制于前期高点的压制，在3月22日股价每次放量上冲均受到均价线的压制，由此显示股价无力上涨。所以投资者应该在后市逢高卖出，规避之后的下跌风险。

NO.079
股价向上放量突破均价线图谱

股价向上放量突破均价线指的是在分时图中，股价由下向上突破均价线的压制，且在突破的同时伴随着成交量的放大。

一图展示

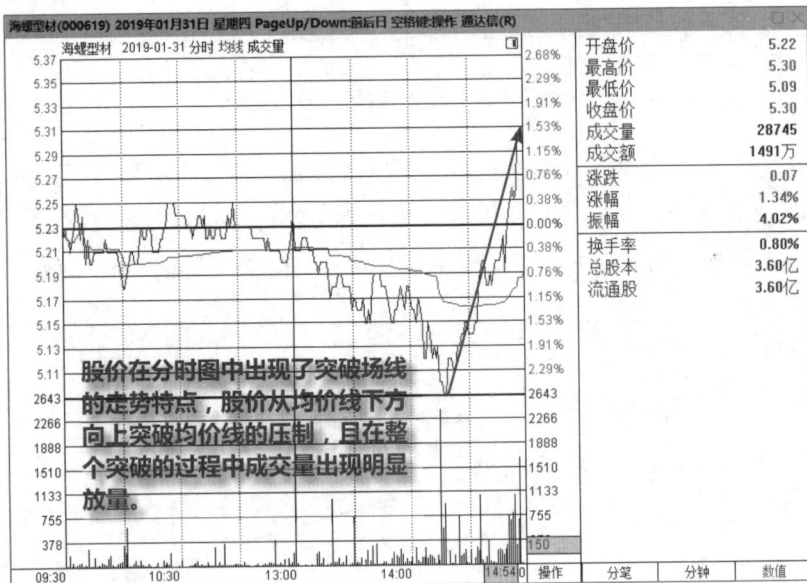

要点剖析

股价向上放量突破均价线需要注意以下两点。

◆ 前期股价受制于均价线的压制，之后股价向上突破了均价线的压制，由此拉开了之后的上涨走势。

◆ 在股价向上突破均价线的同时，成交量也明显放大，由此显示出了市场主力资金在拉升股价的信息。

操盘精髓

股价放量突破显示了买入信号，在强势放量突破时投资者要积极追涨，在一般突破时投资者可以在突破后的回踩位置积极买入股票。

分析实例　中兴商业（000715）突破回踩买入操作分析

中兴商业2019年2月1日的分时走势如下图所示。

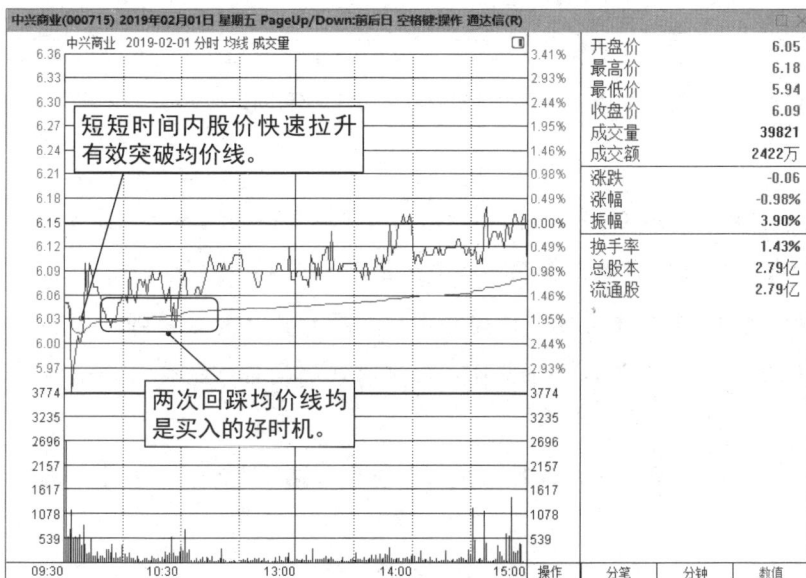

中兴商业2019年2月1日的分时走势

从图中可以看到，该股当日跳空低开后急速下跌，让投资者以为该股会继续大跌。但是在短短几分钟内，该股便被强势拉升并有效突破均价线将股价拉高到开盘价上方。随后该股有过两次明显的回踩均价线，此时投资者可以进行大胆的买入操作。

下面结合K线图来分析印证回踩买入操作的可靠性，如下图所示。

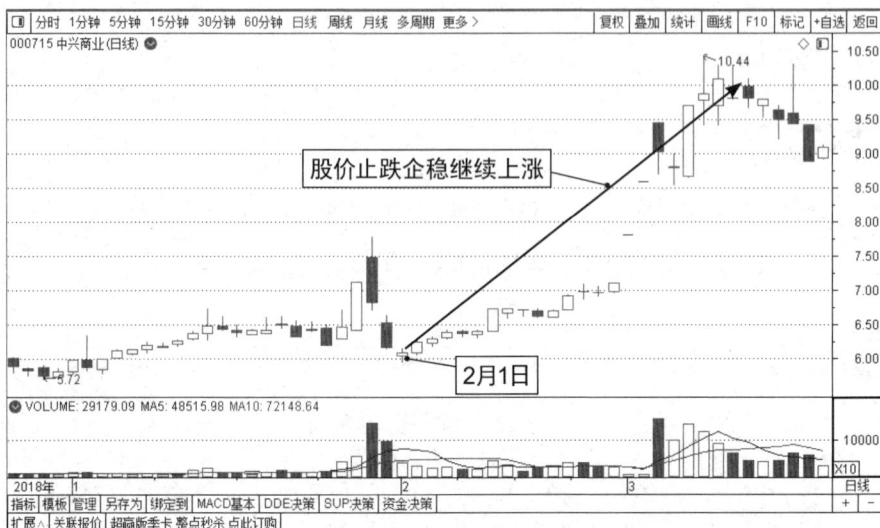

中兴商业2018年12月至2019年3月的走势

从图中可以看出，该股在2018年12月底止跌后企稳回升步入上涨行情。在1月31日股价上涨到阶段性的高位后出现了明显的回调整理，连续两个交易日的跳空阴线报收拉低股价确实让投资者有点担心股价会继续整理。

但是2月1日早盘的强势拉升并有效突破均价线的走势特点发出了回调结束的信号，因此更加确定当日之后每次回踩均价线就是一个很好的买入机会。

从后市的走势来看，该股结束回调整理后继续上涨，展开了一波大幅上涨行情。

NO.080
缩量向上假突破均价线诱多图谱

主力不仅仅会在日K线走势图中制造假突破的诱多陷阱，在分时图中，主力也会制造假突破诱多陷阱。

与日 K 线突破不同的是，分时图中假突破的对象是均价线；而日 K 线图中的假突破的对象就比较多，比如均线压力位、前期高点压力位等。

一图展示

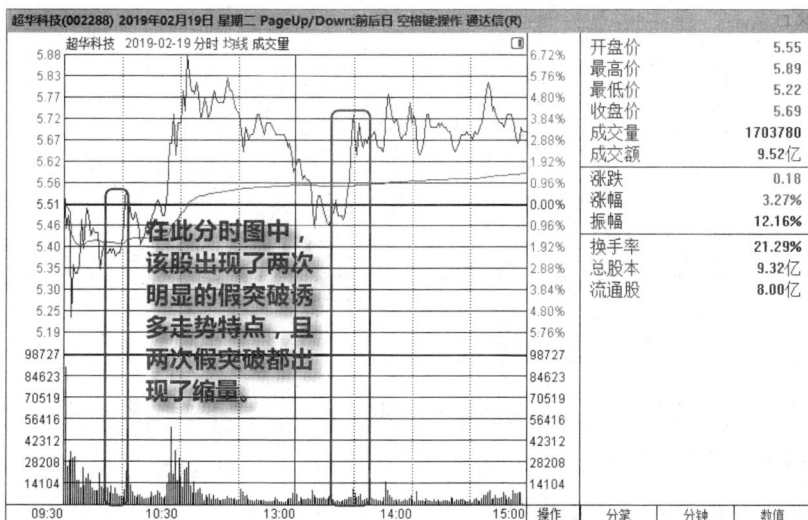

要点剖析

　　分时图中假突破诱多是主力制造的出货陷阱，目的在于引诱市场资金进场接盘。在此期间成交量出现缩量，这显示了上涨突破无量的信息，预示股价突破动力不足，后市看跌。

操盘精髓

　　和日 K 线图中的假突破一样，分时图中的假突破显示出主力资金的出逃意图，也是一个卖出的信号，所以投资者应该在这样的走势出现后及时卖出股票。

分析实例　精艺股份（002295）假突破诱多分析

　　精艺股份2019年4月2日的分时走势如下图所示。

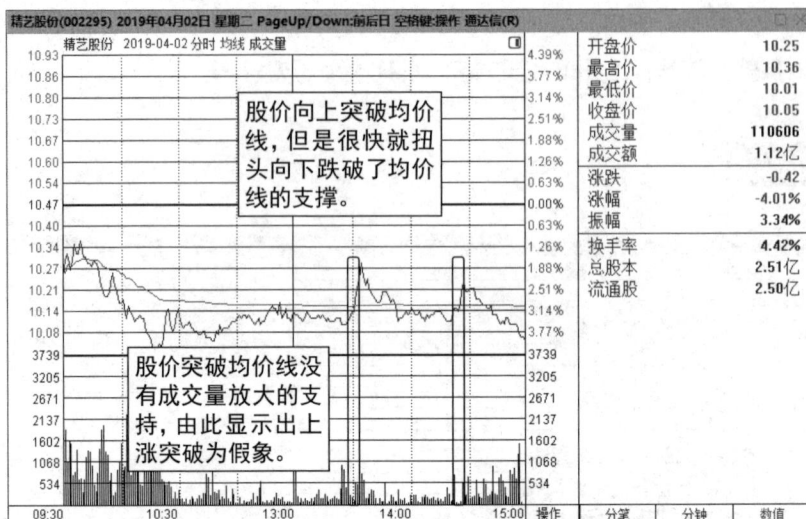

股价向上突破均价线，但是很快就扭头向下跌破了均价线的支撑。

股价突破均价线没有成交量放大的支持，由此显示出上涨突破为假象。

精艺股份2019年4月2日的分时走势

从图中可以看出，该股股价线全天走势中，低点不断走低，显示出股价处于弱势下跌状态之中。

股价午盘后出现两次假突破均价线的走势，这两次假突破没有成交量的配合，由此可知参与的资金很少。该股K线走势如下图所示。

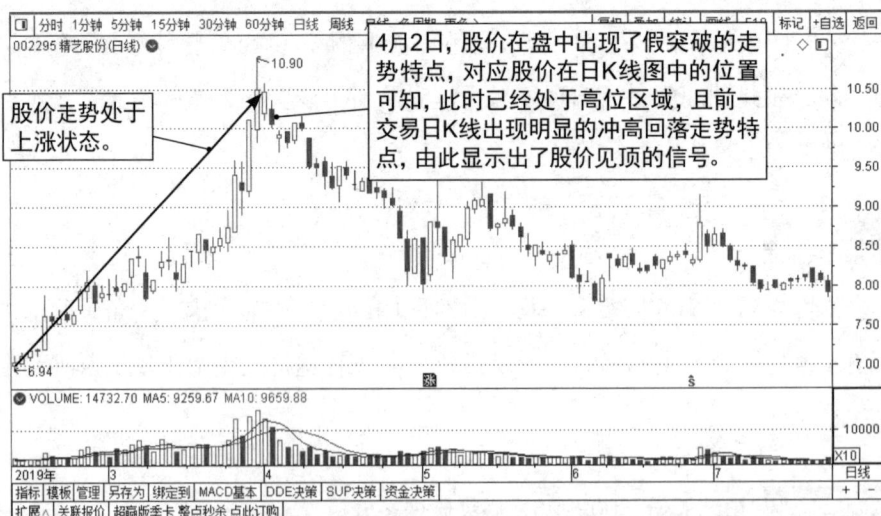

4月2日，股价在盘中出现了假突破的走势特点，对应股价在日K线图中的位置可知，此时已经处于高位区域，且前一交易日K线出现明显的冲高回落走势特点，由此显示出了股价见顶的信号。

股价走势处于上涨状态。

精艺股份2019年2月至7月的走势

突破分时图均价线

从图中可以看出，该股在上涨后的高位出现了冲高回落的迹象，显示出了股价无力继续上涨，下跌风险剧增的信息。

对应2019年4月2日的分时图可知，该股在盘中有明显的冲高表现，且有两次比较明显的假突破诱多迹象，由此更加确信股价基本见顶。投资者应该在高位及早卖出股票。

NO.081
向下破位均价线看跌图谱

在股价的分时图中，当股价向下跌破均价线的支撑后，市场就发出了继续看跌的信号。

一图展示

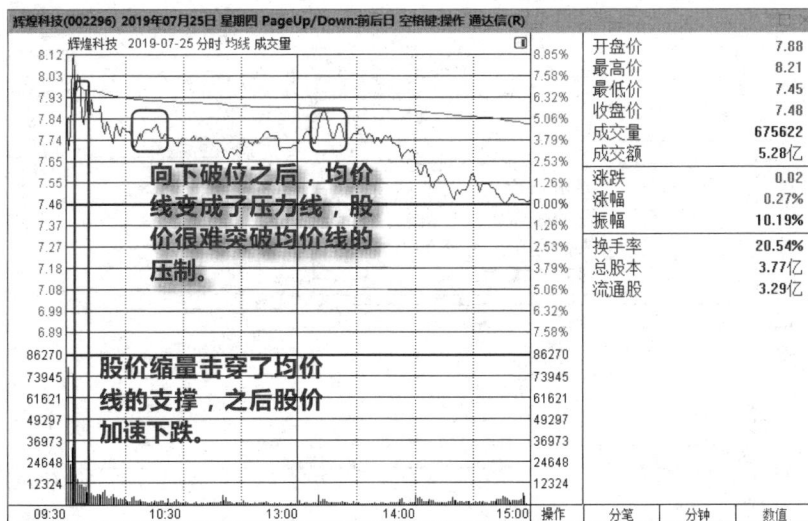

要点剖析

对向下破位均价线的理解可以从以下两方面来看。

◆ 股价可以放量向下跌破均价线，这里的放量显示出了市场资金集中杀跌的状况，使得股价有效突破均价线。

◆ 股价在下跌破位均价线时也可以不出现成交量放大的情况，这样的
量能变化显示出市场的弱势状态，表明在重要支撑位置缺乏强有力
的支撑。

操盘精髓

在分时图中，股价向下破位均价线反映的是卖出的信号，所以当股价向
下破位均价线的情况出现之后，投资者应该及时卖出股票。

分析实例 **博云新材（002297）分时图中无量破位均价线分析**

博云新材2019年3月15日的分时走势如下图所示。

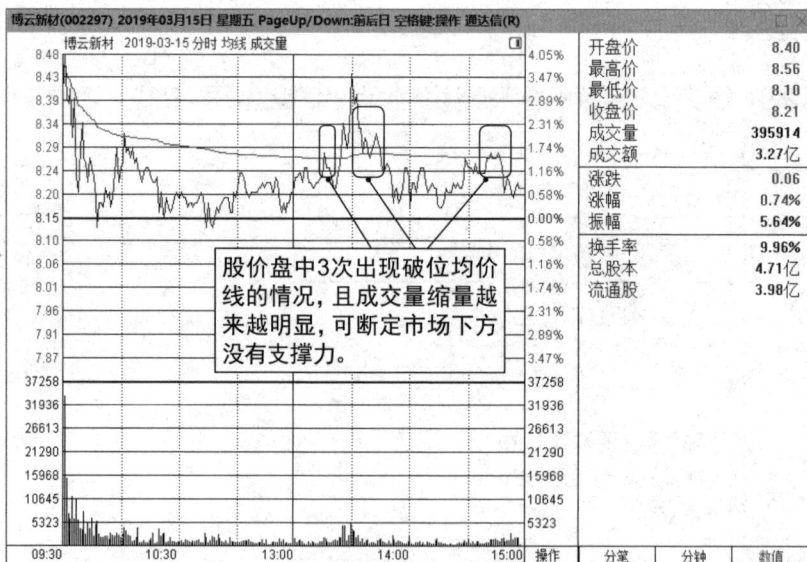

开盘价	8.40
最高价	8.56
最低价	8.10
收盘价	8.21
成交量	395914
成交额	3.27亿
涨跌	0.06
涨幅	0.74%
振幅	5.64%
换手率	9.96%
总股本	4.71亿
流通股	3.98亿

股价盘中3次出现破位均价线的情况，且成交量缩量越来越明显，可断定市场下方没有支撑力。

博云新材2019年3月15日的分时走势

破位于均价线出现时没有市场资金介入作为支撑，股价以缩量形态击穿
均价线。

分析实例 **南国置业（002305）放量破位均价线分析**

南国置业2019年5月6日的分时走势如下图所示。

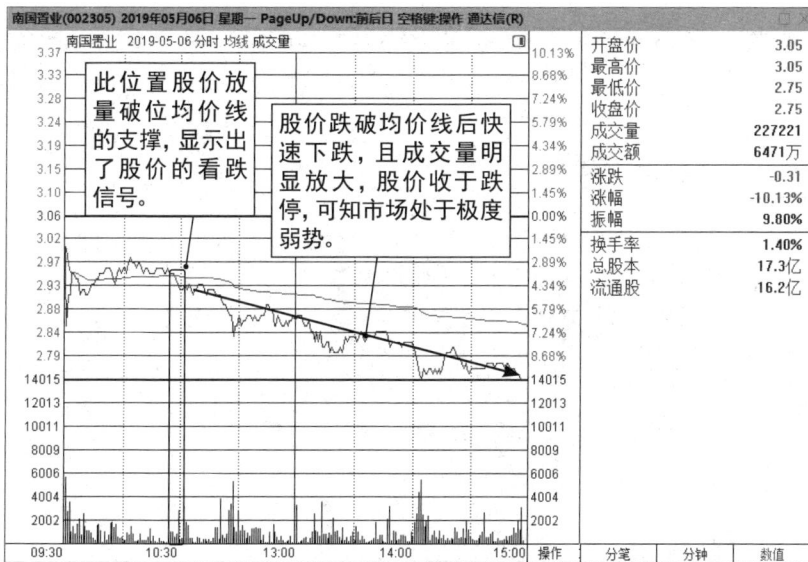

南国置业2019年5月6日的分时走势

　　股价以放量的方式向下击穿了均价线的支撑，由此显示出市场空头在均价线位置的集中杀跌状态，这是由于市场对股价后市持悲观情绪造成的集中杀跌抛售所致。

　　从上面两幅图中可以看出，股价分时图中破位均价线可以有成交量的放大配合，也可以没有成交量的放大配合。无论成交量在破位阶段有无放大，其向下破位均价线的状态均显示出了股价的看跌信号，因此投资者应该及早卖出股票。

NO.082
缩量向下假破位均价线诱空图谱

在分时图中，主力也会进行诱空洗盘，这里的向下假破位均价线就是一种主力的诱空洗盘标志。

一图展示

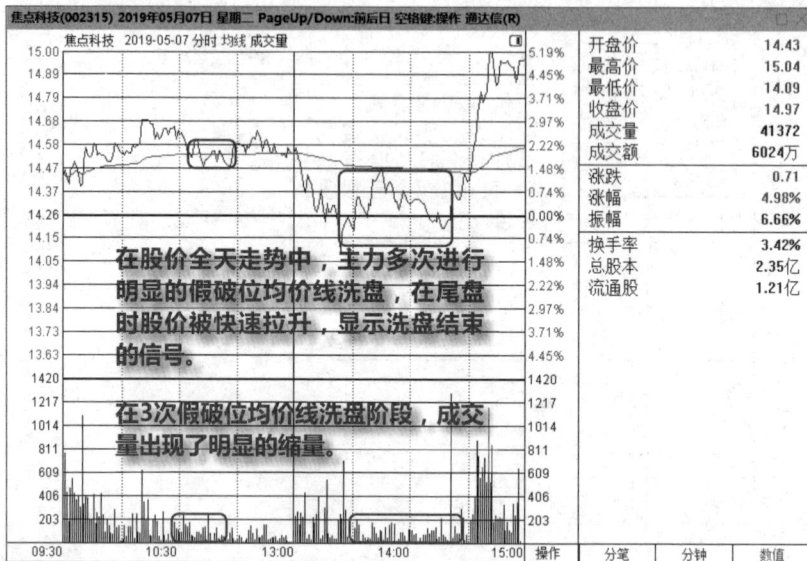

焦点科技(002315) 2019年05月07日 星期二 PageUp/Down:前后日 空格键:操作 通达信(R)

在股价全天走势中，主力多次进行明显的假破位均价线洗盘，在尾盘时股价被快速拉升，显示洗盘结束的信号。

在3次假破位均价线洗盘阶段，成交量出现了明显的缩量。

开盘价	14.43
最高价	15.04
最低价	14.09
收盘价	14.97
成交量	41372
成交额	6024万
涨跌	0.71
涨幅	4.98%
振幅	6.66%
换手率	3.42%
总股本	2.35亿
流通股	1.21亿

要点剖析

缩量向下假破位均价线诱空包含的市场信息有以下两点。

◆ 股价向下击穿了均价线的支撑，但是击穿之后，股价并没有向更低位置下滑，短时间内又被拉上均价线之上。

◆ 成交量在击穿均价线的过程中未有效放量，表明市场参与资金少。

操盘精髓

向下假破位均价线是主力在分时图中的一个诱空洗盘陷阱。由此可见洗盘之后股价还会上涨，所以投资者应该在分时图假破位现象出现之后，抓住股价再次走强的机会，果断买入股票。

分析实例　仙琚制药（002332）假破位均价线洗盘分析

仙琚制药2019年8月8日的分时走势如下图所示。

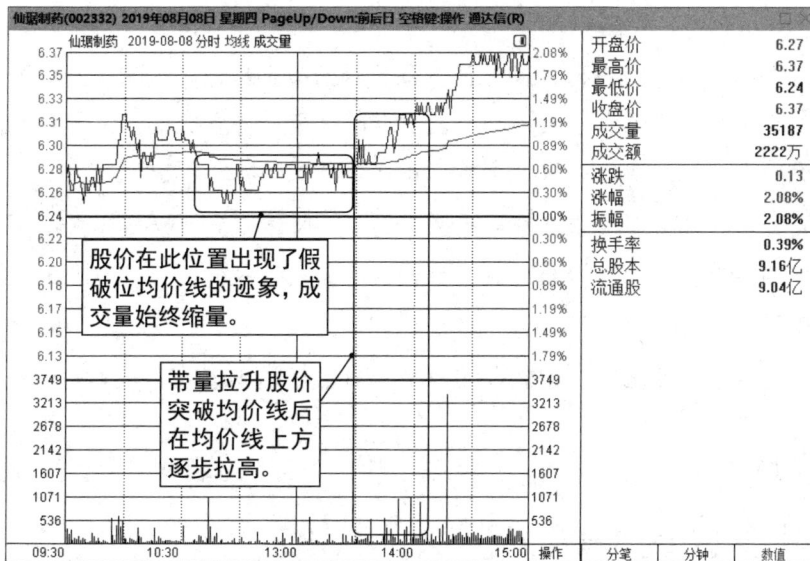

仙琚制药2019年8月8日的分时走势

从图中可以看出，该股在早盘快速击穿均价线诱空，之后股价又被迅速拉升，股价在量能的带动下强势走高，证明前期的破位为假破位。又如下图所示的K线走势。

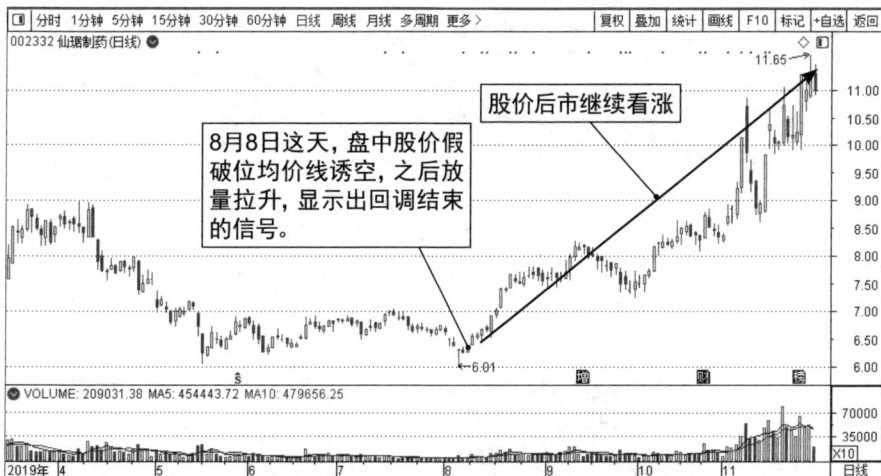

仙琚制药2019年3月至11月的走势

从图中可以看出，该股从2019年4月进入回调整理阶段，在整个整理过程中前半段时间为下跌回调整理，后半段时间为横盘整理阶段。

进入8月，该股在创出6.01元的最低价后开始企稳，而8月8日当天就处于长期回调整理的末期，当天的分时图出现的假破位诱空现象，显示主力在盘中洗盘的状态，之后的放量拉升显示出洗盘后的强势上攻态势。

由此显示出股价回调结束的信号。结合分时图中的洗盘动作，投资者就可以明白实际上主力洗盘后的放量拉升就是一个买入信号。因此应该积极入场买入股票。

之后该股继续上涨，股价从6元上涨到了11.65元以上，涨幅超过94%。

NO.083
均价线放量加速上扬买入图谱

在股价的分时图走势中，有时会出现均价线快速上扬，同时成交量有效放大的情况，由此断定市场处于强势上攻阶段。

一图展示

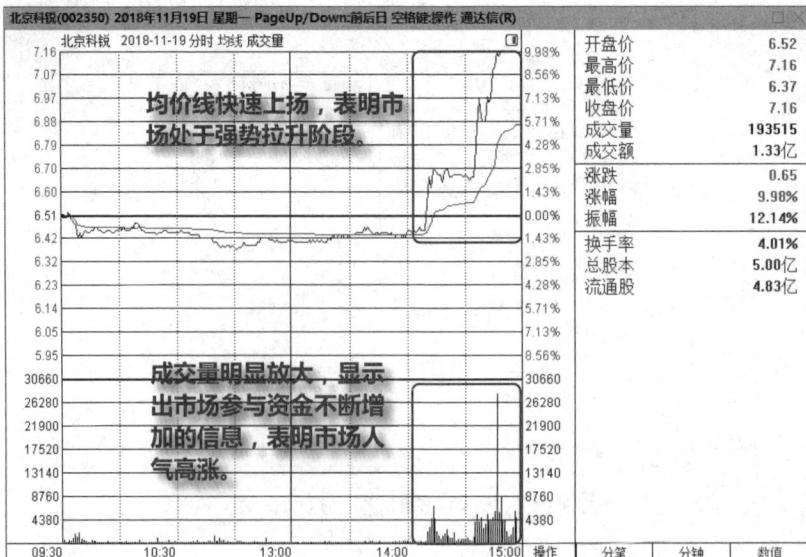

要点剖析

均价线放量快速上扬显示出以下市场信号。

◆ 均价线的快速上扬，显示出此阶段股价的强势向上拉升状态，由此
可知市场处于强势上攻阶段。

◆ 成交量的不断放量显示出主力资金快速介入的信息，由此激发市场
人气。

操盘精髓

均价线放量快速上扬显示出当前市场的强势上攻势头，这样量价齐升的
上涨显示出良好的上涨欲望，因此，投资者应该在这样的快速上扬阶段积极
介入。

分析实例 科远智慧（002380）均价线放量快速上扬买入操作分析

科远智慧2019年2月1日的分时走势如下图所示。

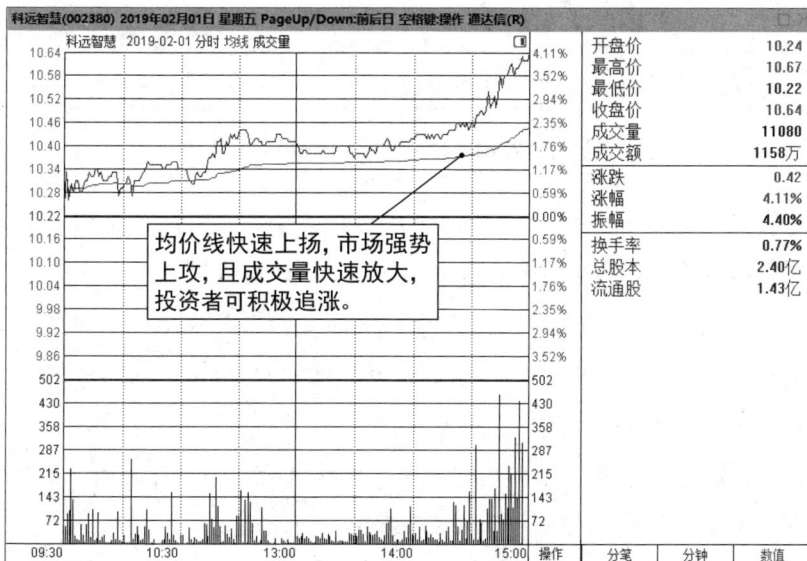

科远智慧2019年2月1日的分时走势

从图中可以看出，该股当日放量跳空高开后伴随成交量的放大一路高走。在下午开盘后，股价继续在上移的均价线上方保持良好的上涨走势。

在尾盘，该股突然继续放量拉高股价，快速上涨，均价线加速上扬，量价齐涨的走势很好地说明了市场正处于强势拉升阶段，后市仍有上涨空间，因此投资者应该在强势拉升中的整理位置伺机买入，持股待涨。

又如下图科远智慧的K线图所示。

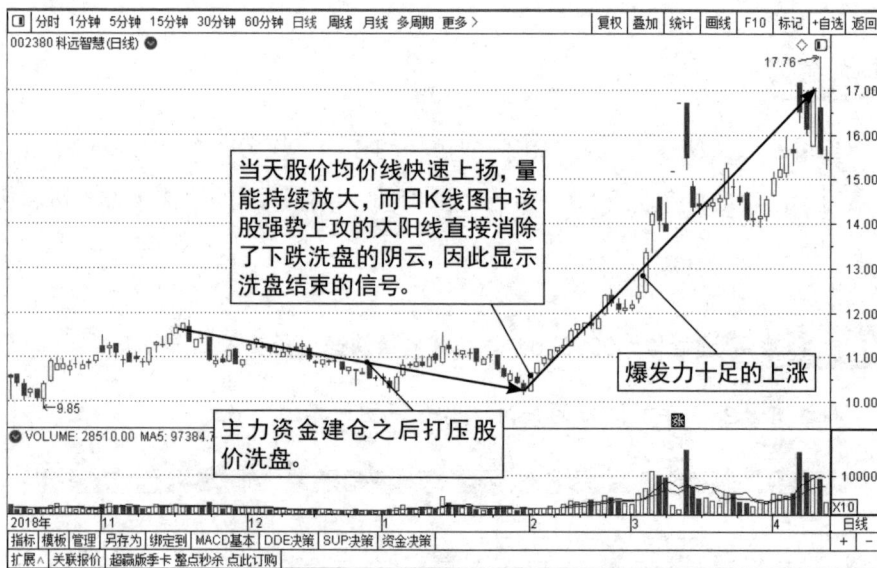

科远智慧2018年10月至2019年4月的走势

从图中可以看出，该股在2018年10月中旬创出9.85元的低价后止跌回升，在小幅上涨后该股步入长达两个多月的回调整理阶段。

2019年2月1日，股价跳空高开后一路高走，尤其在尾盘均价线快速上扬，量能持续放大，这些显示出股价在当天走势的强劲，结合日K线图中的位置，投资者应该果断进场做多。

之后该股进行了爆发力十足的上涨，在短短的两个多月时间，股价从10元左右最高上涨到了17.78元，涨幅达77.8%。

NO.084
均价线加速下滑卖出图谱

在股价的分时图走势中，当均价线快速下滑时，显示出市场抛压较大的状况，因此形成不断下跌的走势特点。

一图展示

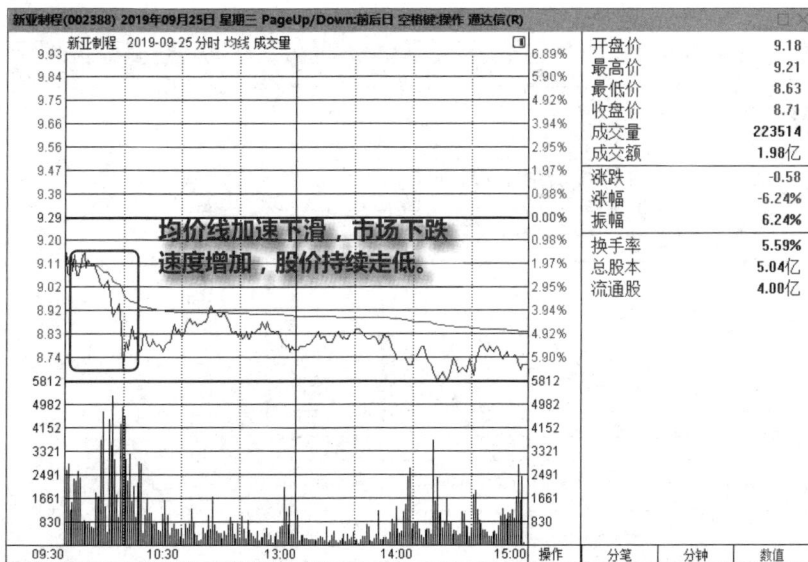

均价线加速下滑，市场下跌
速度增加，股价持续走低。

开盘价	9.18
最高价	9.21
最低价	8.63
收盘价	8.71
成交量	223514
成交额	1.98亿
涨跌	-0.58
涨幅	-6.24%
振幅	6.24%
换手率	5.59%
总股本	5.04亿
流通股	4.00亿

要点剖析

均价线快速下滑阶段的量能表现有以下两点。

◆ 在均价线的快速下滑阶段，成交量可以逐步放大，显示出市场主力资金在不断杀跌的信息，由此形成放量。

◆ 在此阶段成交量也可以不断缩量，表明持续的下跌使投资者惜售情绪增加。

操盘精髓

当日分时图中均价线加速下滑，无论是放量还是缩量，都表明市场的下跌在加剧，由此投资者应该及时卖出股票，特别是短线投资者，更加应该及时卖出股票。

分析实例 航天彩虹（002389）均价线放量加速下滑分析

航天彩虹2019年3月14日的分时走势如下图所示。

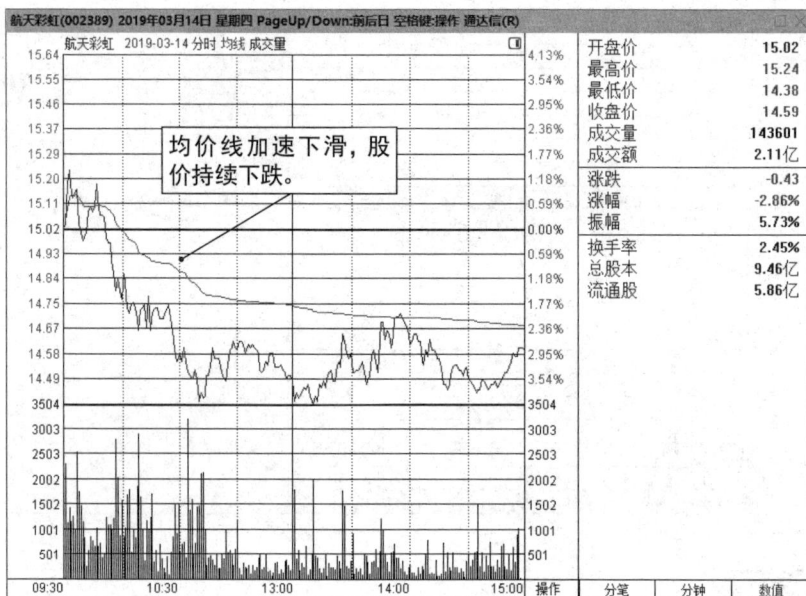

航天彩虹2019年3月14日的分时走势

从图中可以看到，虽然开盘时股价出现短暂的两次上冲，但是都很快就下跌，尤其第二次上冲还未到达第一次上冲的高点时就快速下跌，跌破上一交易日的收盘价，随后该股股价出现了快速下跌的行情，均价线加速下滑，成交量不断放大。

当日，股价始终在均价线下方一路下跌，显示市场杀跌气氛浓厚，预示股价继续看跌。

下面结合当日的K线位置进行论证，如下图所示。

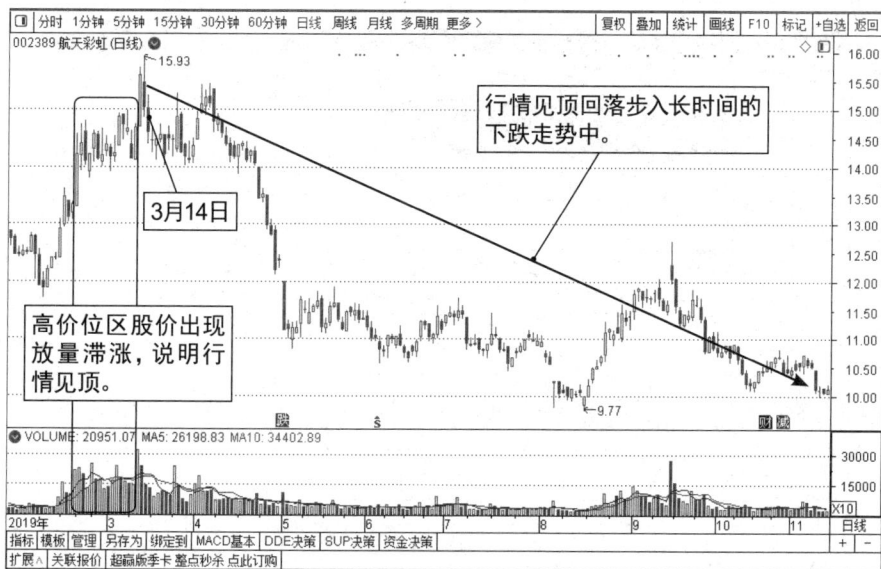

航天彩虹2019年2月至11月的K线走势

从图中可以看出，该股股价在2019年3月上涨到股价的高价位区，此时成交量不断放大，但是股价却出现涨势缓慢的走势。在3月13日更是放量收出带长上影线的阴线，创出15.93元的最高价，明显的上涨无力说明股价已经到达了顶部，随时可能转势下跌。

在3月14日分时图中出现的均价线加速下滑伴随成交量不断放大的走势特点，更说明股价处于上涨弱势的状态，此时投资者应及时抛售出局，锁定利润。从后市的走势来看，该股的确很快步入下跌行情，尤其在下跌初期，在短短一个月不到的时间，股价便出现了一波大幅下跌行情。

NO.085
均价线横向运行图谱

均价线横向运行是指均价线保持水平线方向运行，没有明显快速上扬或加速下滑。

一图展示

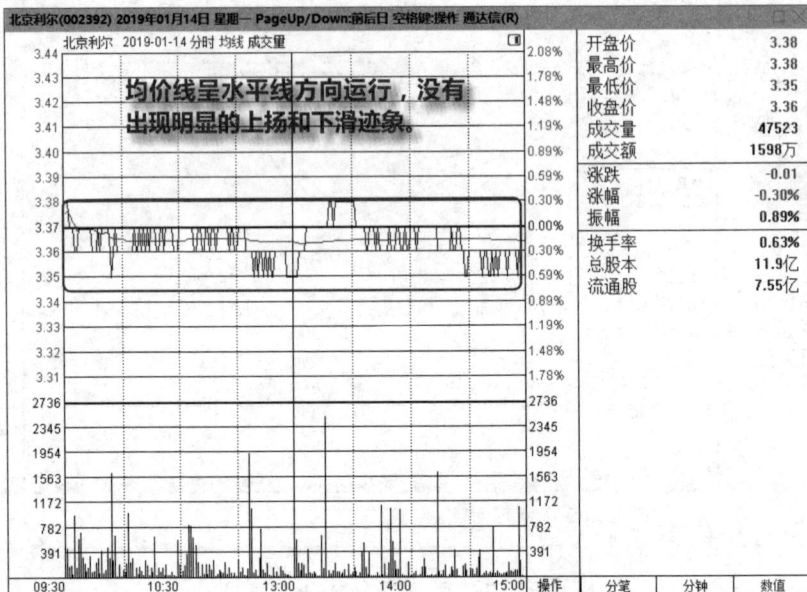

| 北京利尔(002392) 2019年01月14日 星期一 — PageUp/Down:前后日 空格键:操作 通达信(R) | □ × |

均价线呈水平线方向运行，没有
出现明显的上扬和下滑迹象。

开盘价	3.38
最高价	3.38
最低价	3.35
收盘价	3.36
成交量	47523
成交额	1598万
涨跌	-0.01
涨幅	-0.30%
振幅	0.89%
换手率	0.63%
总股本	11.9亿
流通股	7.55亿

要点剖析

均价线横向运行包含的市场意义有如下两点。

◆ 均价线横向运行显示出股价全天没有较大的震荡，基本围绕着均价
  线进行横向运行的信息。

◆ 均价线横向运行显示出一种水平整理走势特点，这样的走势对于市
  场的实战操作意义不大，不能有效确定买卖点。

第 **7** 章

突破涨停量价关系

　　涨停是市场处于极度强势状态的写照，每个投资者都渴求抓住这种机会。但是市场中的涨停却没有表面那么简单，其中包含着许多信息，掌握并运用这些信息才能真正地理解涨停。本章将从量价这个独特的角度去挖掘涨停中的各种信息，并借助这些信息进行实盘操作。

涨停板是市场处于极度强势状态的表现，这样的强势上涨与主力的操作有着紧密联系。因此我们可以通过涨停板中的信息了解主力的操盘意图，进而指导下一步的实际操作。

NO.086
早盘放量涨停图谱

早盘放量涨停指的是股价在 9:30 至 10:30 时间段，成交量逐步放大，股价也快速拉高至涨停，之后便一直止于涨停。

一图展示

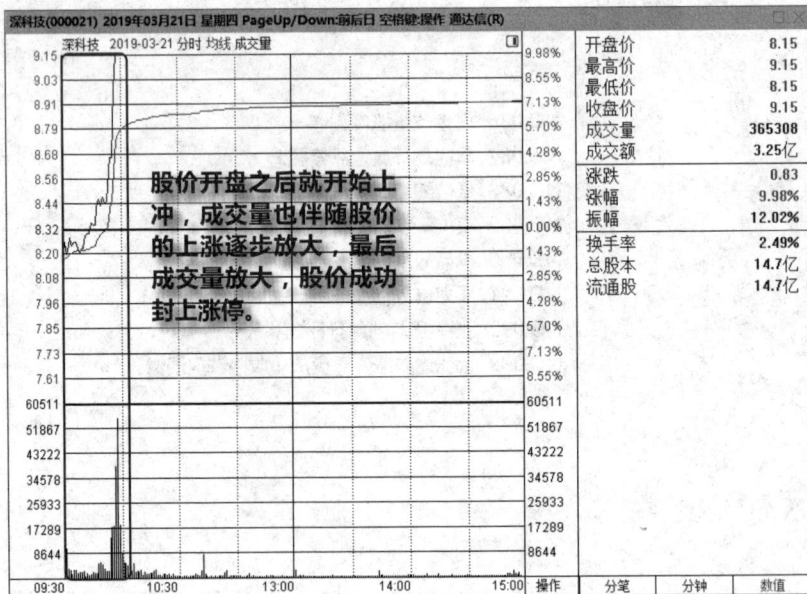

图中文字：股价开盘之后就开始上冲，成交量也伴随股价的上涨逐步放大，最后成交量放大，股价成功封上涨停。

要点剖析

早盘放量涨停透露出的信息有如下几点。

◆ 股价在早盘放量拉升至涨停，并成功封在涨停位置，这样的走势是股价强势上涨的表现。

◆ 放量涨停后成交量的变化也反映出市场的重要信息，涨停后量能持续萎缩，显示出市场筹码锁定程度高；涨停后量能保持活跃或者有所放大，这是市场筹码松动的标志，后市不被看好。

◆ 一般而言，股价放量至涨停的时间越短显示市场越强劲。

操盘精髓

股价早盘放量涨停所处的位置的不同，指导的操作思路也不同。在股价运行的低位区域或者上涨中途，早盘放量涨停显示市场主力资金强烈的做多情绪，由此也发出了买入信号，投资者应该在这样的信号指导下积极买入股票，持股待涨。

分析实例 大冷股份（000530）低位早盘放量涨停买入分析

大冷股份2018年11月12日的分时走势如下图所示。

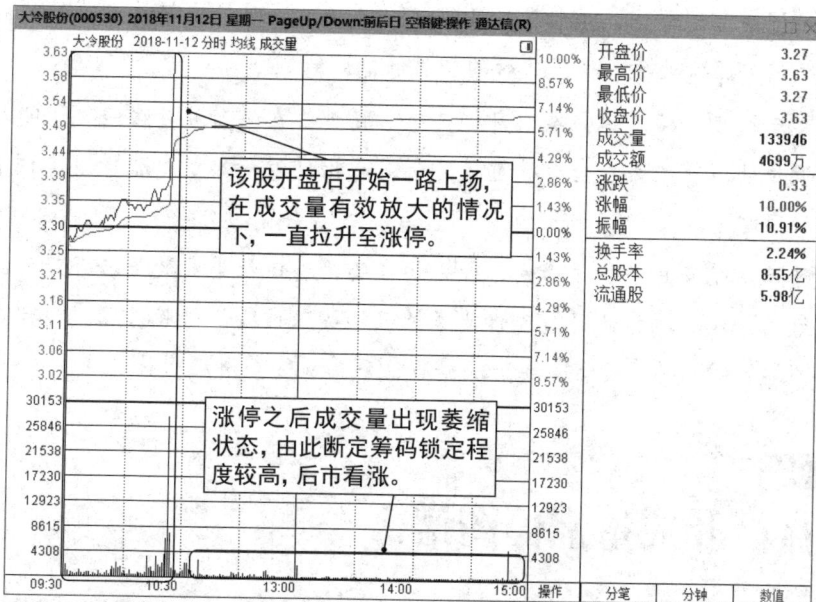

大冷股份2018年11月12日的分时走势

从图中可以看出，该股在2018年11月12日，股价在早盘就放量冲上了涨停板，之后被牢牢封在涨停上。以下展示的是大冷股份在2018年8月到2019年3月的K线走势。

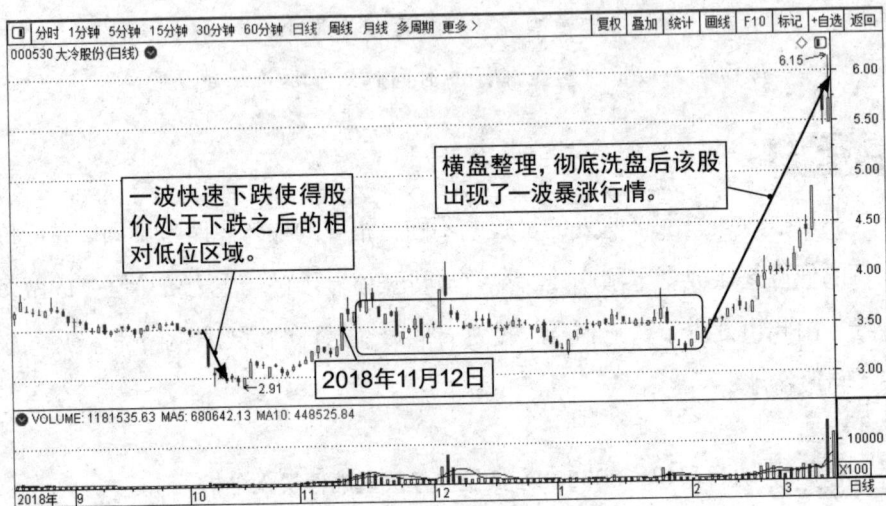

一波快速下跌使得股价处于下跌之后的相对低位区域。

横盘整理，彻底洗盘后该股出现了一波暴涨行情。

2018年11月12日

大冷股份在2018年8月到2019年3月的K线走势

从图中可以看出，该股前期出现了一波快速杀跌的走势特点，这样的快速下跌使得股价处于一个下跌后的相对低位区域。

之后该股止跌反弹，在11月12日，该股股价在早盘放量涨停，说明在股价的低位区域有主力资金大举进场建仓，此轮反弹开启了上涨行情，预示着该股后市看涨。

随后该股开启了一波横向整理走势，股价整理结束，放量拉升股价时就是最好的介入时机，此时投资者要逢低吸纳买入该股，持股待涨。对于在横盘整理期间买入的投资者，要坚决捂股，不要被轻易清理出局。

NO.087
早盘高开放量涨停图谱

早盘高开放量涨停和早盘放量涨停走势基本相同，但是前者一般受利好消息刺激致使股价高开高走，并直达涨停。

一图展示

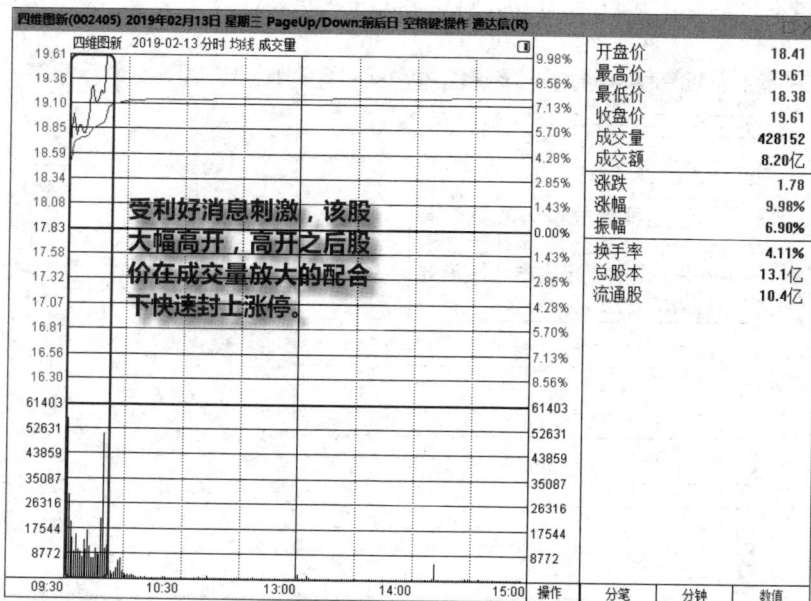

受利好消息刺激，该股大幅高开，高开之后股价在成交量放大的配合下快速封上涨停。

开盘价	18.41
最高价	19.61
最低价	18.38
收盘价	19.61
成交量	428152
成交额	8.20亿
涨跌	1.78
涨幅	9.98%
振幅	6.90%
换手率	4.11%
总股本	13.1亿
流通股	10.4亿

要点剖析

早盘高开放量涨停透露出的市场信息有以下两点。

◆ 就当天而言，股价处于强势状态，成交量在早盘的放大也表明市场做多情绪高涨。

◆ 早盘高开放量涨停要根据股价所处不同的运行位置去判断具体的买卖操作手法。

操盘精髓

早盘高开放量涨停可能出现在股价运行的任何位置，但并不是每个位置都是准确的买入信号。

在股价低位或者上涨中途，早盘高开放量涨停表明市场处于极度强势状态，这是一个准确的买入信号，投资者可以积极进行买入操作。

分析实例 沪电股份（002463）低位早盘高开放量涨停买入分析

沪电股份2018年8月24日的分时走势如下图所示。

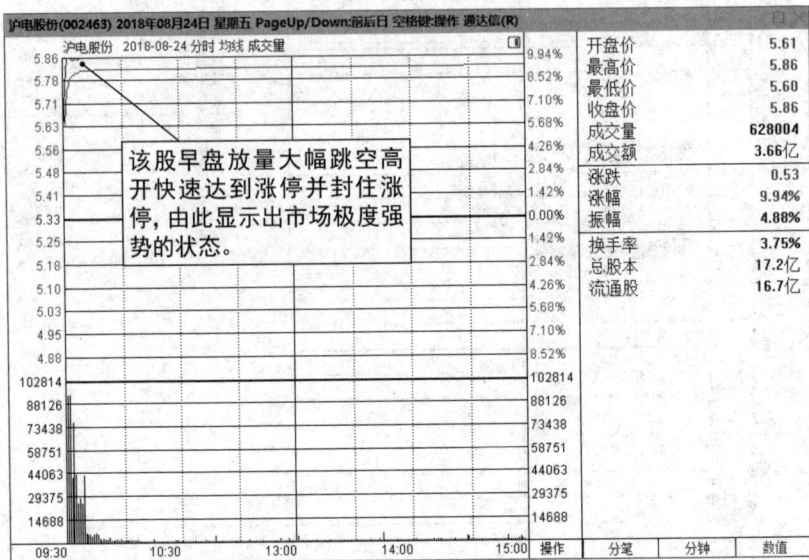

沪电股份（002463）2018年08月24日 星期五 PageUp/Down:前后日 空格键:操作 通达信(R)

	开盘价	5.61
	最高价	5.86
	最低价	5.60
	收盘价	5.86
	成交量	628004
	成交额	3.66亿
	涨跌	0.53
	涨幅	9.94%
	振幅	4.88%
	换手率	3.75%
	总股本	17.2亿
	流通股	16.7亿

该股早盘放量大幅跳空高开快速达到涨停并封住涨停，由此显示出市场极度强势的状态。

沪电股份2018年8月24日的分时走势

从图中可以看出，该股早盘以5.6%左右的涨幅跳空高开放量拉高股价，在短短10分钟之内股价被打到涨停并封住涨停，之后成交量一直缩量，由此可以判断主力资金非常集中，预示股价后市可期。

以下展示的是沪电股份2018年6月至2019年9月的走势图。

从图中可以看出，该股前期在2018年6月底创出3.36元的最低价后企稳回升出现了明显的上涨走势特点，股价从3.36元上涨到了5元左右，涨幅达到了48%左右，由此可知股价已经处于上涨通道中。

2018年8月24日，股价早盘跳空高开放量封涨停，由此显示出了市场对于股价后市表现的一致认同，进而发出买入信号，所以投资者可以在此位置买入股票。之后该股再次高开上涨，且股价从6元最终上涨到29.6元，涨幅接近400%。

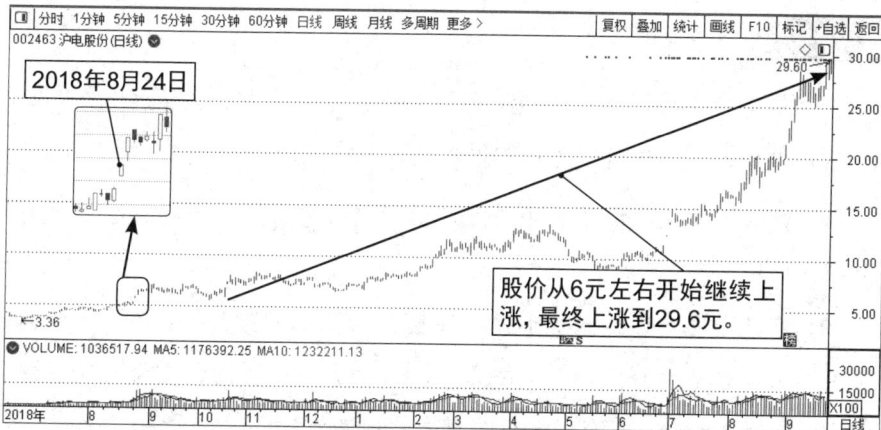

沪电股份2018年6月至2019年9月的走势

NO.088
低位缩量一字涨停建仓图谱

在股价运行的低位区域，由于突发利好消息或者是市场主力极度强势拉升，往往会表现出缩量的一字涨停走势特点。

一图展示

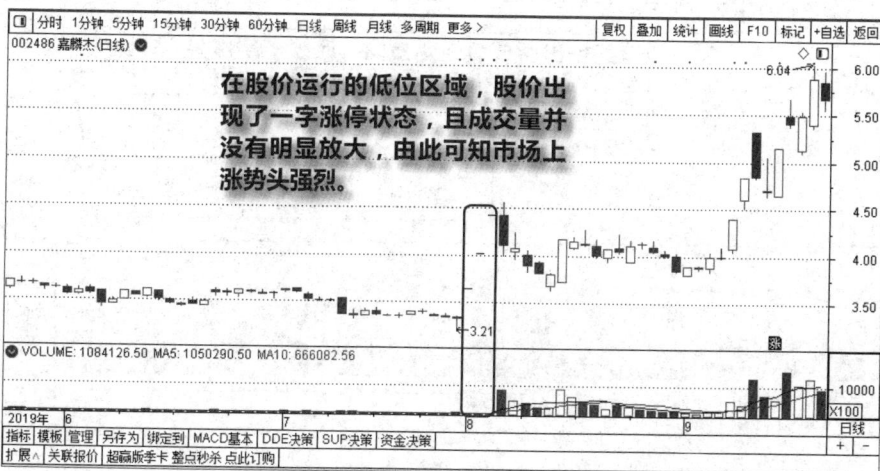

要点剖析

一字涨停现象可以出现在股价运行的任意位置，为什么在这里我们要强调出现在低位，而且呈现出缩量的量能表现呢？

◆ 股价的低位确保了市场风险较低，同时主力资金吸筹建仓的可能性也较大。

◆ 缩量是成交量的表现形式，缩量首先肯定了资金不会大幅度流出，如果要是主力出货，成交量必然放大；另一方面，缩量证明涨停之后筹码稳定，显示市场筹码锁定程度高。

操盘精髓

低位出现一字涨停现象时发出了比较可靠的看涨信号。特别是在之后的股价运行过程中，如果股价始终没有击穿一字涨停的缺口，更加可以看作看涨的信号。所以投资者可以在这样的走势出现后及时买入股票待涨。

分析实例 顺灏股份（002565）低位一字涨停买入分析

顺灏股份在2018年7月至2019年1月的走势如下图所示。

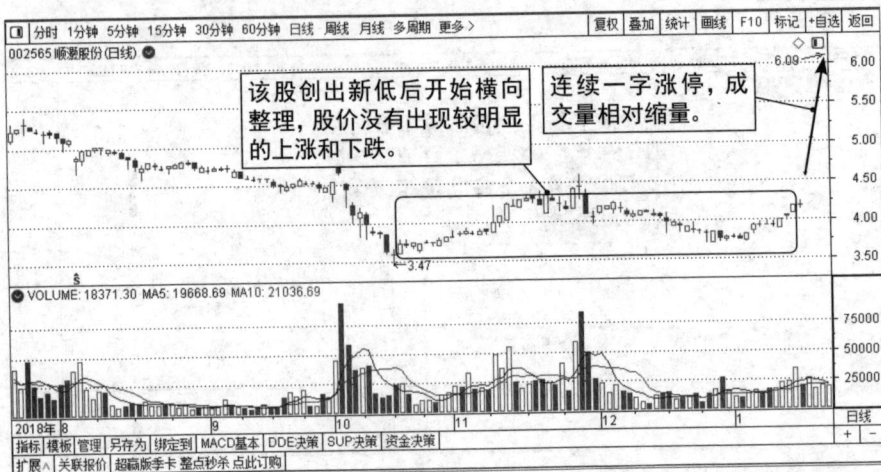

顺灏股份2018年7月至2019年1月的走势

从图中可以看出，该股前期大幅下跌到2018年10月中旬后创出3.47元的新低价，随后股价企稳并没有出现明显的上涨和下跌，而是开始横向运行，股价始终保持在3.5~4.5元之间波动变化。

在2019年1月下旬，该股突发利好消息，股价应声缩量出现连续一字涨停，由此可知后市看好。后市走势如下图所示。

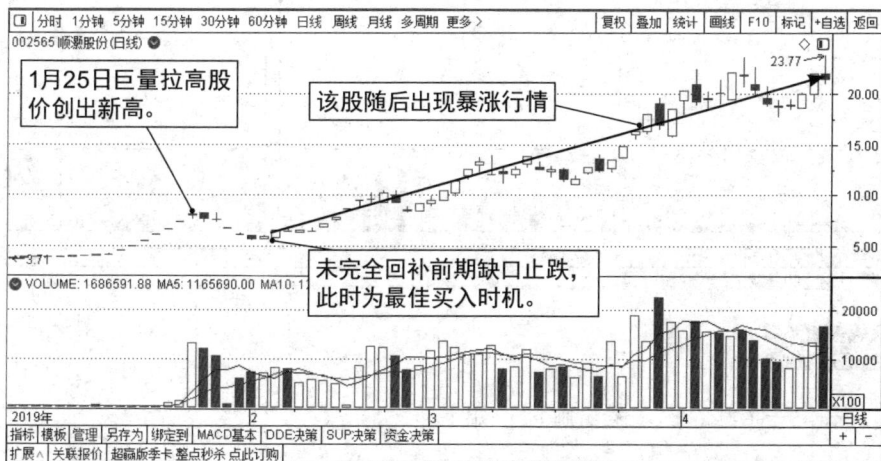

顺灏股份2019年1月至4月的走势

从图中可以看出，在低位出现一字缩量涨停现象之后，该股在1月25日放天量创出阶段性的高位后，该股出现短暂回调，但是并没有完全回补前期连续一字涨停形成的缺口便止跌继续上涨，由此断定市场处于极度强势的状态，投资者可以进行追涨买入操作。

在发出强烈买入信号之后，股价继续强势上涨，从5元左右上涨到了23.77元，涨幅超过375%，可谓是暴涨行情。

NO.089
高位一字涨停诱多图谱

在股价上涨后的高位区域，主力有时会制造一字涨停的诱多陷阱，从而达到出货的目的。

一图展示

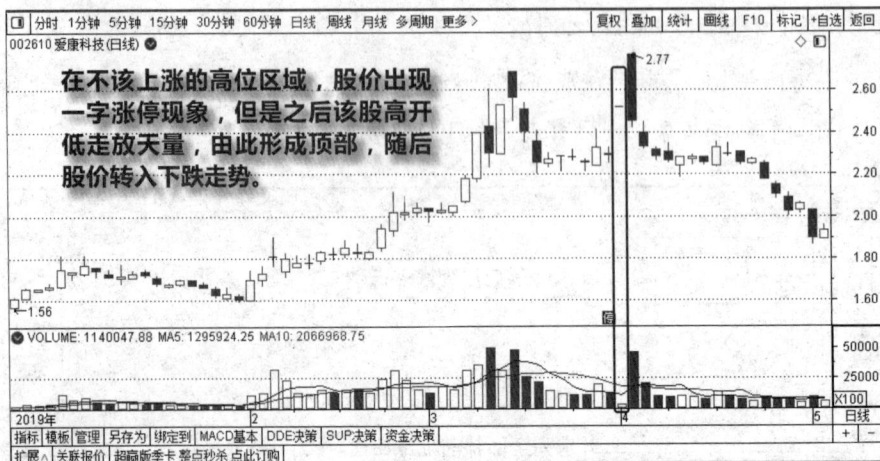

在不该上涨的高位区域，股价出现
一字涨停现象，但是之后该股高开
低走放天量，由此形成顶部，随后
股价转入下跌走势。

要点剖析

高位一字涨停诱多陷阱解读，如下所示。

◆ 前期股价已经出现了较大幅度的上涨痕迹，由此确保股价运行至高位区域。

◆ 一字涨停现象出现，造成强势拉升的假象，一般在之后的交易日中，该股会大幅高开，诱使投资者积极买入股票，从而主力达到出货的目的。

◆ 高位一字涨停诱多之后股价一般会快速下跌。

操盘精髓

在股价运行的高位区域，市场人气已经高涨，此时主力刻意制造一字涨停的效果，形成强势拉升的假象，之后高开派发筹码，达到出货的目的。所以当高位一字涨停之后，股价高开放大量收阴时，投资者就应该卖出股票。

分析实例　华通医药（002758）高位一字涨停诱多分析

华通医药在2019年1月至4月的走势如下图所示。

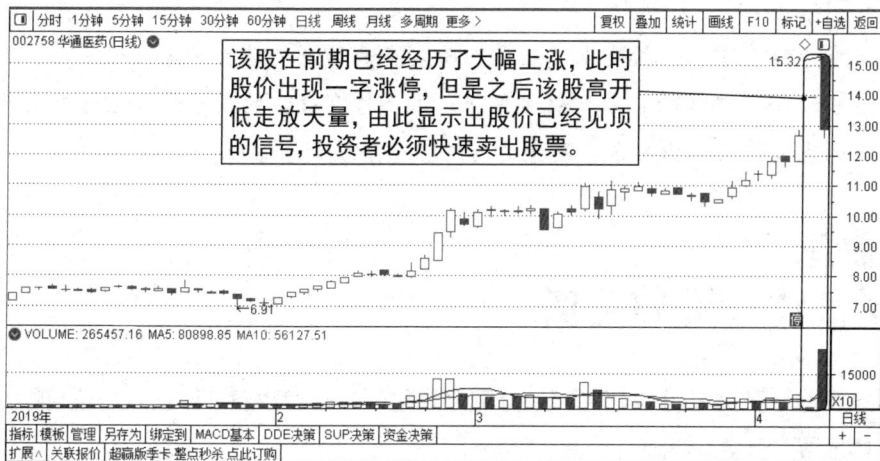

华通医药2019年1月至4月的走势

从图中可以看出，该股出现一字涨停特点，似乎发出突破信号，但是之后该股高开低走放天量，这样的走势明显显示股价见顶的信息，后市走势如下图所示。

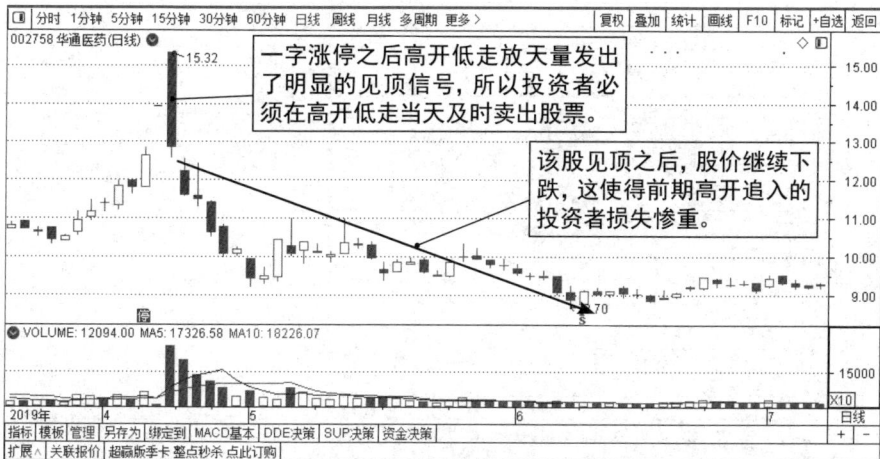

华通医药2019年3月至7月的走势

从图中可以看出，该股在经过一段时间的上涨后，股价已经处于高位，此时出现一字涨停迹象，造成股价强势突破的假象，诱使投资者在第二天进场接盘。

对于没有买入的投资者，应该在确实突破高点之后的回踩低位买入，不应在出现一字涨停的第二天快速追涨；对于持有股票的投资者，应该在高开低走的当天及时卖出股票，避免之后的快速下跌带来损失。

NO.090
尾盘放量涨停图谱

尾盘指的是在交易日 14:00 至 15:00 的交易时间，尾盘放量涨停指股价在这段时间内放量拉升至涨停。

一图展示

股价在尾盘阶段，成交量不断放大，股价不断快速拉升，最后在量能的有效配合下收于涨停板。

要点剖析

尾盘放量涨停展示的市场信息有以下几点。

◆ 尾盘之前，市场处于平静状态，股价小幅震荡，成交量维持在低成交量状态。

◆ 尾盘拉升是市场主力资金所为，强势拉升至涨停反映出资金不断买入的状况。

◆ 选择尾盘快速拉升至涨停有主力特殊的目的，由于临近尾盘，投资者普通警惕度降低，此时主力资金趁机快速拉升，能有效避免了市场中的沉重抛压。

操盘精髓

尾盘放量拉升至涨停显示出市场在当天交易的后期强势上攻状态，当这样的走势特征出现在股价的低位区域或者上涨途中时，是较为准确的买入信号，投资者可以根据这样的信号买入股票。

分析实例 万里石（002785）尾盘放量涨停买入操作分析

万里石2018年10月17日的分时走势如下图所示。

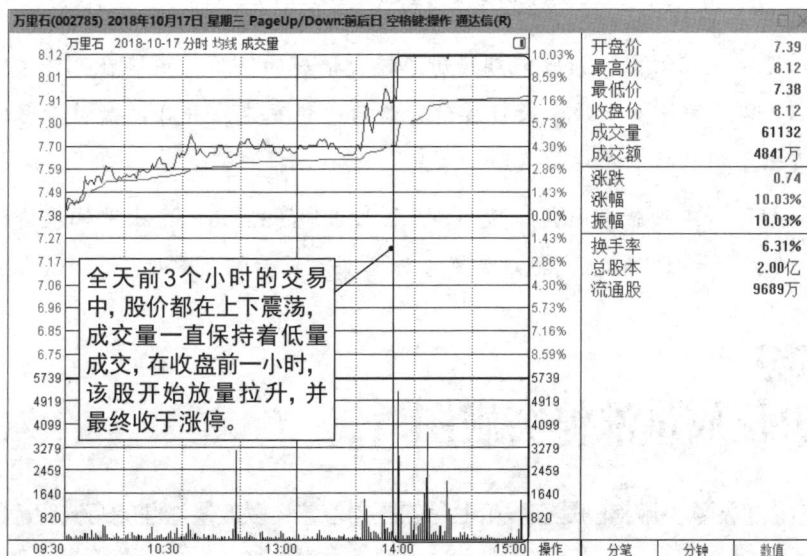

万里石2018年10月17日的分时走势

从图中可以看出，该股当日小幅高开后一路震荡高走，期间成交量基本保持相对少量，交投不活跃。但是在收盘前一小时，股价快速拉升，且成交量不断放大，最终该股收于涨停，显示出大量资金在当天尾盘的持续流入状况。以下展示的是万里石在2018年8月至2019年4月的走势。

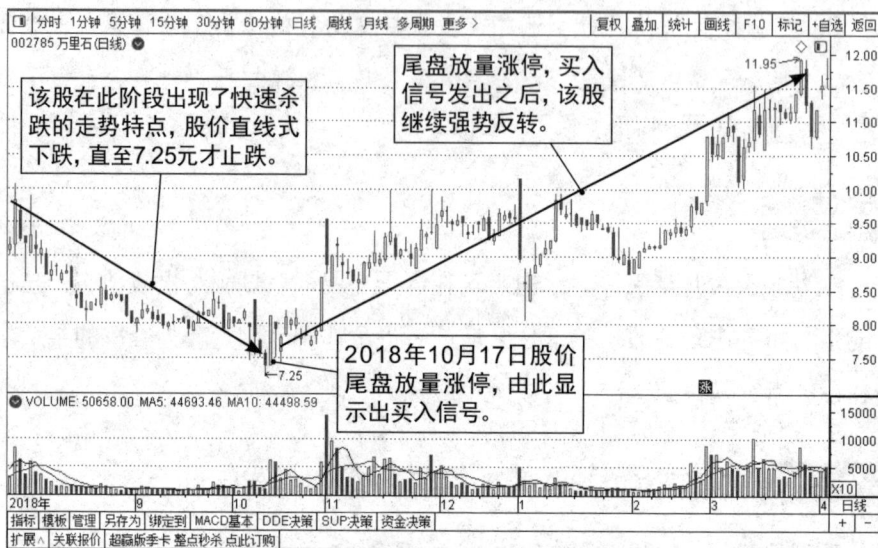

万里石2018年8月至2019年4月的走势

从图中可以看出，该股前期经历了较大幅度的下跌，最终在2018年10月16日以7.25元的低价止跌，次日股价开盘后一路高走，并在尾盘放量涨停，由此发出了明确的看涨信号。

之后股价继续强势反弹，股价从8元上涨到了11.95元，上涨幅度达到了49%以上，由此可以证实前期尾盘放量涨停买入信号的可靠性。

NO.091
压力位放量涨停突破图谱

压力位放量涨停突破指的是在股价上行的压力位置，以放量涨停的方式突破压力位置。

一图展示

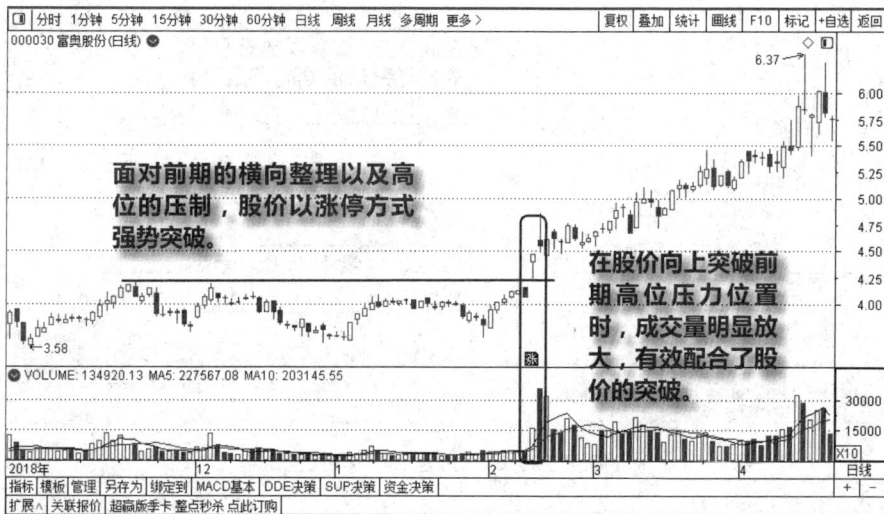

面对前期的横向整理以及高位的压制，股价以涨停方式强势突破。

在股价向上突破前期高位压力位置时，成交量明显放大，有效配合了股价的突破。

要点剖析

放量涨停突破压力位置显示出的市场信息有如下两点。

◆ 涨停突破显示出当前市场中多头的力量巨大，预示着股价后市继续上涨。

◆ 成交量的放量显示出大量资金在积极介入，同时前期的套牢盘得到了有效消化的信息；预示着股价后市继续上涨的可能性极大。

操盘精髓

以放量涨停的方式突破压力位置是明确的看涨信号，一般而言，在强势突破之后，股价会进行整理或者是向下回踩调整，形成较好的买入机会，所以投资者可以在放量涨停突破之后的整理位置或回踩低位买入股票。

分析实例 特发信息（000070）放量涨停突破压力位买入分析

特发信息在2018年8月至2019年1月的走势如下图所示。

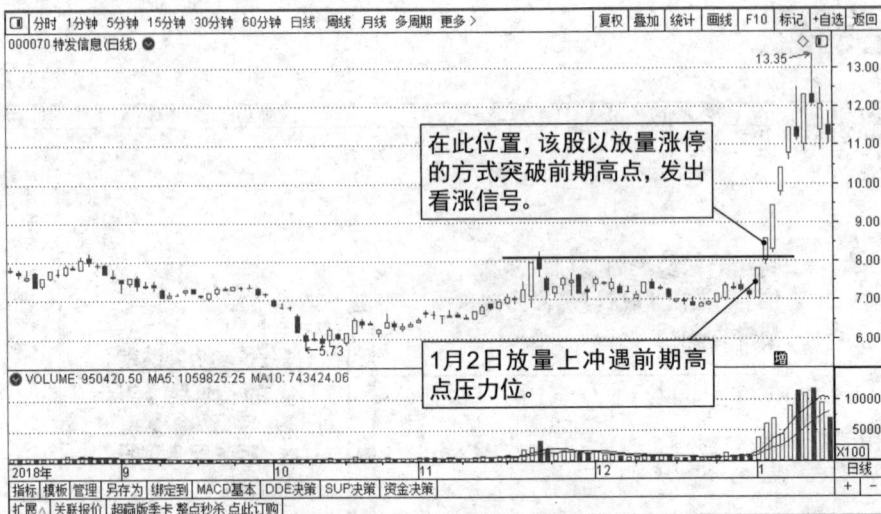

特发信息在2018年8月至2019年1月的走势

从图中可以看出，该股在2018年10月初见底后企稳回升出现了一段时间的上涨行情，12月中旬运行到阶段性的高位后出现横盘整理。

2019年1月2日出现放量涨停，股价上冲遇到前期上涨高点的压制，但是第二天继续放量涨停成功突破前期高位的压制。后市走势如下图所示。

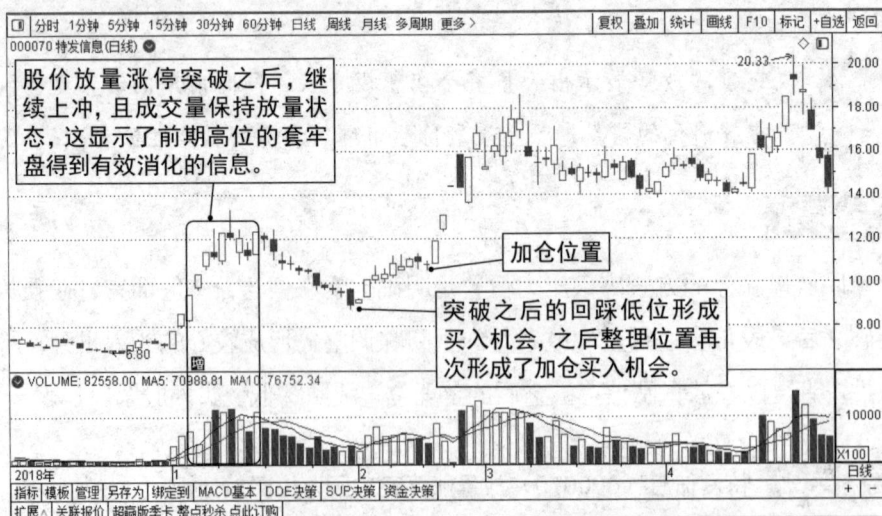

特发信息在2018年12月至2019年4月的走势

从图中可以看出，该股以放量涨停的方式突破了前期高点压力位置，这样的强势突破显示了市场多头力量强劲。

强势突破之后股价回踩，形成了第一个较好的买入机会。之后该股便开始了快速上涨的行情，投资者获利颇丰。

在强势突破之后，该股从12元左右上涨到了20.33元，涨幅达69%以上，所以无论投资者在突破后何处买入股票都可以获得丰厚的回报。

NO.092
涨停板 V 字形打开洗盘图谱

在涨停走势中，主力会进行很多隐蔽的操作，比如这里的 V 字形打开涨停板，就很好地达到了洗盘的目的。

一图展示

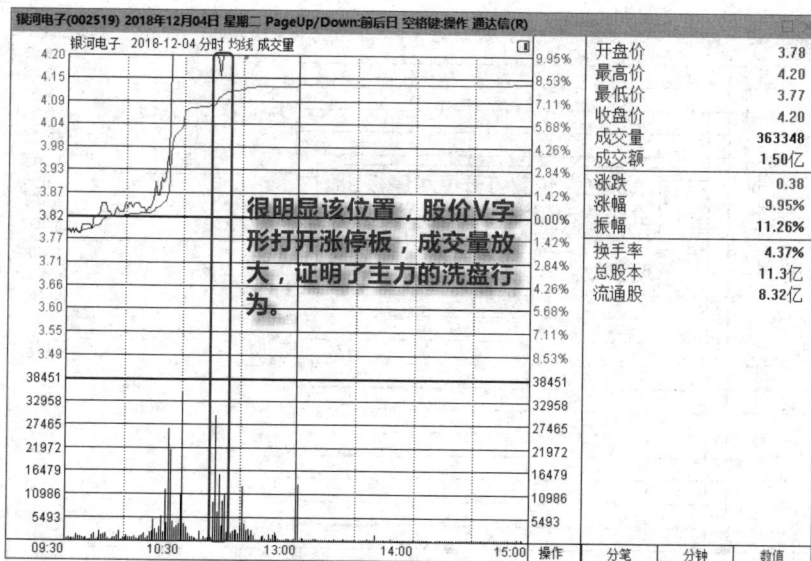

很明显该位置，股价V字形打开涨停板，成交量放大，证明了主力的洗盘行为。

要点剖析

涨停板 V 字形打开洗盘的主要表现有如下两点。

◆ 全天股价长时间处于涨停状态，但是中间出现形状如V字的走势特
点，快速打开并快速关闭涨停板，同时伴随着成交量的放大。

◆ V字形缺口下跌幅度较小，这是防止资金在低位进场和主力抢筹。

操盘精髓

利用涨停板中 V 字形缺口洗盘是主力在连续强势拉升阶段的洗盘手法，
由此可见，在这样的走势之后，股价还会拉升，所以投资者发现这样的 V 字
形洗盘现象出现，就应该在缺口处积极买入股票。

分析实例 美利云（000815）涨停板V字形打开洗盘分析

美利云2019年2月12日的分时走势如下图所示。

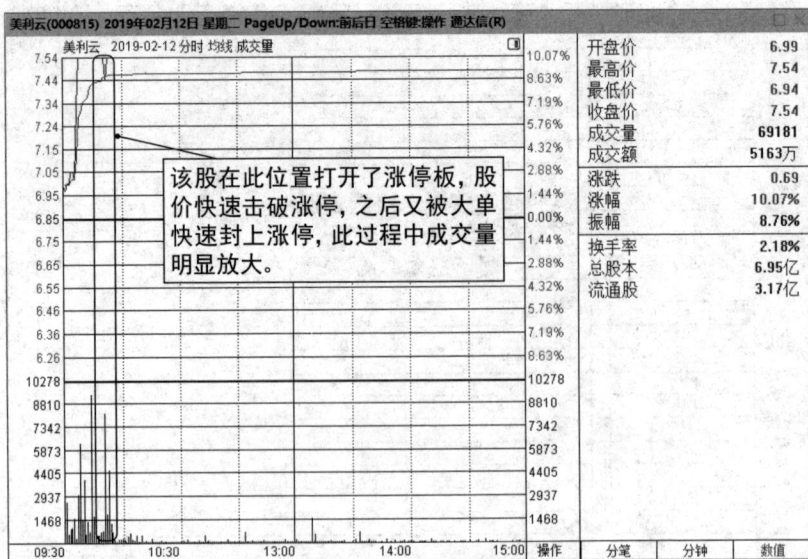

美利云2019年2月12日的分时走势

从图中可以看出，该股在2019年2月12日这天的分时图中，股价出现了

明显的V字形打开涨停洗盘走势特点，预示股价后市继续被拉升的可能性极大。以下展示的是美利云2018年10月至2019年5月的走势图。

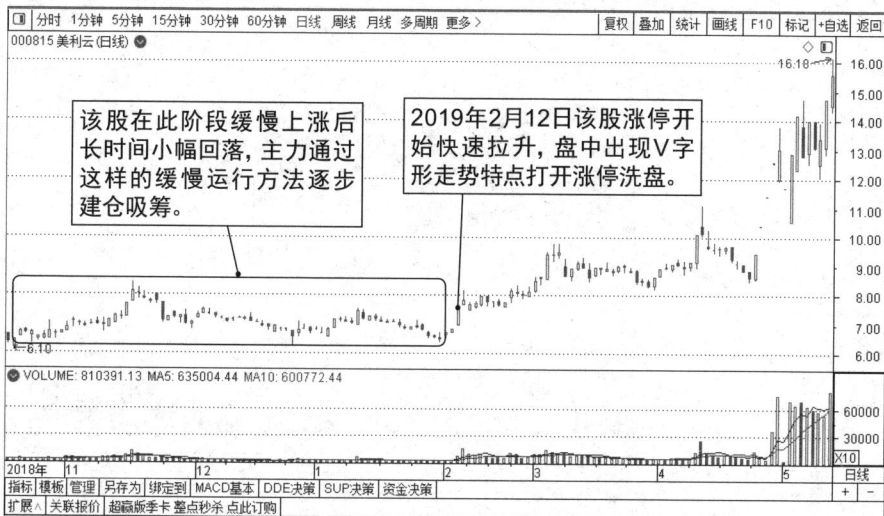

美利云2018年10月至2019年5月的走势

从图中可以看出，该股主力在前期进行了较长时间的建仓吸筹，当股价开始强势拉升时，股价放量收出涨停，且在当天主力还以V字形走势打开涨停进行洗盘操作，预示股价后市继续看涨。

之后该股继续放量拉升，发出更加确切的买入信号，由此投资者应该在强势拉升阶段积极追涨买入。

强势拉升之后，股价继续上攻，股价从7.5元左右上涨到了16.18元，涨幅超过115%。

NO.093
上涨途中涨停开盘放量收阴洗盘图谱

在股价的上涨阶段，主力有时会采取涨停开盘放量收阴的方式进行建仓洗盘操作。此阶段之后，股价继续看涨。

一图展示

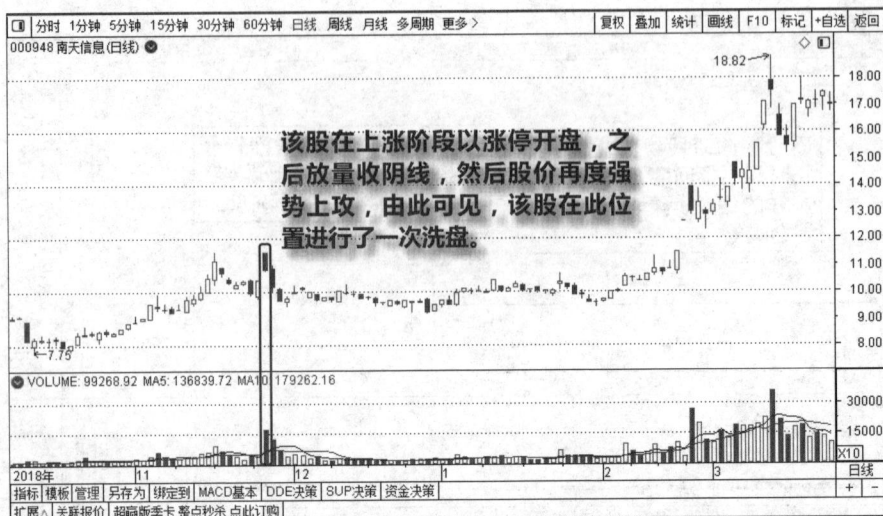

该股在上涨阶段以涨停开盘，之后放量收阴线，然后股价再度强势上攻，由此可见，该股在此位置进行了一次洗盘。

要点剖析

上涨途中涨停开盘放量收阴洗盘的要点。

◆ 一般出现在股价走势处于上涨状态的情况下，高开低走的走势制造恐慌气氛。

◆ 成交量放大显示出当前市场的筹码换手积极的信息，为主力吸筹创造了前提条件。

操盘精髓

上涨途中涨停开盘放量收阴洗盘经常出现在股价的快速拉升阶段，这样的洗盘手法会造成市场恐慌，使得众多不坚定的筹码出逃，但是这样的洗盘只会维持较短时间，当股价再次走强时投资者就可以进行买入操作。

分析实例 哈工智能（000584）上涨途中涨停开盘放量收阴洗盘分析

哈工智能在2018年10月至2019年2月的走势如下图所示。

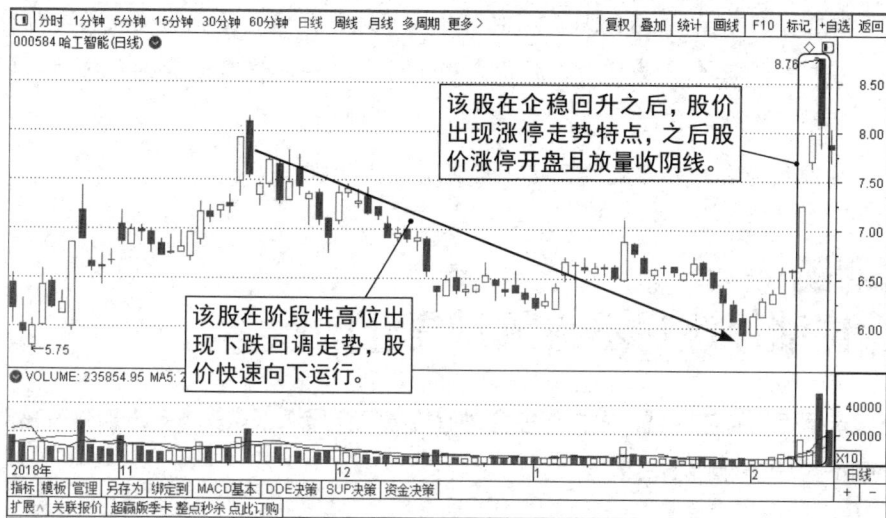

该股在企稳回升之后，股价
出现涨停走势特点，之后股
价涨停开盘且放量收阴线。

该股在阶段性高位出
现下跌回调走势，股
价快速向下运行。

哈工智能2018年10月至2019年2月的走势

从图中可以看出，该股在2018年10月中旬创出5.75元的最低价后，股价企稳回升步入上涨，在上涨到8元价位线后进入了长时间的回调。

2019年2月初股价回调结束后K线连续阳线报收拉高股价，并连续出现两个交易日的跳空高开涨停收盘，之后在2月19日该股开盘涨停放量收阴线，是否预示股价见顶了呢？后市走势如下图所示。

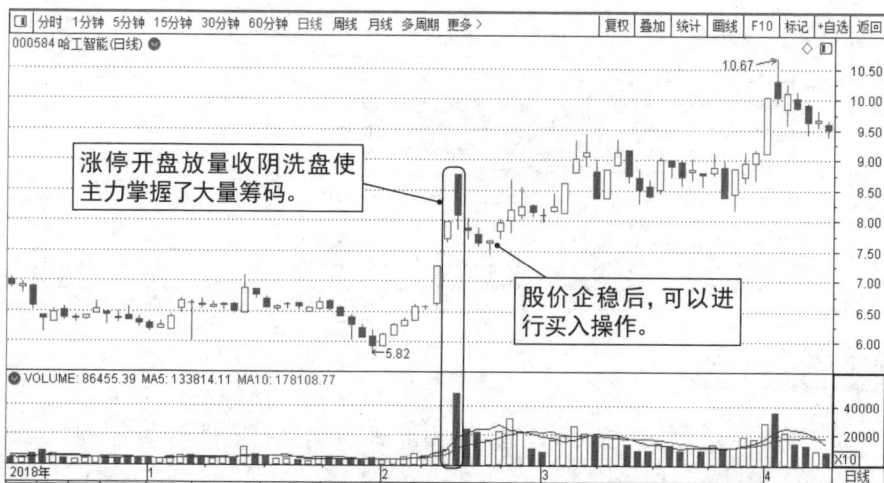

涨停开盘放量收阴洗盘使
主力掌握了大量筹码。

股价企稳后，可以进
行买入操作。

哈工智能2018年12月至2019年4月的走势

从图中可以看出，该股在 2 月 19 日出现了涨停开盘放量收阴洗盘的走势特点，在短短两三个交易日后，股价企稳回升，这样的洗盘走势特点显示出该股后市继续看涨的信息。

因此投资者可以在股价企稳之后买入股票待涨。

NO.094
低位涨停该封不封放量建仓图谱

在股价运行的低位区域，主力往往会进行拉高建仓操作，这时就会出现股价该涨停而不封涨停的走势特点。

一图展示

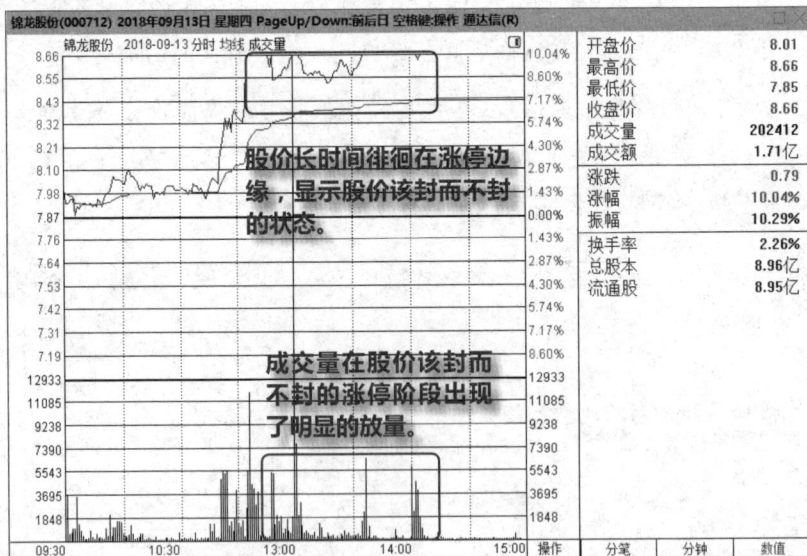

锦龙股份(000712) 2018年09月13日 星期四 PageUp/Down:前后日 空格键:操作 通达信(R)

开盘价	8.01
最高价	8.66
最低价	7.85
收盘价	8.66
成交量	202412
成交额	1.71亿
涨跌	0.79
涨幅	10.04%
振幅	10.29%
换手率	2.26%
总股本	8.96亿
流通股	8.95亿

股价长时间徘徊在涨停边缘，显示股价该封而不封的状态。

成交量在股价该封而不封的涨停阶段出现了明显的放量。

要点剖析

低位涨停该封而不封放量建仓显示出的市场信息有以下两点。

◆ 出现在股价的上涨初期阶段。

◆ 盘中股价长时间在涨停板附近徘徊，呈现出小幅上下震荡的走势特点，且成交量出现明显的放量。

操盘精髓

在股价运行的低位区域，盘中股价多次触及涨停，但就是不能直接封上涨停，而呈现出高位小幅上下震荡的走势特点，且成交量明显放大。这样的走势特点说明主力很有可能在建仓吸筹，因此当后市股价再次放量拉升时投资者就可以参与买入。

分析实例 中交地产（000736）低位涨停该封不封放量建仓分析

中交地产2019年1月30日的分时走势如下图所示。

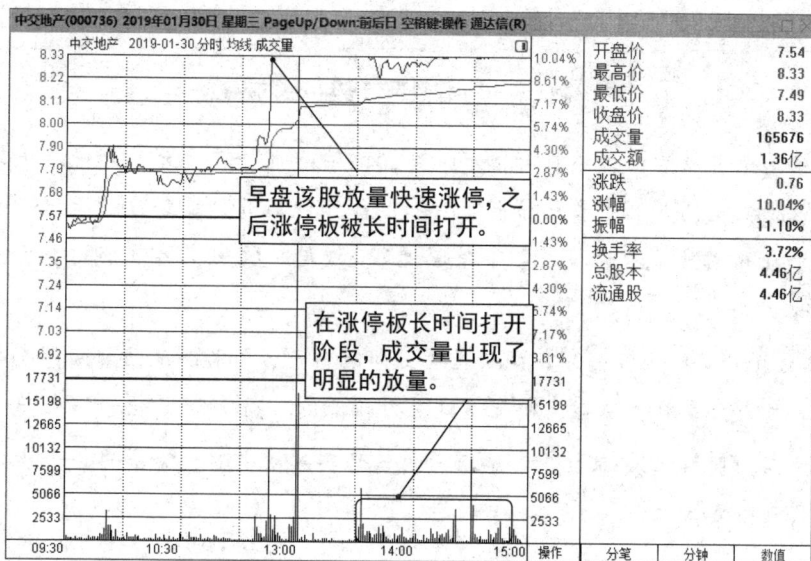

中交地产2019年1月30日的分时走势

从图中可以看出，该股在当天小幅低开后呈阶梯形上涨，在早市临近收盘时突然放量拉高股价达到涨停板。下午开盘后不久，股价长时间在涨停板附近徘徊，且成交量明显放大，这样的走势特点显示出主力什么样的操作意图呢？

以下展示的是中交地产2018年12月至2019年4月的走势图。

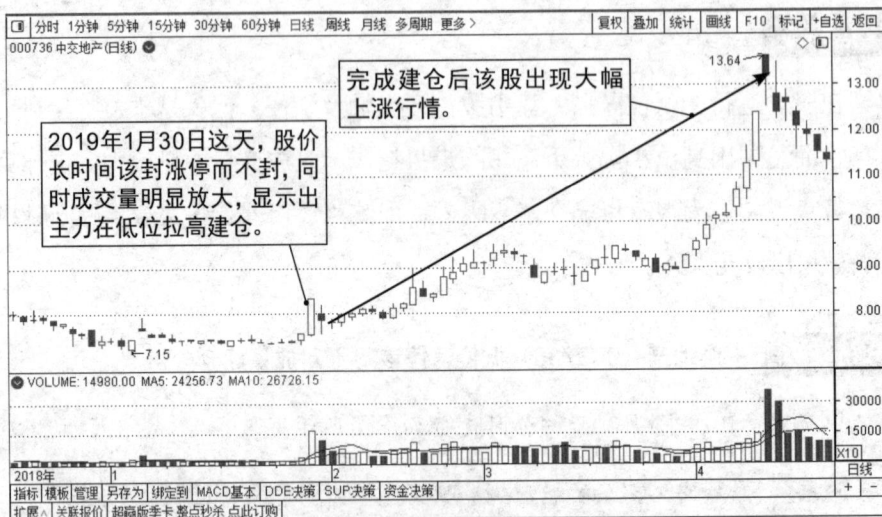

中交地产2018年12月至2019年4月的走势

从图中可以看出，该股大幅下跌到2019年1月创出7.15元的新低后止跌，次日该股跳空高开低走收出带长上影线的小阴线后开始缓跌，随后该股步入近一个月的横盘整理阶段。整个整理过程K线均是收出实体较小的小阴线和小阳线。

1月30日，股价开始发起强势上攻，同时当天股价长时间该封涨停而未封涨停，且成交量放量明显，由此可见主力在低位拉高建仓吸筹。

之后该股继续放量拉升，显示出明显的买入机会，投资者可以考虑在此位置买入股票待涨。

NO.095
高位涨停该封而不封放量出货图谱

当涨停该封而不封且放量出现在股价上涨的高位区域时，显示的市场意义就发生了根本的转变。

一图展示

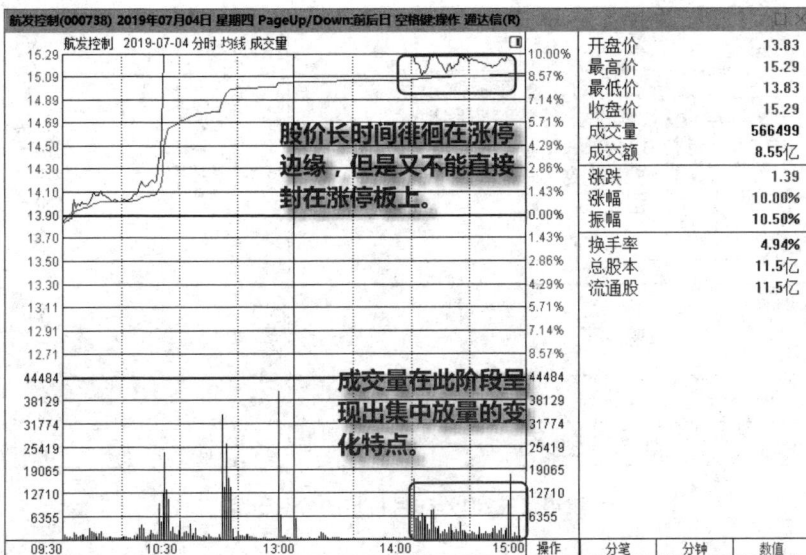

```
航发控制(000738) 2019年07月04日 星期四 PageUp/Down:前后日 空格键:操作 通达信(R)
航发控制  2019-07-04 分时 均线 成交量
15.29                                                                          10.00%
15.09                                                                          8.57%
14.89                                                                          7.14%
14.69                                                                          5.71%
14.50         股价长时间徘徊在涨停                                              4.29%
14.30         边缘，但是又不能直接                                              2.86%
14.10         封在涨停板上。                                                    1.43%
13.90                                                                          0.00%
13.70                                                                          1.43%
13.50                                                                          2.86%
13.30                                                                          4.29%
13.11                                                                          5.71%
12.91                                                                          7.14%
12.71                                                                          8.57%
44484         成交量在此阶段呈                    44484
38129         现出集中放量的变                    38129
31774         化特点。                            31774
25419                                             25419
19065                                             19065
12710                                             12710
6355                                              6355
09:30      10:30       13:00      14:00    15:00  操作    分笔    分钟    数值
```

开盘价	13.83
最高价	15.29
最低价	13.83
收盘价	15.29
成交量	566499
成交额	8.55亿
涨跌	1.39
涨幅	10.00%
振幅	10.50%
换手率	4.94%
总股本	11.5亿
流通股	11.5亿

要点剖析

高位涨停该封而不封放量出货有如下两点。

◆ 股价长时间在涨停板附近运行，期间多次触及到涨停板但不能直接
封死在涨停板之上。

◆ 在此阶段中，成交量出现明显的放量。

操盘精髓

处于股价上涨之后的高位区域，出现相同走势变化的股价涨停该封而不
封却显示出了截然相反的市场意义。高位出现这样的走势特点时，充分说明
了主力在高位派发筹码，投资者应该跟随主力卖出股票。

分析实例 航锦科技（000818）高位涨停该封而不封放量出货分析

航锦科技2019年3月11日的分时走势如下图所示。

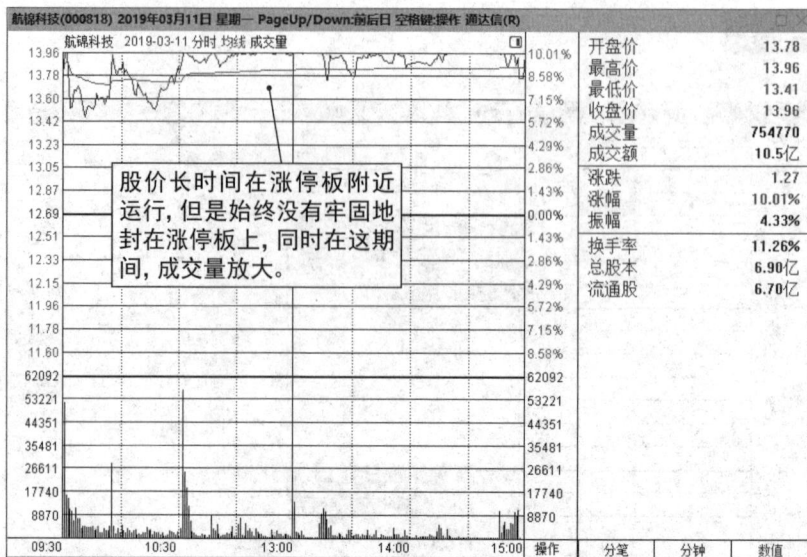

航锦科技2019年3月11日的分时走势

从图中可以看出，该股在2019年3月11日这天股价放量涨停板开盘，但是当日该封涨停却没有封死在涨停板上，成交量在这期间也出现了持续放大的迹象，而且有几笔出现天量成交。

以下展示的是航锦科技2018年10月至2019年5月的走势图。

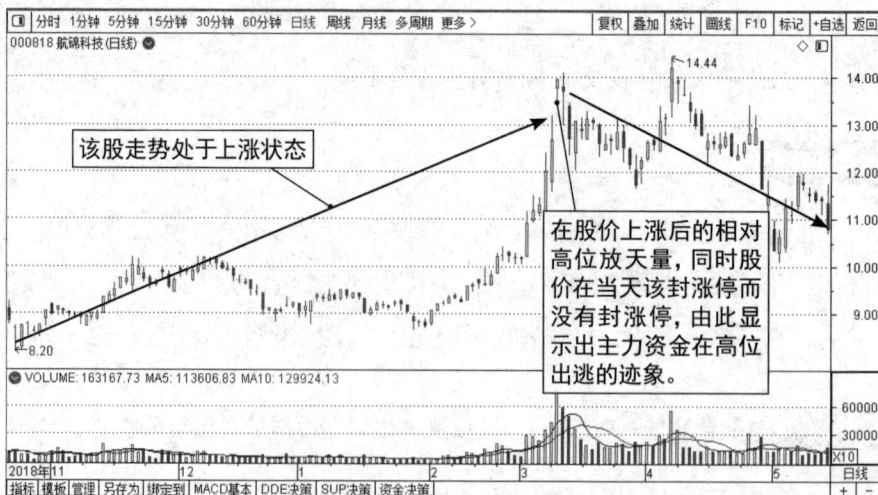

航锦科技2018年10月至2019年5月的走势

从图中可以看出，该股前期已经出现了一段时间的上涨，且股价从8.2元左右上涨到了13元之上，涨幅达58%左右。

股价在经历上涨之后的相对高位强势上攻，当天股价在涨停板附近运行，该封涨停而没有封住涨停，同时成交量在当天异常放大，由此显示出主力资金在高位出货，所以投资者要跟随主力在此位置卖出股票。

之后股价快速进入下跌走势，从14元之上下跌到了11元左右，下跌幅达21%以上。

NO.096
低位长时间打开涨停板建仓图谱

在股价运行的低位区域，主力会借助强势涨停拉升快速建仓，并且在盘中长时间打开涨停板，诱使投资者因涨停板长时间被打开而卖出手中的廉价筹码。

一图展示

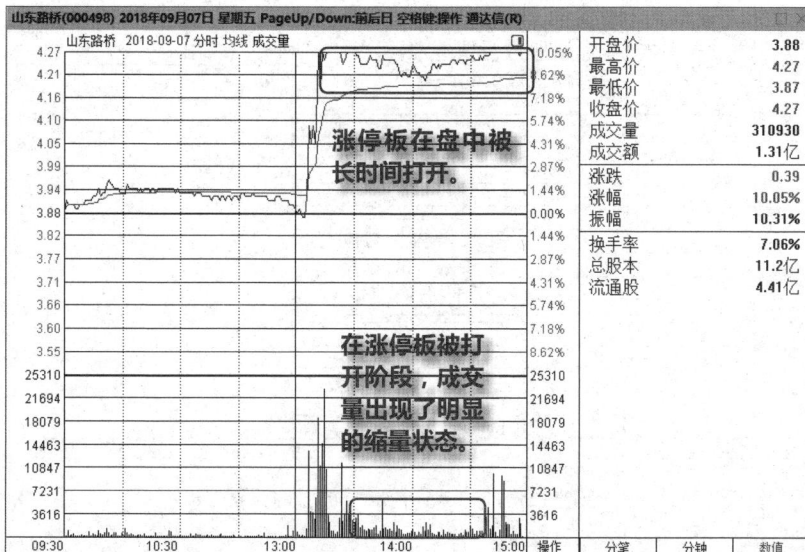

要点剖析

低位长时间打开涨停板建仓的解读。

◆ 实质上是主力在低位拉高股价快速建仓的手法。

◆ 涨停板被长时间打开，成交量缩量，显示在打开阶段主力资金没有
出逃的信息。

操盘精髓

在股价的低位区域，长时间打开涨停板建仓是一个明显的看涨信号，投
资者可以在这样的信号发出之后积极买入股票。

分析实例 阳光股份（000608）低位长时间打开涨停板建仓分析

阳光股份2018年10月26日的分时走势如下图所示。

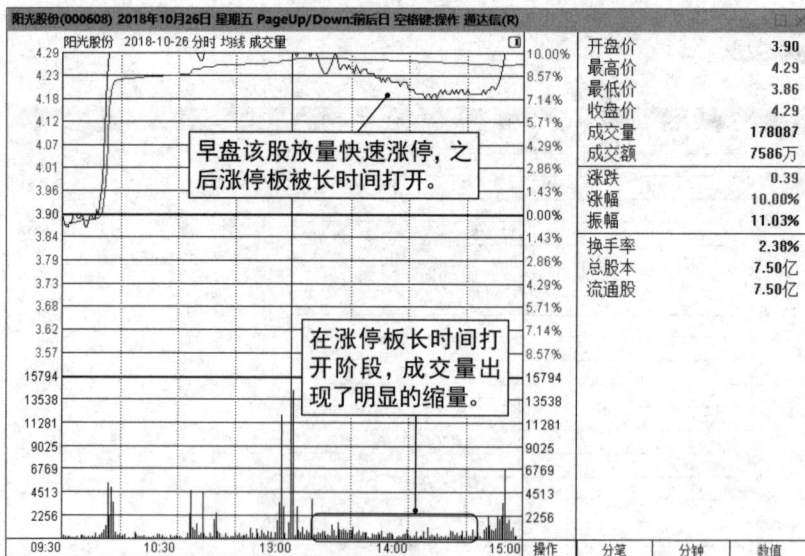

阳光股份2018年10月26日的分时走势

从图中可以看出，该股全天强势上攻，成交量配合股价的每一次上涨表
现放量。

在早盘快速放量涨停之后，早市被打开过一次后封涨停，但是在下午开盘后，涨停板被长时间打开，此阶段成交量明显缩量，显示了在涨停板打开阶段市场主力资金没有大幅出逃的信息，预示主力资金看好后市。以下展示的是阳光股份在2018年9月至2019年4月的走势图。

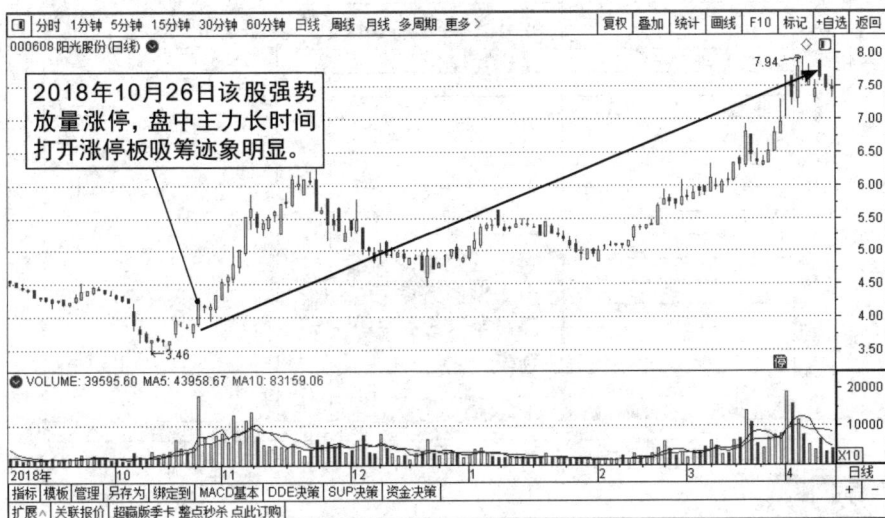

阳光股份2018年9月至2019年4月的走势

从图中可以看出，该股前期快速下跌后并在2018年10月初创出3.46元的最低价后企稳，短时间的横盘之后股价缓慢上涨，逐渐远离底部进入上涨通道。

随后在2018年10月26日，该股强势放量涨停，盘中股价长时间打开涨停板，主力吸筹建仓迹象明显，由此发出看涨信号，投资者应在上涨过程分批买入，控制持仓成本，当股价上涨高位后应及时卖出了结获利。

NO.097
高位长时间打开涨停板出货图谱

与低位长时间打开涨停板建仓刚好相反，在股价运行的高位区域，涨停板被长时间打开则很有可能就是主力在出货。

一图展示

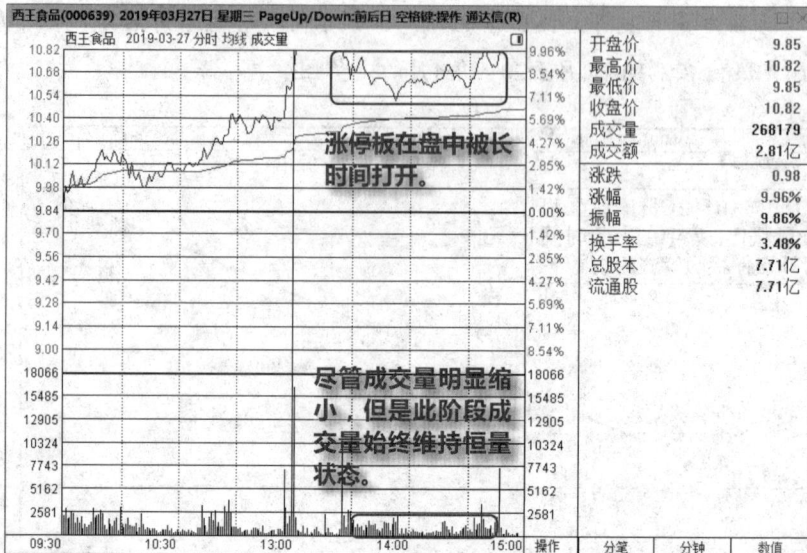

要点剖析

高位涨停板长时间打开出货包含的主要信息。

◆ 一般出现在股价上涨之后的高位区域，股价上涨已经明显失去了继续拉升的动力。

◆ 全天交易中成交量放量明显，且在长时间打开涨停板阶段，成交量会出现恒量运行状态，并没有出现持续性的缩量。

操盘精髓

在股价上涨的高位区域，涨停板长时间被打开极有可能是主力在制造假的强势走势，以此达到出货的目的。所以当投资者在股价运行的高位发现这样长时间打开涨停板的现象时，第一选择就是及时卖出股票，以锁定获得的收益。

分析实例 *ST盈方（000670）高位长时间打开涨停板出货分析

*ST盈方2019年3月13日的分时走势如下图所示。

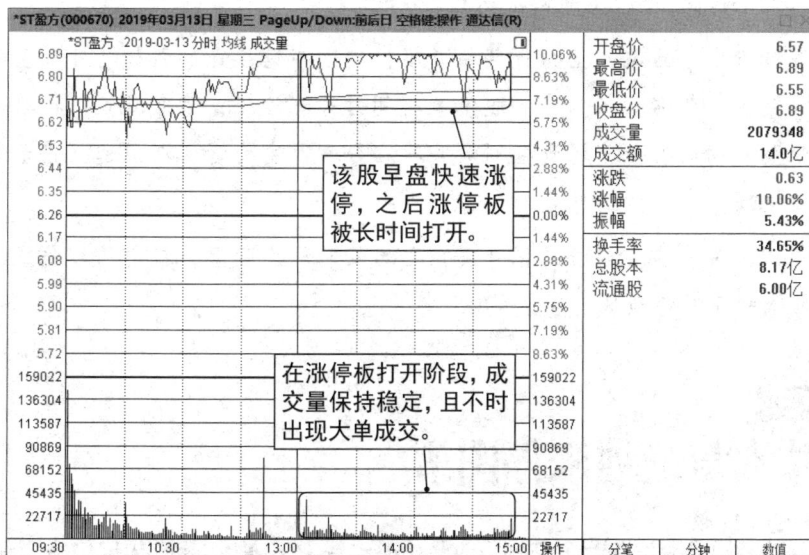

*ST盈方2019年3月13日的分时走势

从图中可看出，股价在早盘即将结束时被快速打到涨停板，但是在下午开盘后，涨停板被长时间打开，成交量中不时有大单成交，显示有资金在集中出逃。以下展示的是*ST盈方2018年12月至2019年6月的走势。

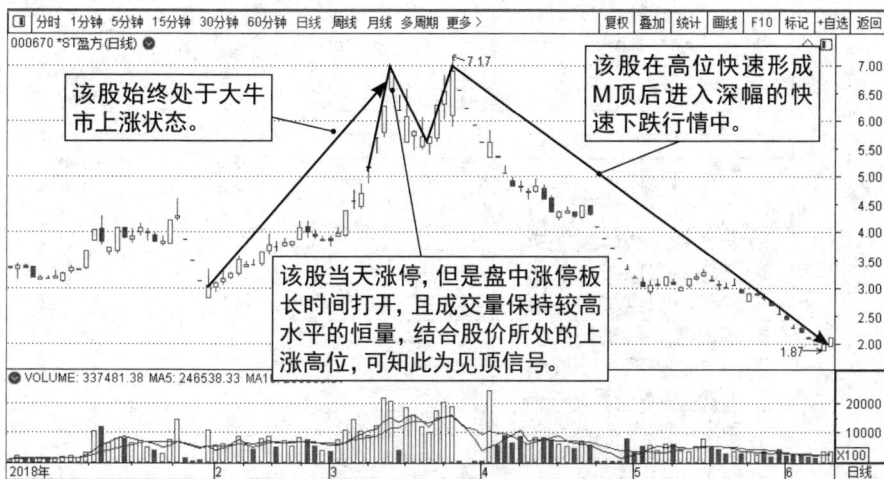

*ST盈方2018年12月至2019年6月的走势

从图中可以看出，该股前期经历了一轮大牛市行情，股价从3元左右直接上涨到了7元之上，上涨幅度达133%以上。

在股价上涨后期，主力强势拉升股价制造市场热点，引起场外资金的关注，在最后一个涨停板盘中，股价长时间打开涨停板，且成交量保持较高水平的恒量，由此可知市场资金对后市存在分歧，主力资金在出逃，预示着股价即将见顶。

所以，投资者在这样的信号发出之后及时卖出股票，锁定前期收益，规避后市大幅下跌导致的套牢。

NO.098
低位大量绝地涨停图谱

绝地涨停指的是股价在上个交易日收盘价价位线之下突然启动，放量拉升至涨停，而低位绝地涨停指出现在股价低位区域的绝地涨停。

一图展示

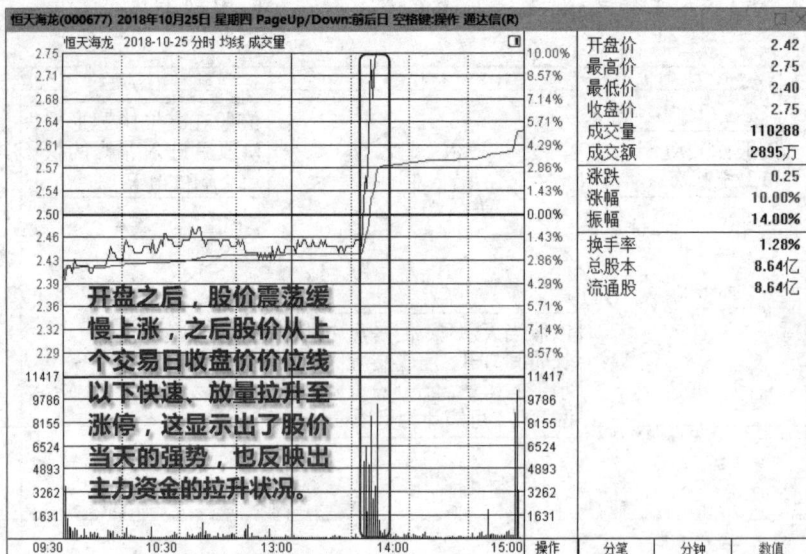

要点剖析

低位大量绝地涨停显示出的市场信息。

◆ 股价在盘中快速拉升，从上个交易日收盘价价位线之下迅速拉升至涨停，前期下跌的幅度越大越显示出市场的强势状态。

◆ 成交量的快速放大显示主力资金的快速参与状态。

操盘精髓

在股价运行的低位区域，股价绝地放量涨停显示主力资金集中介入的信息，突然的启动也预示着股价后市继续看涨，由此投资者可以积极参与做多。

分析实例 冀东装备（000856）低位大量绝地涨停买入分析

冀东装备2018年11月19日的分时走势如下图所示。

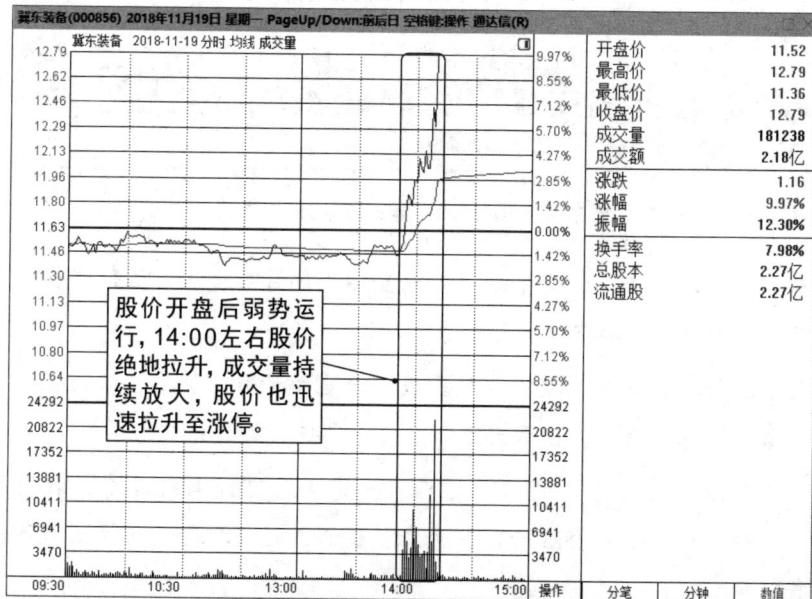

冀东装备2018年11月19日的分时走势

　　从图中可看出，该股全天走势可从14:00左右将其划分为两个阶段，前一个阶段股价弱势整理，始终在上个交易日收盘价价位线下方运行；第二阶段股价从上个交易日收盘价价位线之下绝地拉升，成交量迅速放大，股价快速拉升至涨停。从这样的走势我们可以确定，主力资金在后期快速介入了该股。

　　以下展示的是冀东装备2018年9月至2019年3月的走势图。

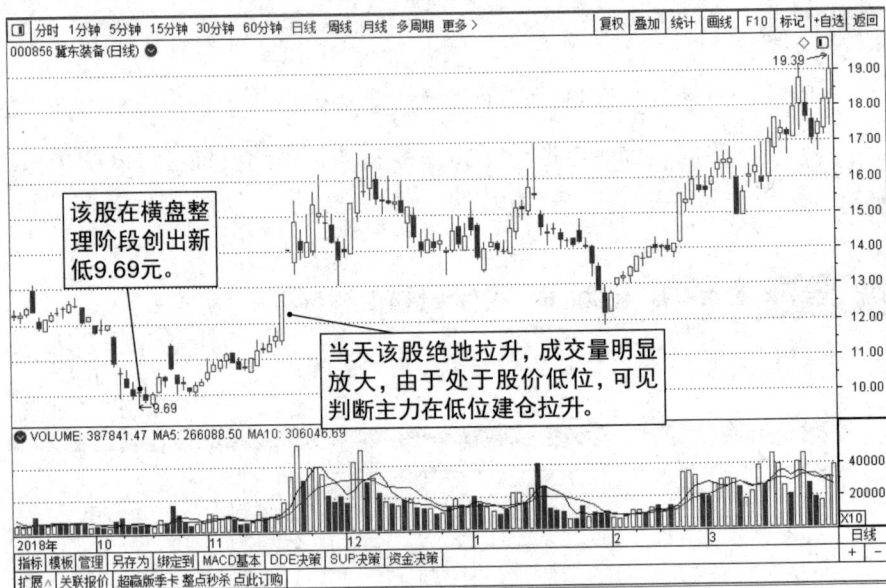

冀东装备2018年9月至2019年3月的走势

　　从图中可以看出，该股下跌运行到2018年10月后进入了低位横盘阶段，股价在10元价位线小幅波动，并创出9.69元的新低。

　　随后股价企稳回升，接着该股出现了绝地放量涨停现象，股价在低位出现如此强势的拉升状态，显示出市场主力资金积极做多的信息。

　　抓住市场资金在做多的信号之后，投资者就可以参与其中，在股价强势拉升之后出现了一波整理阶段，形成了良好的跟进机会，投资者可逢低吸纳，积极介入。

NO.099
上涨途中绝地放量涨停看涨图谱

在股价的上涨途中，主力不一定会一蹴而就的强势拉升，有时主力会借助绝地拉升的方式拉抬股价。

一图展示

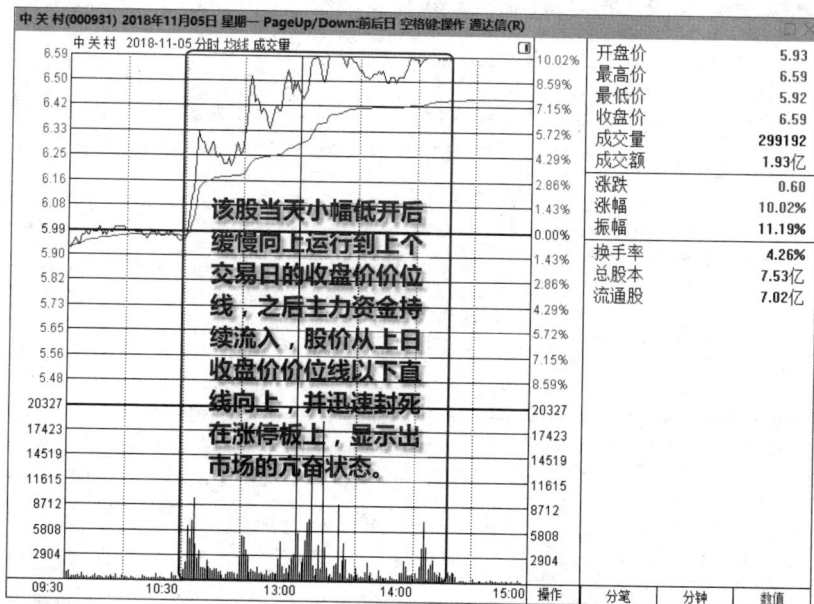

中关村(000931) 2018年11月05日 星期一 PageUp/Down:前后日 空格键操作 通达信(R)		
中关村 2018-11-05 分时 均线 成交量	开盘价	5.93
	最高价	6.59
	最低价	5.92
	收盘价	6.59
	成交量	299192
	成交额	1.93亿
	涨跌	0.60
	涨幅	10.02%
	振幅	11.19%
	换手率	4.26%
	总股本	7.53亿
	流通股	7.02亿

该股当天小幅低开后缓慢向上运行到上个交易日的收盘价价位线，之后主力资金持续流入，股价从上日收盘价价位线以下直线向上，并迅速封死在涨停板上，显示出市场的亢奋状态。

要点剖析

上涨途中绝地放量涨停表达的市场含义有以下两点。

◆ 股价绝地涨停现象证明主力开始了第二波的加速拉升，由此预示之后股价极有可能进入强势上攻阶段。

◆ 成交量的持续放大显示出主力资金大幅介入的信息，也反映出市场再度活跃起来的状况。

操盘精髓

上涨途中股价绝地放量涨停是股价再次强势上攻的信号，因此投资者要重视这一信号，并在之后的低位快速买入股票。

分析实例 宗申动力（001696）上涨中途绝地放量涨停买入操作分析

宗申动力2019年1月25日的分时走势如下图所示。

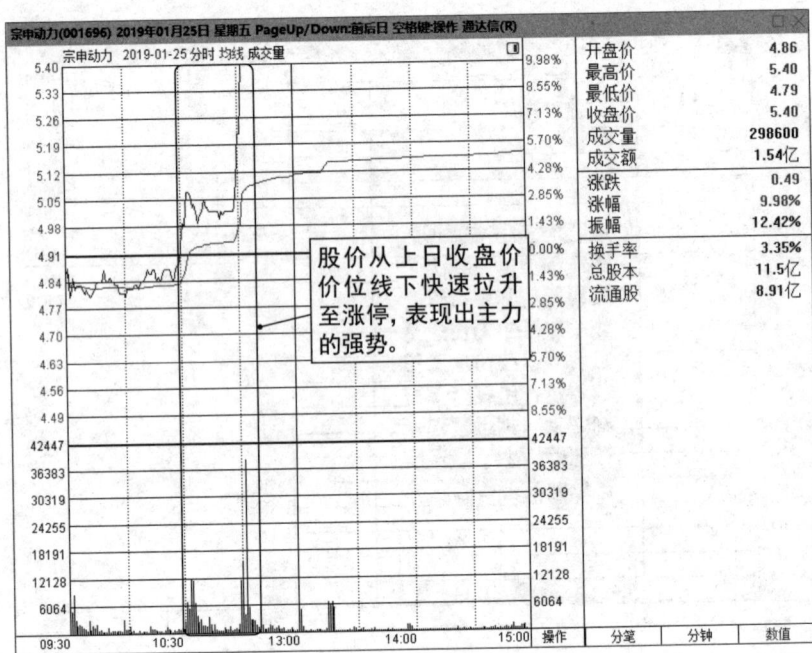

宗申动力2019年1月25日的分时走势

从图中可以看出，该股当日跳空低开后持续水平窄幅波动近一小时，在整个水平波动过程中，成交量都保持相对衡量。

随后股价从上日收盘价价位线之下绝地拉升，在半小时左右的时间里股价被拉升打到涨停并封住涨停，同时成交量配合良好，显示出良性上涨势头，说明后市上涨概率较大。

以下展示的是宗申动力2018年10月至2019年4月的走势图。

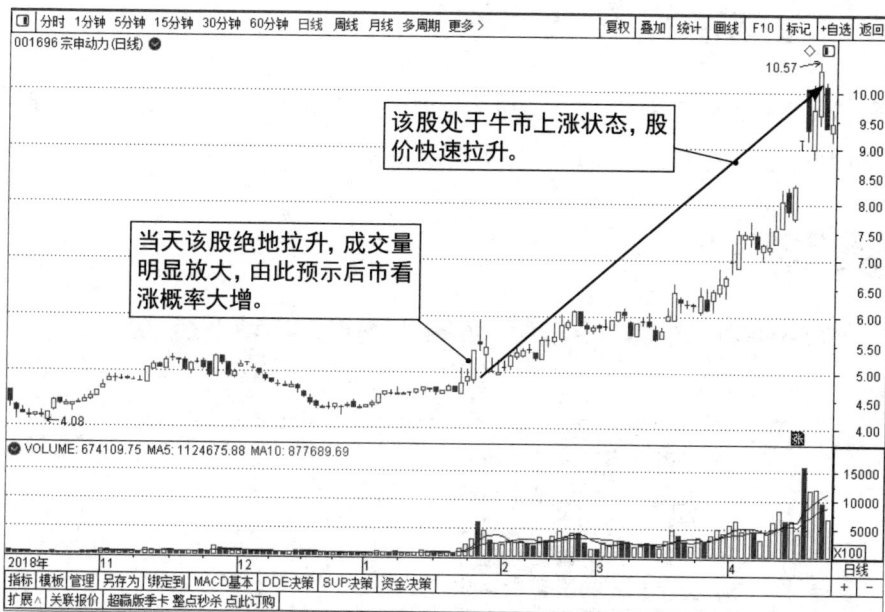

宗申动力2018年10月至2019年4月的走势

从图中可以看出，该股在2018年10月股价运行到低价位区，并在2018年10月19日低开高走阳线报收创出4.08元的新低后止跌，随后该股出现一波缓慢拉升的行情，在股价上涨到5.3元的价位线附近时第一次上涨受阻，随后步入一波回调下跌的走势中。

最终，此轮回调在持续一个多月的时间后在2018年12月中旬企稳回升重拾上涨行情，在拉升不久后的2019年1月25日，该股出现了明显的绝地放量涨停现象，由此显示出资金还在流入该股的信息，预示着股价后市继续看涨，发出买入信号。

从后市的走势来看，该股从5元左右大幅拉升，在短短3个多月的时间内，股价最高上涨到10.57元，涨幅超过111%。如果投资者在放量绝地涨停阶段之后，股价继续强势上攻时大胆买入该股，持股一段时间后，在此后的任意时间点卖出股票，都将获利丰厚。

NO.100
高位绝地涨停看跌图谱

在股价上涨后的高位区域，主力会悄无声息地派发筹码，有时主力会利用绝地涨停来隐藏出货的迹象。

一图展示

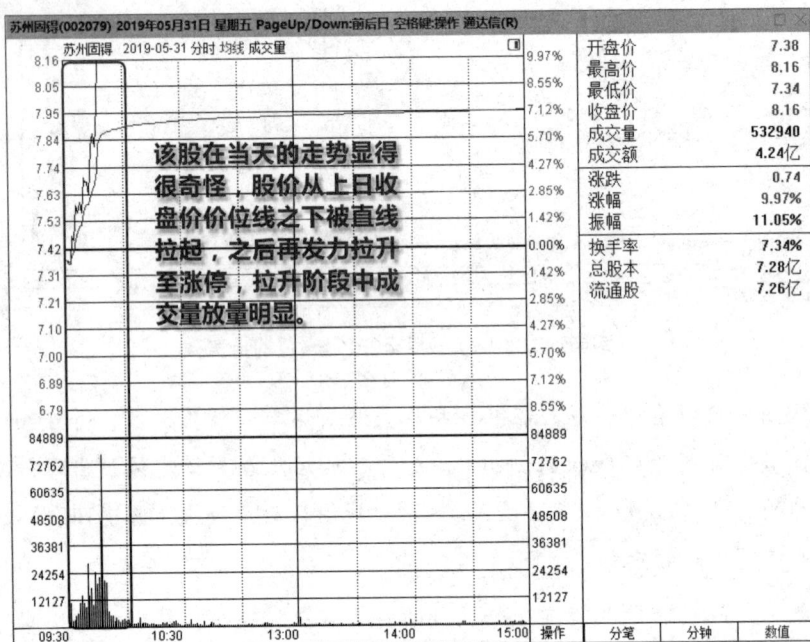

苏州固得(002079) 2019年05月31日 星期五 PageUp/Down:前后日 空格键:操作 通达信(R)		
开盘价		7.38
最高价		8.16
最低价		7.34
收盘价		8.16
成交量		532940
成交额		4.24亿
涨跌		0.74
涨幅		9.97%
振幅		11.05%
换手率		7.34%
总股本		7.28亿
流通股		7.26亿

图中标注文字：该股在当天的走势显得很奇怪，股价从上日收盘价价位线之下被直线拉起，之后再发力拉升至涨停，拉升阶段中成交量放量明显。

要点剖析

高位绝地涨停看跌需要注意的内容要点。

◆ 出现在股价运行的高位区域，也就是说市场已经出现了超买迹象。

◆ 股价绝地涨停前期一般会有主力出货的迹象。

◆ 主力为了更好地派发筹码，会在高位制造出绝地涨停的机会来掩饰前期的出货迹象，使投资者放松警惕。

操盘精髓

　　高位的绝地涨停很多情况下都是主力诱多的陷阱，因此当投资者发现这样的走势特点时，应该及早卖出股票。

分析实例　久其软件（002279）高位绝地涨停诱多分析

　　久其软件2019年4月4日的分时走势如下图所示。

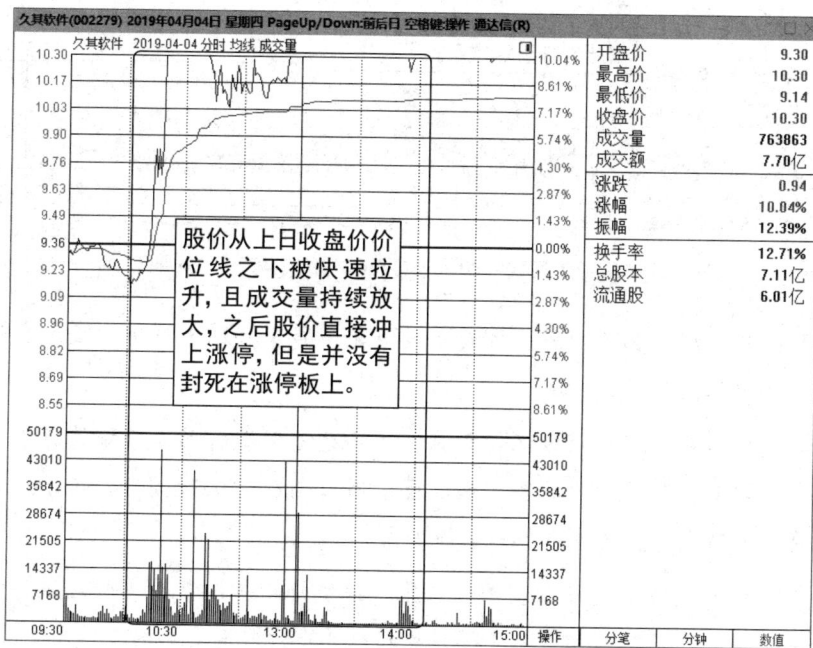

开盘价	9.30
最高价	10.30
最低价	9.14
收盘价	10.30
成交量	763863
成交额	7.70亿
涨跌	0.94
涨幅	10.04%
振幅	12.39%
换手率	12.71%
总股本	7.11亿
流通股	6.01亿

股价从上日收盘价价位线之下被快速拉升，且成交量持续放大，之后股价直接冲上涨停，但是并没有封死在涨停板上。

久其软件2019年4月4日的分时走势

　　从图中可以看出，该股开盘价在前一交易日收盘价下方，之后股价短暂弱势下跌后被直线拉升到上个交易日收盘价价位线上方，成交量也快速放大，之后股价继续直线拉升直至涨停板。尽管股价拉升至涨停，但股价没有封死在涨停板上，全天在高位徘徊。

　　以下展示的是久其软件2019年1月至6月的走势图。

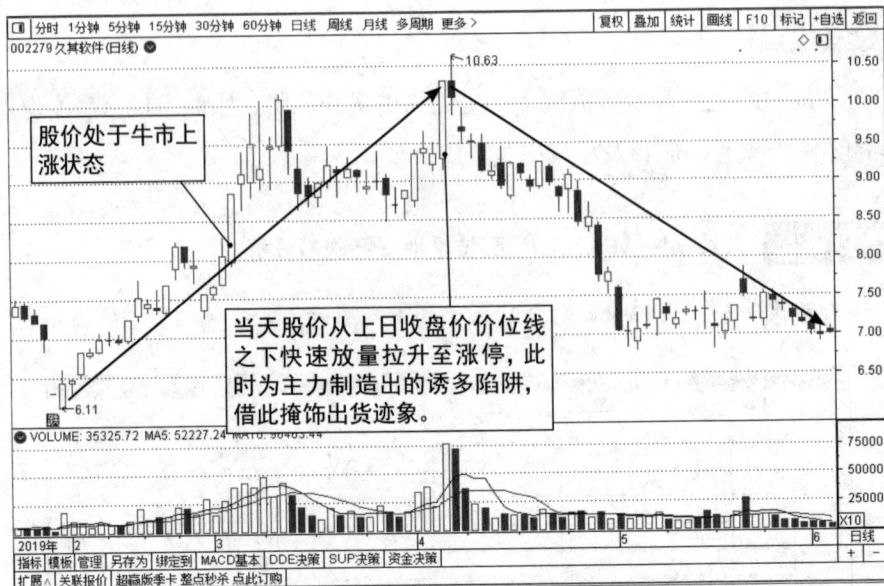

久其软件2019年1月至6月的走势

从图中可以看出，该股左侧走势是一轮不折不扣的大牛市，股价在此阶段中被快速拉高至高位区域。

之后股价出现绝地放量涨停现象，主力想借助这样的走势掩饰股价见顶的迹象。次日，股价明显冲高回落放巨量创出10.63元的最高价，显示出股价上涨乏力的特点，主力在高位积极派发筹码。

当投资者发现主力刻意制造的假象，以掩饰出货迹象时，就应该积极卖出手中的筹码，锁定前期上涨获得的利润，并有效回避之后的下跌。

第 **8** 章
突破跌停量价关系

　　跌停板是市场处于极度弱势下的表现，每一个投资者都不希望自己买的股票遭遇跌停板，总是尽量避免跌停板。在避免跌停板的同时，投资者应该积极挖掘跌停板中隐藏着的深层次市场信息。本章将通过量价分析来展现跌停板中的市场信息，并借助这些信息来指导实战操作。

　　跌停板是市场处于极度弱势状态下的表现，每一个投资者都不希望遭遇到跌停的打击。尽管跌停板会造成极大的损失，但是通过对跌停板的分析，我们可以得到市场主力的操盘信息，并借助这些信息去合理判断后市的走势，进而指导市场实战操作。

NO.101
下跌后期快速跌停见底图谱

俗话说，底部是跌出来的，这句话很好地表达了下跌后期快速跌停见底的市场含义。在股价的下跌后期，主力可能会采取加速杀跌的方式砸出下跌的底部，这就造成了跌势后期的快速跌停状况。

一图展示

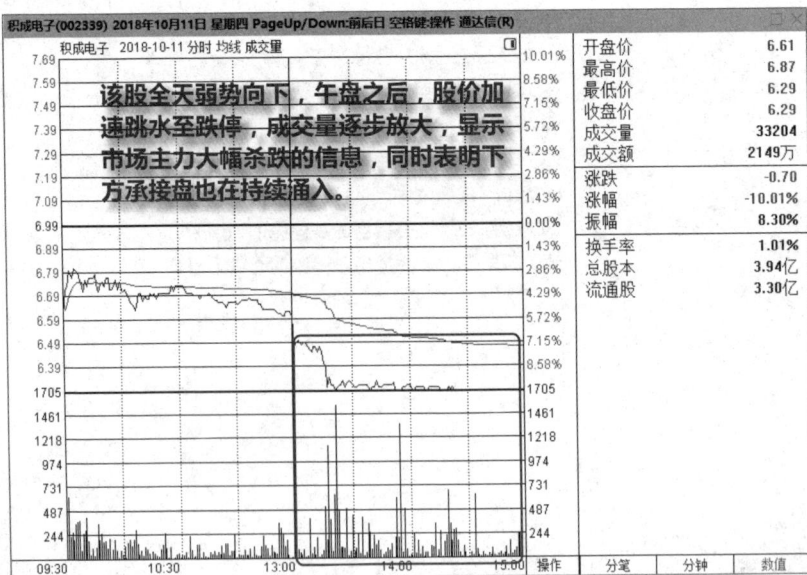

该股全天弱势向下，午盘之后，股价加速跳水至跌停，成交量逐步放大，显示市场主力大幅杀跌的信息，同时表明下方承接盘也在持续涌入。

开盘价	6.61
最高价	6.87
最低价	6.29
收盘价	6.29
成交量	33204
成交额	2149万
涨跌	-0.70
涨幅	-10.01%
振幅	8.30%
换手率	1.01%
总股本	3.94亿
流通股	3.30亿

要点剖析

　　下跌后期快速跌停隐含的市场信息如下。

- ◆ 跌停板的出现显示出市场抛压很重，全天弱势向下的状态。
- ◆ 伴随跌停板的出现，成交量也不断放大，显示出市场的恐慌性抛盘在逐步增加的信息，同时成交量的放大也说明了下方承接盘在不断涌入。
- ◆ 快速杀跌至跌停，这样的走势特点出现在股价下跌的后期，显示出了市场主力快速砸出股价底部的操作意图。

操盘精髓

在股价出现了明显的下跌信号之后，出现快速杀跌至跌停板的走势特点，这样的走势特点有可能是市场急速探底的预兆。投资者应该对这样的走势加以重视，在后市信号明确之后果断参与抄底买入。

分析实例　江苏神通（002438）快速跌停探底分析

江苏神通2018年10月16日的分时走势如下图所示。

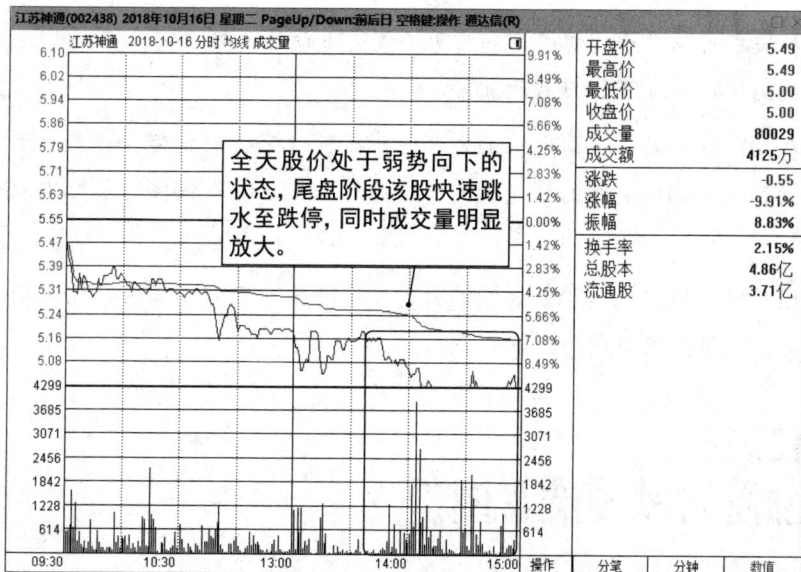

江苏神通2018年10月16日的分时走势

从图中可以看出，该股全天处于上个交易日收盘价的价位线之下运行，且股价在尾盘阶段快速跳水至跌停，成交量明显放大，这显示出了什么样的市场信号呢？如下图所示。

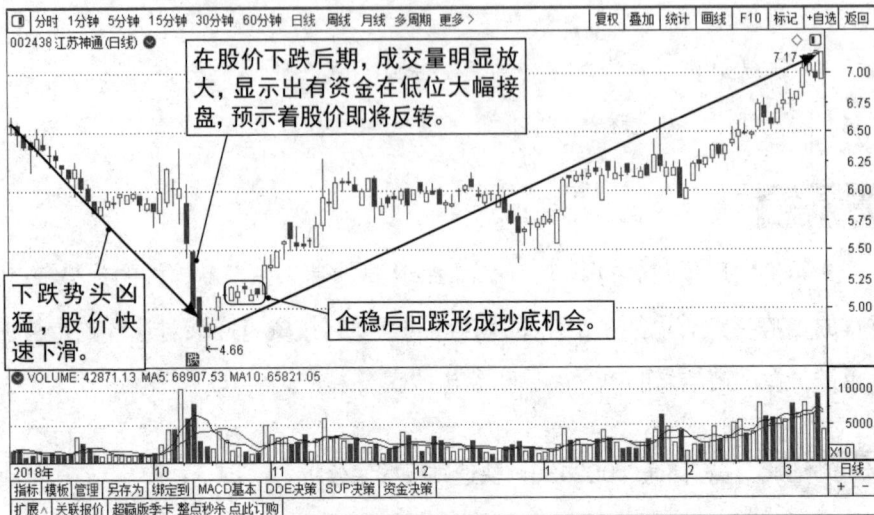

江苏神通2018年9月至2019年3月的走势

从图中可以看出，该股前期经历了快速下跌的过程，股价从6.5元左右直接杀跌到了4.6元上下，跌幅近30%。

在2018年10月16日这天，主力急速打压股价探底且成交量明显上升，再结合到下跌后期成交量的明显放大，由此可知有资金在低位接盘，预示后市看涨。

随后该股股价果真很快企稳回升，由此可知前期判断正确，投资者应该在回踩整理位置果断进场，抄底买入。

NO.102
上涨阶段跌停洗盘图谱

在主力拉升股价的整个阶段，洗盘始终是主要目的，有时为了尽快达到洗盘的目的，主力会采取跌停的方式洗盘。

一图展示

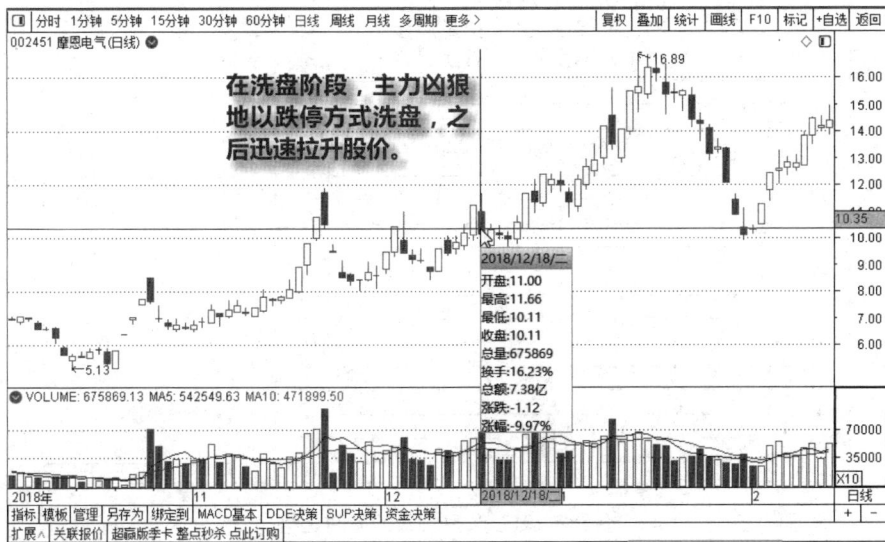

在洗盘阶段，主力凶狠地以跌停方式洗盘，之后迅速拉升股价。

要点剖析

主力在上涨阶段跌停洗盘的目的如下。

◆ 上涨途中出现跌停能够有效吓退市场中的短线投资者，迫使他们快速卖出股票，主力借此收集筹码。

◆ 跌停的方式使得股价大幅下跌，主力可以收集更多的廉价筹码。

操盘精髓

在上涨阶段中主力以跌停方式洗盘很是凶狠，当这样的走势出现时，投资者还是以卖出股票为宜。在之后股价重新开始拉升时，在明确知道前期主力跌停洗盘操作已完成之后，再进行买入操作。

分析实例　金新农（002548）上涨途中跌停洗盘分析

金新农2019年3月13日的分时走势如下图所示。

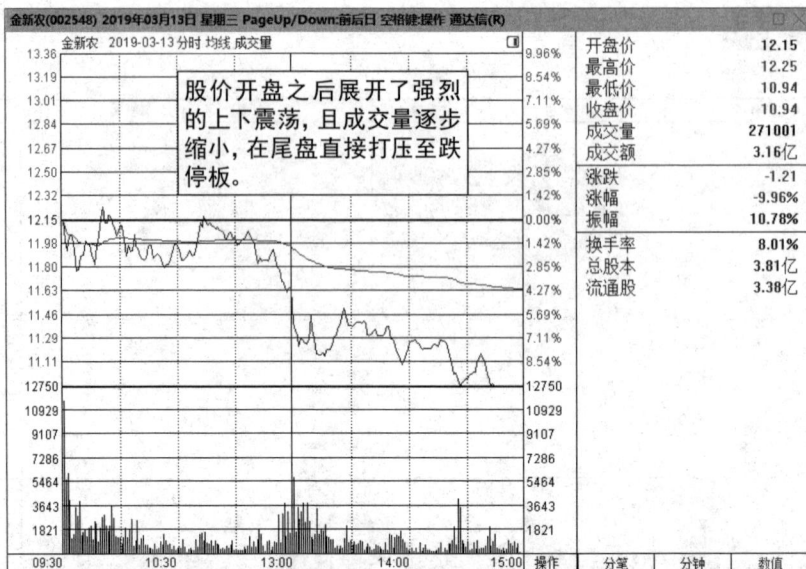

金新农(002548) 2019年03月13日 星期三 PageUp/Down:前后日 空格键操作 通达信(R)

股价开盘之后展开了强烈的上下震荡，且成交量逐步缩小，在尾盘直接打压至跌停板。

开盘价	12.15
最高价	12.25
最低价	10.94
收盘价	10.94
成交量	271001
成交额	3.16亿
涨跌	-1.21
涨幅	-9.96%
振幅	10.78%
换手率	8.01%
总股本	3.81亿
流通股	3.38亿

金新农2019年3月13日的分时走势

从图中可以看出，该股放量低开后震荡下跌，在下跌过程中成交量始终缩量。下午继续放量开盘，股价跌幅更大，在尾盘时被打到跌停板，显示出市场的弱势状态，这是主力洗盘行为的标志吗？如下图所示。

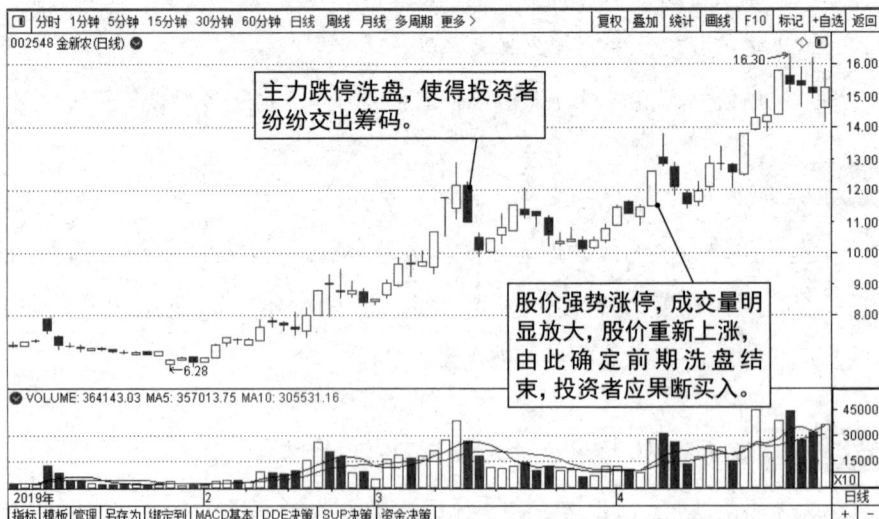

主力跌停洗盘，使得投资者纷纷交出筹码。

股价强势涨停，成交量明显放大，股价重新上涨，由此确定前期洗盘结束，投资者应果断买入。

金新农2019年1月至4月的走势

从图中可以看出，该股在2019年1月底止跌后继续一波良好的上涨行情，在整个上涨中，多次出现涨停走势的特点，显得主力来势汹汹。

当2月至3月前后涨停出现后，市场普遍乐观，但是之后在3月13日突然一根放量跌停大阴线完全击碎了投资者的信心，他们纷纷卖出股票。此时规避风险最好的操作手法是卖出。

之后该股放量涨停，由此显示出强大的上涨势头，至此可以判断出前期跌停为主力的洗盘，所以投资者可以在此位置再次买入股票。

NO.103
高位巨量跌停看跌图谱

在股价上涨后的高位区域，股价有时会出现巨量跌停的走势特点，这样的走势特点出现显示出了股价见顶看跌的信号。

一图展示

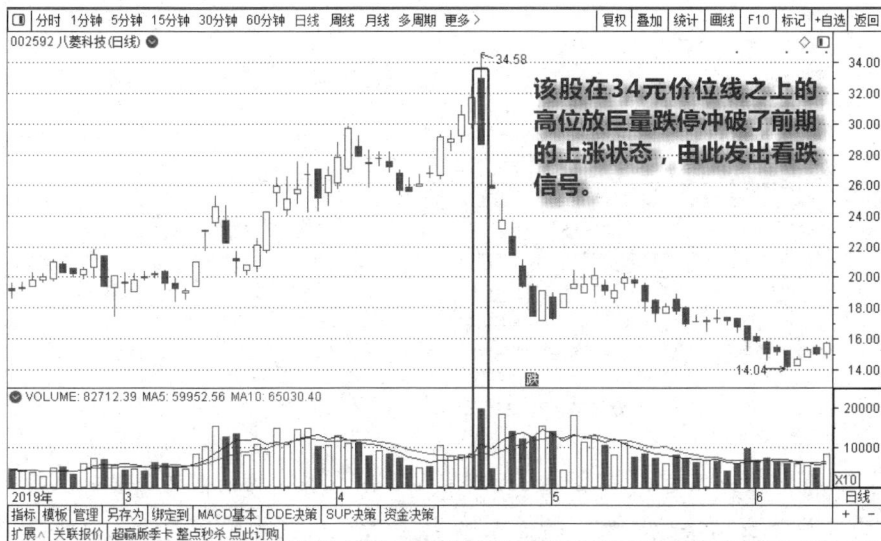

该股在34元价位线之上的高位放巨量跌停冲破了前期的上涨状态，由此发出看跌信号。

要点剖析

高位巨量跌停现象出现在股价上涨之后的高位区域，放巨量的跌停表明主力资金在高位积极出逃，预示着股价后市不被市场看好，由此发出看跌信号。

操盘精髓

高位巨量跌停一般是市场主力资金的集中杀跌导致的，由此可见市场主力对于后市持悲观态度，所以普通投资者应该跟随主力的步伐积极卖出股票。

分析实例 龙津药业（002750）高位巨量跌停看跌分析

龙津药业2019年4月12日的分时走势如下图所示。

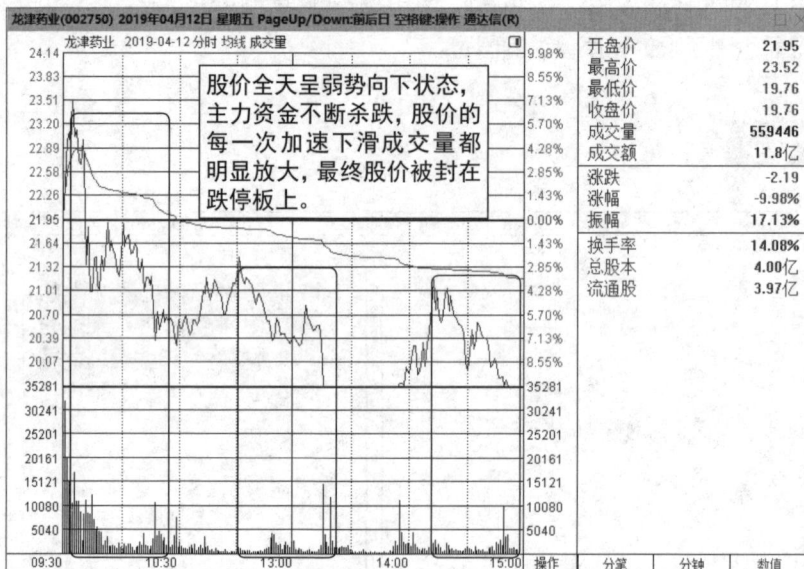

龙津药业2019年4月12日的分时走势

从图中可以看出，该股当天虽然开盘后被快速拉升，但是在短短几分钟之内股价就出现快速杀跌。随后在13:15左右，出现单笔巨量打压，将股价打在跌停板上。在14:00左右跌停板被打开后快速下跌，在收盘时再次被封跌停。具体而言，该股全天3次出现了明显的杀跌走势特点，且这3次杀跌过程中成交量都明显放大，由此显示出市场资金在快速流出、市场呈现弱势的信息，又如下图所示。

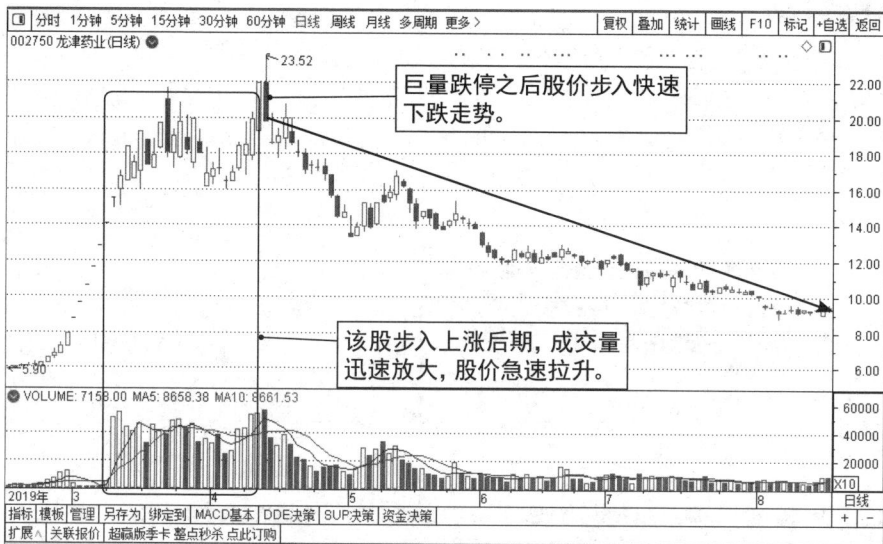

龙津药业2019年2月至8月的走势

从图中可以看出，该股创出5.9元的低价后出现放量拉升的行情，随后连续出现多个一字缩量涨停急速拉升股价。当股价被急速拉升到16元的价位线后，该股出现了连续放巨量拉高股价上涨的行情，使得市场做多力量被快速释放。

但是此轮上涨相对于前期明显减缓，接着巨量跌停现象出现，由此进一步发出看跌信号，所以投资者应该在此位置快速清仓卖出股票。

果然该股之后进入下跌走势，股价从23.52元左右下跌到了9元上下，下跌幅度超过61%。

NO.104
一字跌停看空图谱

一字跌停指的是股价全天一直封在跌停板上，显示出市场抛压极大而下方没有承接盘的信息。

一图展示

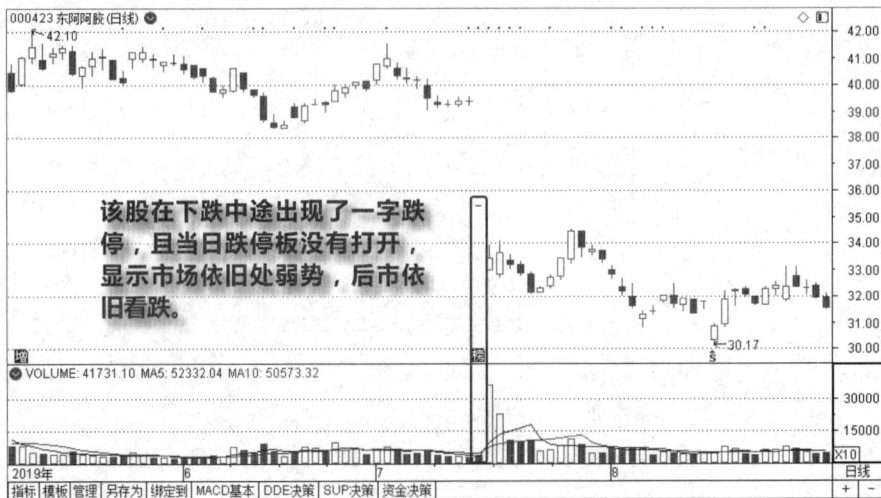

该股在下跌中途出现了一字跌停，且当日跌停板没有打开，显示市场依旧处弱势，后市依旧看跌。

要点剖析

一字跌停通常是受利空消息打压所致，股价全天被封在跌停板上，由于下方缺少承接盘，使得成交量维持低量，呈现出缩量特点。

操盘精髓

一字跌停一般是受利空消息打压所致，市场短时间不会重新确立强势格局，因此告诉投资者不能轻易入场抄底，应以持币观望为主。

分析实例　柏堡龙（002776）一字跌停看跌分析

柏堡龙在2019年2月至5月的走势如下图所示。

从图中可以看出，该股在3月运行到高价位区后出现上涨无力的走势，在创出27.35元的最高价后见顶回落步入下跌走势之中。在5月21日，该股低开后快速打到跌停板，当日收出大阴线拉低股价。

据了解，当日深交所对柏堡龙下发年报问询函，要求说明营业收入增长幅度高于净利润增长幅度的原因和报告期业绩增长的合理性。突发而来的利空消息使得股价在5月22日开盘就一字跌停，这给处于下跌状态的股价沉重一击，由此可以预测该股后市依旧看跌。

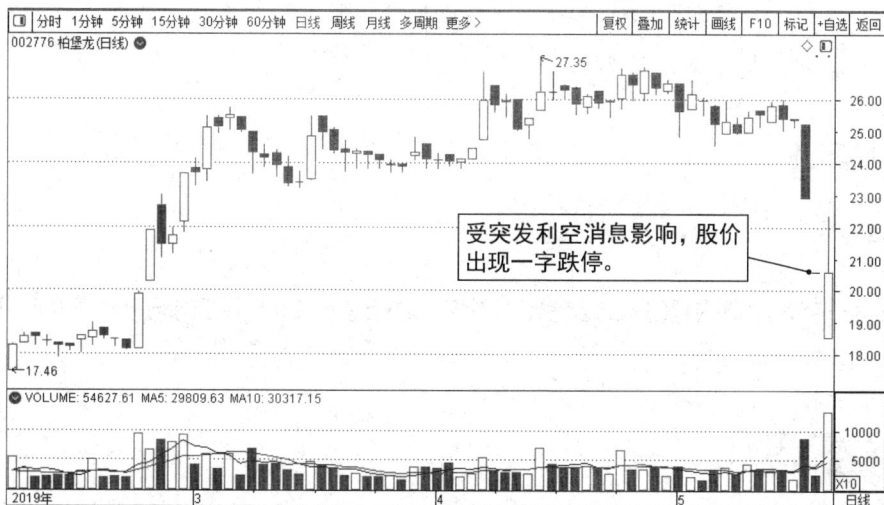

柏堡龙2019年2月至5月的走势

以下展示的是柏堡龙在2019年3月至6月的走势图。

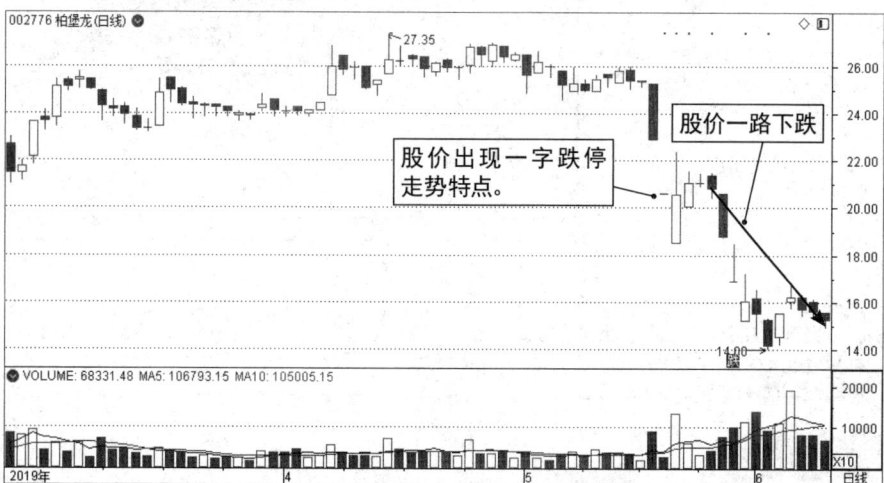

柏堡龙2019年3月至6月的走势

从图中可以看出，该股受利空消息影响，股价出现一字跌停走势，使得整体下跌更加雪上加霜。

一字跌停之后，股价稍有上升，且成交量明显放大，初看以为是市场的超跌反弹，但是实质上只是主力在自救出逃。

之后该股没有扭转下跌趋势，股价继续走低，从21元左右迅速下跌到了14元上下，下跌幅度达到33%左右。

NO.105
连续一字跌停图谱

连续一字跌停指的是股价连续出现一字跌停的走势，这是由于市场极度恐慌而产生的。

一图展示

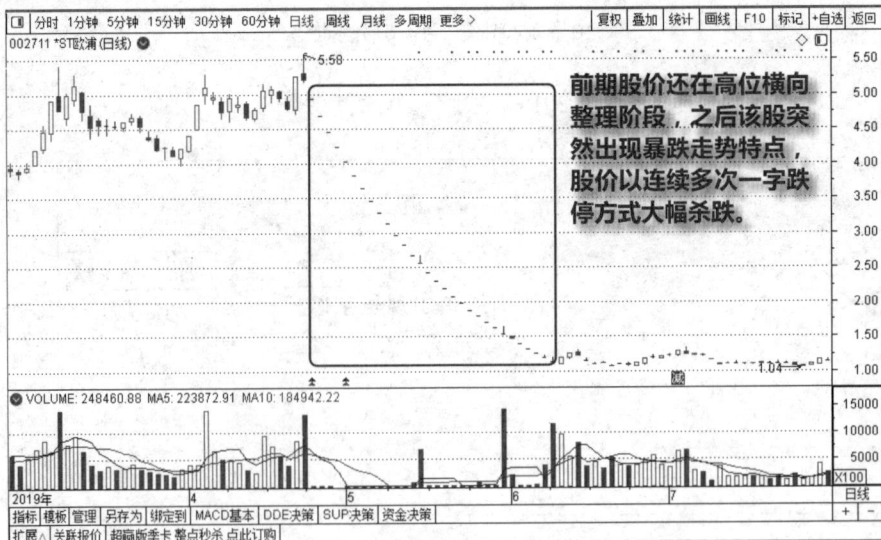

前期股价还在高位横向整理阶段，之后该股突然出现暴跌走势特点，股价以连续多次一字跌停方式大幅杀跌。

要点剖析

连续一字跌停可以出现在股价运行的任何位置，一般而言是受市场重大利空消息打压所致，连续一字跌停杀伤巨大，后市不容乐观，投资者应持币观望。

操盘精髓

连续一字跌停致使市场出现恐慌性的暴跌现象，在这样的下跌阶段，普通投资者很难全身而退。

因此投资者在遇到这样的暴跌情形时，要抓住一切机会清仓出逃，若始终未能清仓，可以等待之后的超跌反弹再在高位卖出，千万不能对股价的长期走势抱有幻想。

分析实例 *ST天圣（002872）连续一字跌停分析

*ST天圣在2019年2月至5月的走势如下图所示。

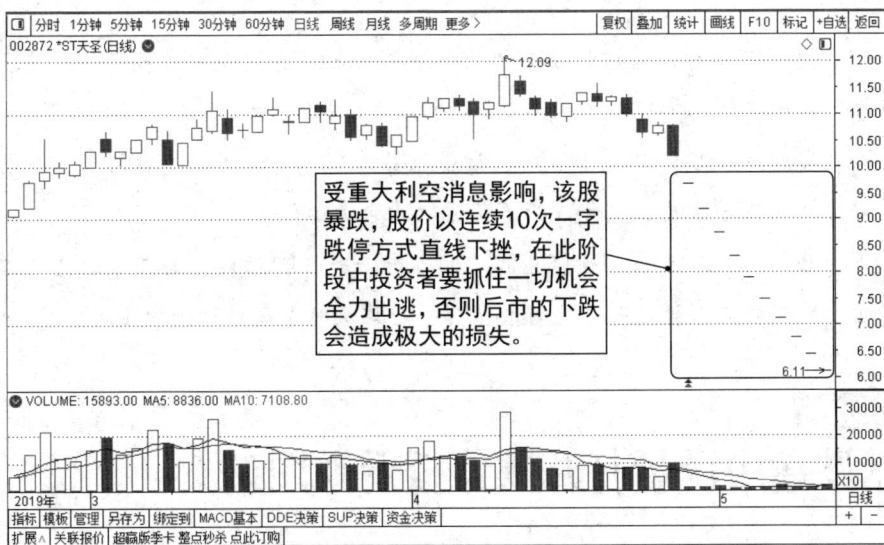

*ST天圣在2019年2月至5月的走势

从图中可以看出，股价连续10次一字跌停，沉重打击了市场信心，由此可见股价后市堪忧。

以下展示的是 ★ST 天圣在 2019 年 4 月至 11 月的走势图。

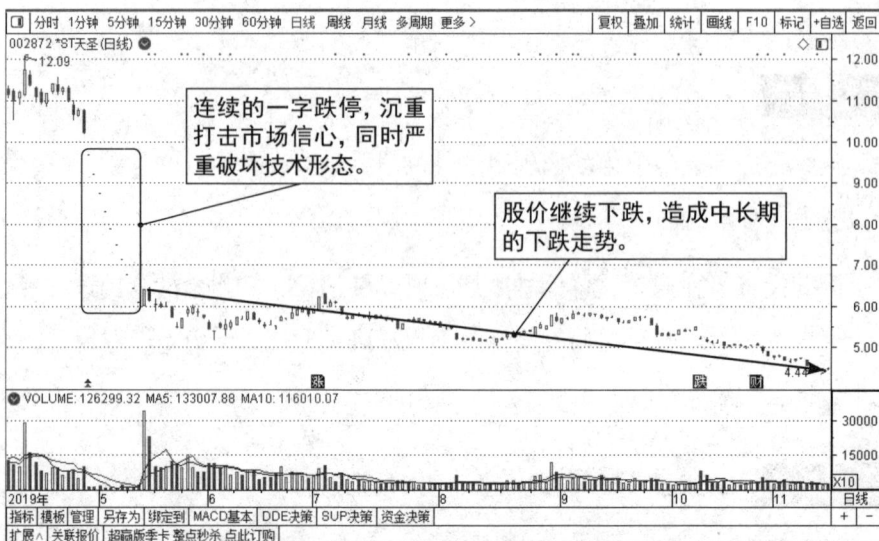

*ST 天圣在 2019 年 4 月至 11 月的走势

从图中可以看出，该股在连续的一字跌停之后出现了中长期的下跌走势特点，股价也从 10 元左右下跌到了 4.44 元上下，跌幅达到 55.6%。

在连续一字跌停状况出现后，该股的技术形态已经被完全破坏，因此投资者应该积极寻找卖出机会，毫不犹豫地清仓卖出。

连续一字跌停之后，该股出现了明显的放量反弹迹象，对于前期没有及时卖出的投资者来说是一个绝好的机会，应该及时在高位清仓卖出。

NO.106
暴跌途中巨量打开跌停板看跌图谱

在股价的连续跌停阶段，随着股价的持续暴跌，有时会出现打开跌停板的走势特点，且出现巨量成交。

一图展示

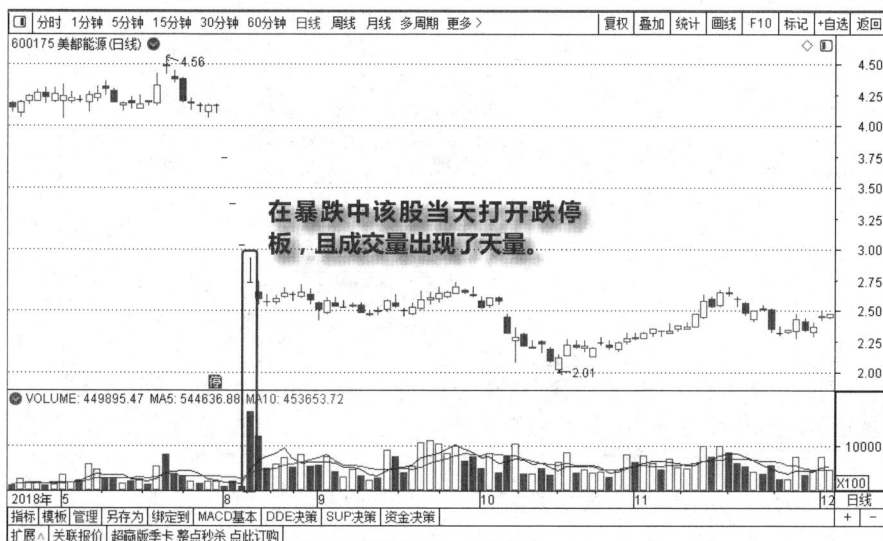

要点剖析

暴跌途中巨量打开跌停板包含的市场信息有以下两点。

◆ 虽然股价打开跌停板，但是并不是说市场就会止跌。

◆ 成交量的巨量放出既表示有资金在接盘，也说明场内恐慌性的抛盘，大规模的资金流出，显示主力资金对后市的悲观情绪。

操盘精髓

在暴跌途中巨量打开跌停板可以看作是主力的一个诱多陷阱，主力打开跌停板诱使市场中抄底资金进场，由此达到派发筹码的目的。所以当投资者遇到这样的走势特点时，不能进场抄底，最好以持币观望为主。

分析实例 哈空调（600202）暴跌途中巨量打开跌停板看跌信号分析

哈空调在2018年2月至5月的走势如下图所示。

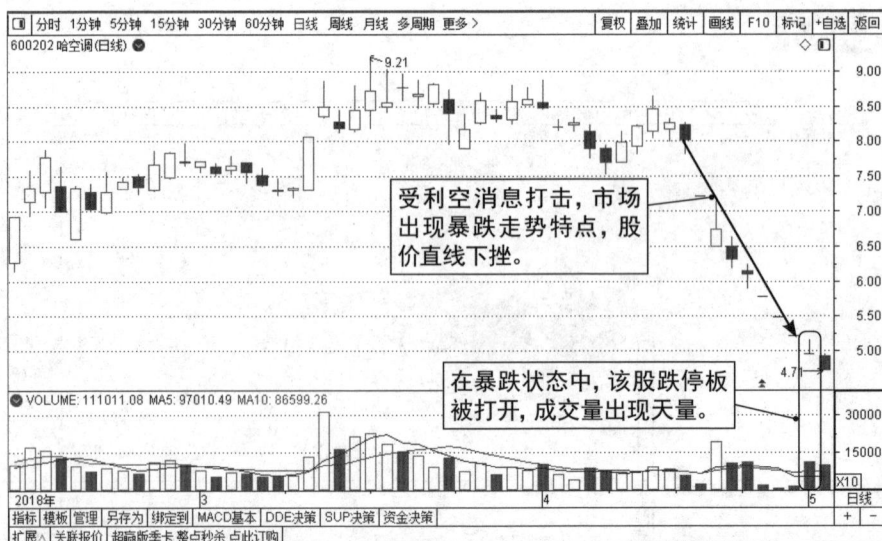

哈空调2018年2月至5月的走势

从图中可以看出，该股在4月中旬以后出现了暴跌走势特点，股价连续出现跳空拉低，并多次出现一字跌停的下跌迹象。在2018年5月突然放量走高，跌停板被打开，成交量出现天量。后期走势如下图所示。

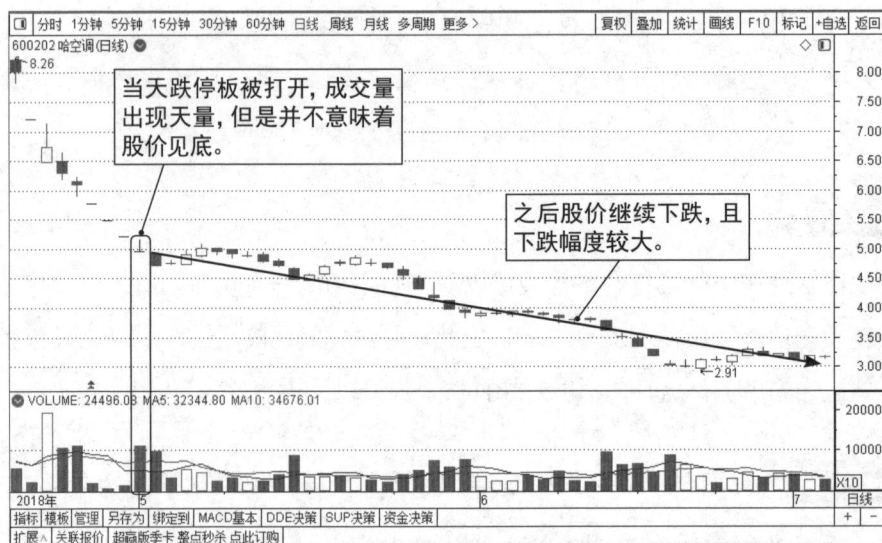

哈空调2018年4月至7月的走势

从图中可以看出，该股前期出现了暴跌走势特点，股价从8.26元直线下挫到了5.21元左右，直接跌去了近37%。

在股价一度跌停之后，该股在5月2日当天放天量打开跌停板，但是这不能说明市场已经见底，反而警示投资者后市依旧看跌。

之后该股果然继续下跌，股价从5月2日当天的最高价5.16元左右下跌到了2.91元上下，下跌幅度达到了43%以上。

NO.107
高位高开放巨量跌停见顶图谱

在股价上涨后的高位区域，主力会制造众多的诱多陷阱，这里高开放巨量跌停就是其中的一个陷阱。

一图展示

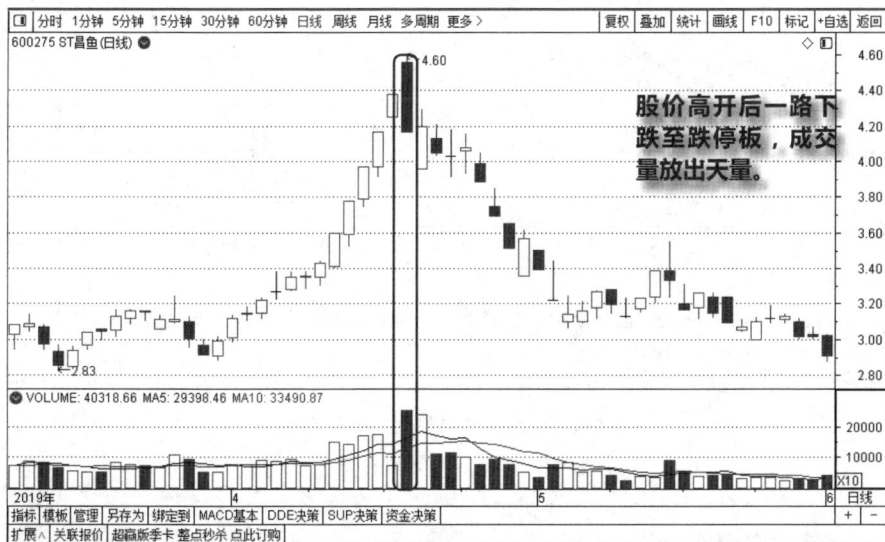

股价高开后一路下跌至跌停板，成交量放出天量。

要点剖析

高位股价高开后放巨量收跌停的情况是一种诱多手法，促使市场资金进场接盘。

放巨量而收跌停的状况充分说明了市场主力资金在大举出货，而且在大举杀跌，由此形成放巨量且收出跌停板的特点。

操盘精髓

在股价上涨后的高位区域，股价高开后放量收跌停的特点发出了明确的股价见顶信号，当出现这样的走势特点时，投资者要及时卖出股票。

分析实例 太化股份（600281）高位高开跌停见顶分析

太化股份在2019年1月至8月的走势如下图所示。

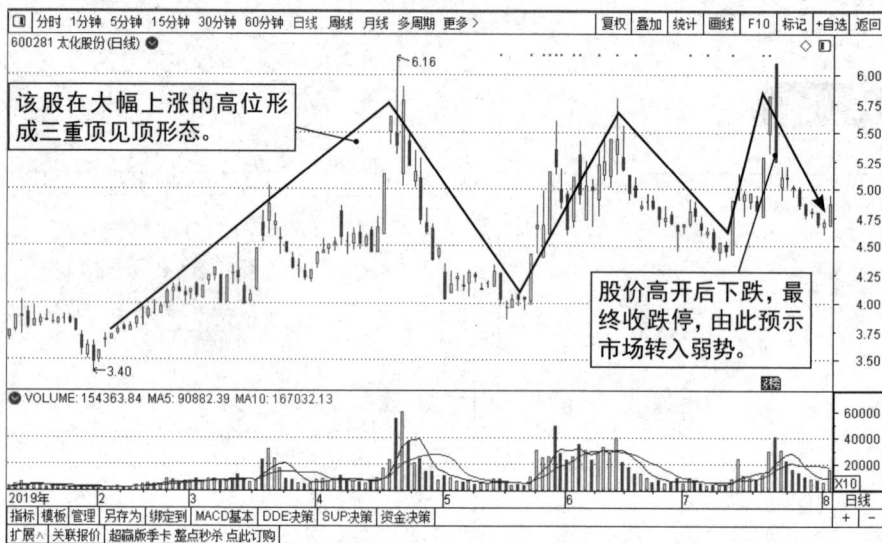

太化股份2019年1月至8月的走势

从图中可以看出，该股大幅上涨后，在高位形成大幅震荡波动变化，形成三重顶顶部形态。

在三重顶的顶部形成过程中，其中第一重顶和第二重顶都是收出带长上影线的K线，在第三重顶时，该股高开后快速下跌，最后以跌停报收，由此显示出市场转弱的信息。

并且该股在高价位区域形成三重顶时，第三重顶的形态也形成典型的高位阴包阳形态（该形态指一根阴线将前一根阳线全部吞没，通常表示空头占据绝对优势），更加说明了行情看弱，后市很可能下跌。其后期走势如下图所示。

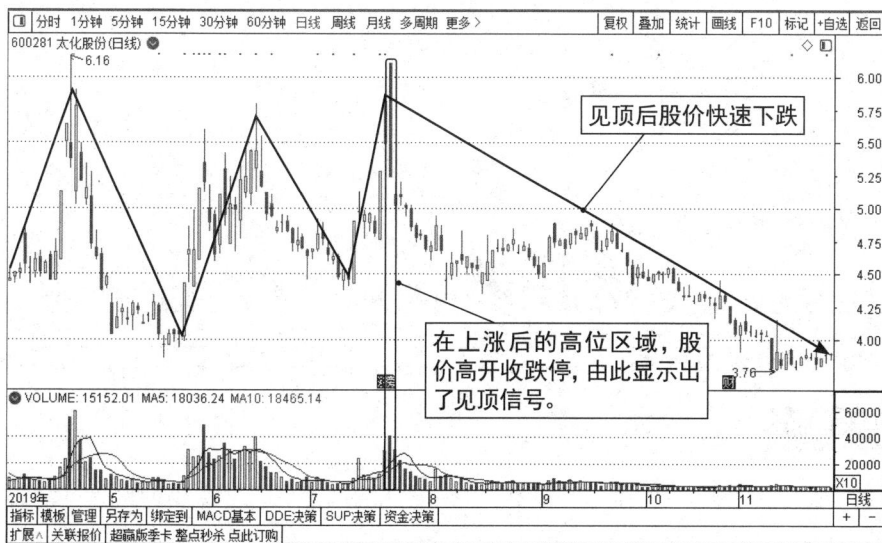

太化股份2019年4月至11月的走势

从图中可以看出，该股高开收跌停阶段过后该股迅速进入下跌走势，股价从6元左右下跌到了3.7元上下，跌幅达到了38%左右。因此，投资者在高位一旦发现高开跌停的走势时，应及时卖出股票。

NO.108
下跌途中放量跌停继续看跌图谱

在股价走势处于下跌状态时，往往会出现放量跌停的走势特点，这样的走势特点是市场继续看跌的一个重要信号。

一图展示

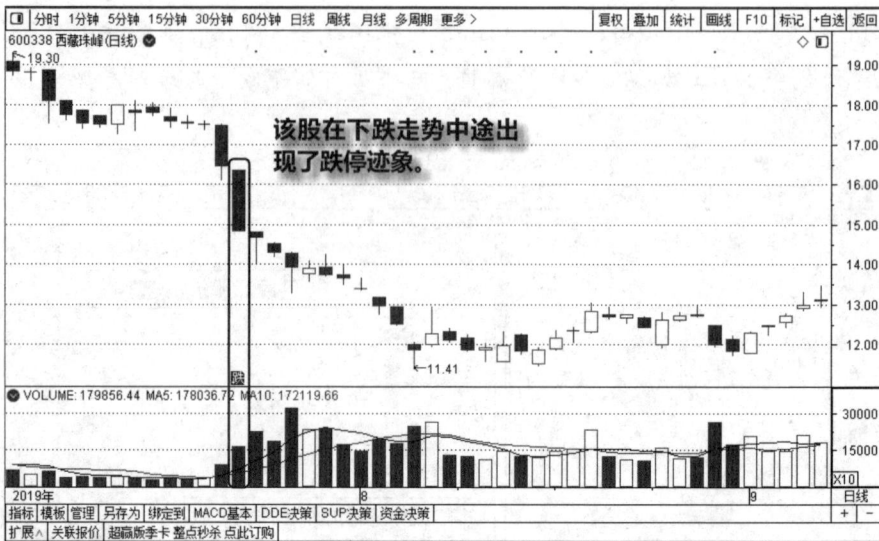

```
分时 1分钟 5分钟 15分钟 30分钟 60分钟 日线 周线 月线 多周期 更多>    复权 叠加 统计 画线 F10 标记 +自选 返回
600338 西藏珠峰(日线)
```

该股在下跌走势中途出现了跌停迹象。

VOLUME: 179856.44 MA5: 178036.72 MA10: 172119.66

要点剖析

下跌途中的放量跌停是市场处于极度弱势状态的写照，说明股价依旧运行于下跌走势之中，且下跌压力有所加大。成交量的放大表明市场主力资金在大幅杀跌，盘内大量资金流出。

操盘精髓

在股价的下跌阶段，再次放量跌停显示出了市场继续弱势向下的信号，由此投资者应该继续看跌股价后市，持有股票的投资者应该及时卖出股票。

分析实例 敦煌种业（600354）下跌途中放量跌停看跌分析

敦煌种业在2019年2月至7月的走势如下图所示。

从图中可以看出，该股大幅上涨到高价位区后于2019年6月见顶，随后该股整体走势处于下跌状态。

在2019年7月，股价止跌之后开启一波小幅反弹行情，但是反弹没有从根本上改变股价的下行趋势。尤其在7月22日当放量跌停再次出现时，更加确定了股价反弹无望的信号，由此股价进入新一轮下跌状态。

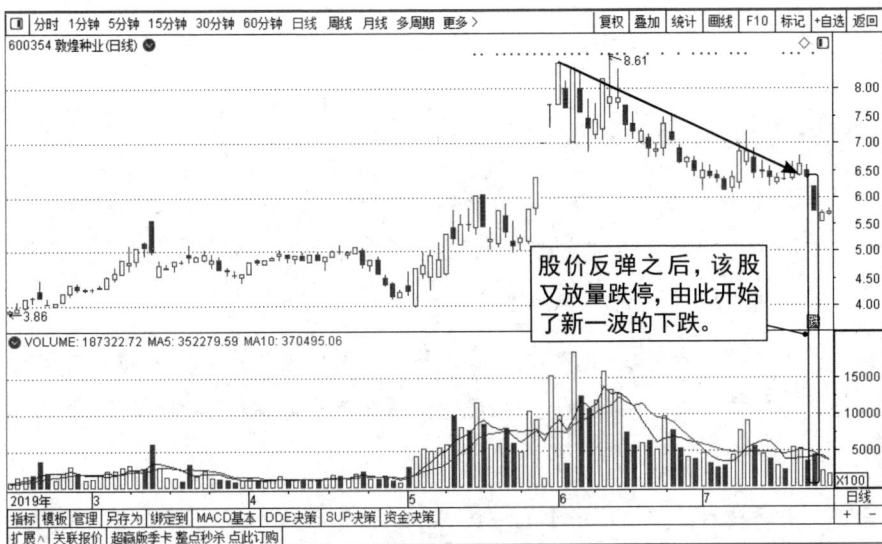

敦煌种业2019年2月至7月的走势

下图展示的是敦煌种业在2019年6月至11月的走势。

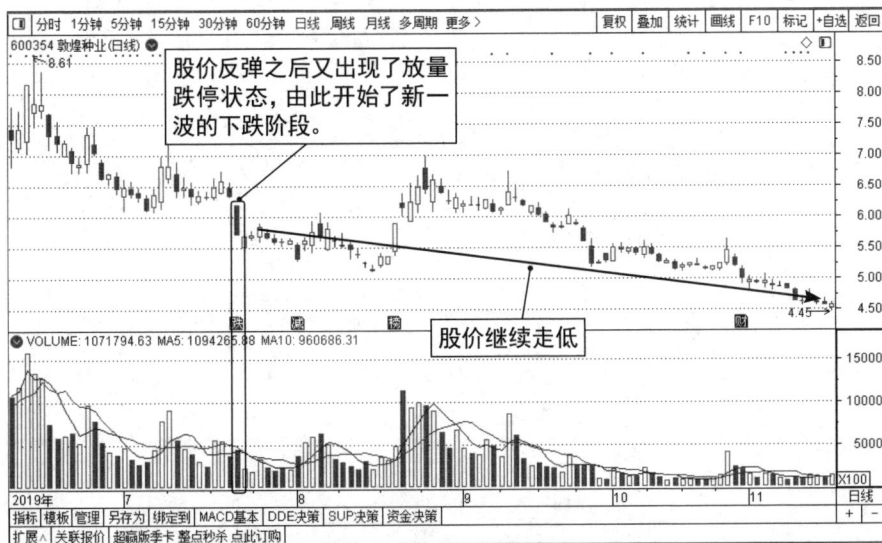

敦煌种业2019年6月至11月的走势

从图中可以看出，在7月22日的放量跌停大阴线的作用下，该股继续下跌，并且后期经历了一波长时间的下跌走势，因此在股价明显走入弱势之后出现了放量跌停迹象，这显然是一个继续看跌的信号，此时投资者应该及时卖出股票，规避之后的下跌风险。

要点提示 *下跌中跌停出现的原因解读*

通过上面的实例我们可以知道，在股价的下跌阶段，股价往往会出现放量跌停的走势特点，且这样的走势预示着股价的继续看跌。那么为什么在下跌途中还会出现如此厉害的杀跌迹象呢？

第一，市场中可能突发利空消息，在这样的不利因素作用下，市场主力资金又会恐慌性地出逃，由此造成放量跌停的现象。一般这样的利空跌停现象出现之后，股价会陷入加速下跌的走势。

第二，重要技术位置，市场中的空头集中杀跌击穿这一技术位置，由此更能预测股价后市的下跌走势。

第三，市场主力资金的集中出逃，这里的出逃主力是全力杀跌，不计成本价格，由此也会造成放量跌停的后果。

读 者 意 见 反 馈 表

亲爱的读者：

感谢您对中国铁道出版社有限公司的支持，您的建议是我们不断改进工作的信息来源，您的需求是我们不断开拓创新的基础。为了更好地服务读者，出版更多的精品图书，希望您能在百忙之中抽出时间填写这份意见反馈表发给我们。随书纸制表格请在填好后剪下寄到：北京市西城区右安门西街8号中国铁道出版社有限公司大众出版中心 张亚慧 收（邮编：100054）。或者采用传真（010-63549458）方式发送。此外，读者也可以直接通过电子邮件把意见反馈给我们，E-mail地址是：lampard@vip.163.com。我们将选出意见中肯的热心读者，赠送本社的其他图书作为奖励。同时，我们将充分考虑您的意见和建议，并尽可能地给您满意的答复。谢谢！

所购书名：＿＿＿＿＿＿＿＿＿＿＿＿＿＿＿＿＿＿＿＿＿＿
个人资料：

姓名：＿＿＿＿＿＿＿ 性别：＿＿＿＿＿＿ 年龄：＿＿＿＿＿ 文化程度：＿＿＿＿＿＿
职业：＿＿＿＿＿＿＿ 电话：＿＿＿＿＿＿＿＿＿＿ E-mail：＿＿＿＿＿＿＿＿
通信地址：＿＿＿＿＿＿＿＿＿＿＿＿＿＿＿＿＿＿ 邮编：＿＿＿＿＿＿

您是如何得知本书的：

□书店宣传 □网络宣传 □展会促销 □出版社图书目录 □老师指定 □杂志、报纸等的介绍 □别人推荐
□其他（请指明）

您从何处得到本书的：

□书店 □邮购 □商场、超市等卖场 □图书销售的网站 □培训学校 □其他

影响您购买本书的因素（可多选）：

□内容实用 □价格合理 □装帧设计精美 □带多媒体教学光盘 □优惠促销 □书评广告 □出版社知名度
□作者名气 □工作、生活和学习的需要 □其他

您对本书封面设计的满意程度：

□很满意 □比较满意 □一般 □不满意 □改进建议

您对本书的总体满意程度：

从文字的角度 □很满意 □比较满意 □一般 □不满意
从技术的角度 □很满意 □比较满意 □一般 □不满意

您希望书中图的比例是多少：

□少量的图片辅以大量的文字 □图文比例相当 □大量的图片辅以少量的文字

您希望本书的定价是多少：

本书最令您满意的是：

1.
2.

您在使用本书时遇到哪些困难：

1.
2.

您希望本书在哪些方面进行改进：

1.
2.

您需要购买哪些方面的图书？对我社现有图书有什么好的建议？

您更喜欢阅读哪些类型和层次的理财类书籍（可多选）？

□入门类 □精通类 □综合类 □问答类 □图解类 □查询手册类

您在学习计算机的过程中有什么困难？

您的其他要求：